教育部社科研究基金专项项目
国家"211工程"重点研究项目
国民经济学系列丛书

可持续发展经济理论与实践

张 静 主编
果 艺 副主编

经济科学出版社

责任编辑：吕　萍　于　源
责任校对：董蔚挺
版式设计：代小卫
技术编辑：邱　天

图书在版编目（CIP）数据

可持续发展经济理论与实践／张静主编．—北京：经济科学出版社，2007.8
（国民经济学系列丛书）
ISBN 978-7-5058-6493-1

Ⅰ．可…　Ⅱ．张…　Ⅲ．可持续发展-发展经济学
Ⅳ．F061.3

中国版本图书馆 CIP 数据核字（2007）第 118425 号

可持续发展经济理论与实践
张　静　主　编
果　艺　副主编
经济科学出版社出版、发行　新华书店经销
社址：北京市海淀区阜成路甲28号　邮编：100036
总编室电话：88191217　发行部电话：88191540
网址：www.esp.com.cn
电子邮件：esp@esp.com.cn
北京汉德鼎印刷厂印刷
德利装订厂装订
720×960　16开　23.5印张　300000字
2007年8月第一版　2007年8月第一次印刷
印数：0001—3000册
ISBN 978-7-5058-6493-1/F·5754　定价：33.00元
（图书出现印装问题，本社负责调换）
（版权所有　翻印必究）

总　序

即将迈入 2006 年之际，辽宁大学主编的"国民经济学系列丛书"推出了第一批著作，其他相关著作也将陆续出版。这是一套以中青年学者的著述为主的丛书，标志着辽宁大学国民经济学科的学术梯队日益成熟。作为一名几十年从事这一学科研究，并为之付出毕生精力和心血的老兵，回顾过去的 20 多年，夜以继日、孜孜以求的艰辛历程，看到今天新一代中青年优秀学者的快速成长，我心情无比激动，也无限欣慰。

1980 年，出于培养现代化建设人才的需要，根据教育部门的部署，辽宁大学重建国民经济计划管理专业。专业建立之初，只有两名教师，力量十分薄弱，与中国人民大学等名校差距十分悬殊。记得当时在全国学术界同行的一次会议上，我曾表示：一是虚心向实力强大的兄弟院校学习，诚恳地希望得到各位的帮助；二是根据改革与发展的需要，不断走创新之路。否则，我们就没有出路。1982 年，我们在学习吸收当代新兴学科与现代管理技术的基础上，出版了全国第一本《国民经济计划方法》专著。与此同时，我们参与编写了全国第一本《国民经济管理学》。早在 1983 年，辽宁大学就正式开设了国民经济管理学这一新课程，成为最早开设这一新课程的学校之一。1986 年，又率先在国内把国民经济计划专业改为国民经济管理专业，同时还获得了国民经济管理专业硕士学位授予权。1990 年，继中国人民大学、北京大学之后，获得了本学科第三个博士学位授予权。1995 年，与辽宁大学当时具有博士学位授予权的西方经济学、企业管理三个专业一起，申请并被批准建立了辽宁大学第一个博士后流动站。2001年，辽宁大学国民经济学专业又与北京大学、中国人民大学一起，被批准为国家级重点学科。

以上是对辽宁大学国民经济学专业一个台阶又一个台阶向前迈进历程的极其简要的描述。实际上，我们每前进一步，都包含着许许多多的艰辛，包含着老师们不断拼搏、不断探索、坚持不懈的执着追求。同时，我们的进步也得益于许多学术界老前辈的指导与鼓励，得益于与兄弟院校愉快的、真诚的合作。

我们持续进行这一学科及学科群的研究，大体又分为如下几个阶段：

一、国民经济管理学科的创建

应该说，国民经济管理学科的创建，是众多学者的集体成果，我们有幸成为这一集体中的一员。粉碎"四人帮"以后，学术空气日益活跃，改革意识日益强烈。1981年初，北京大学王永治老师、山东大学常健老师首先提出倡议，为适应改革需要，编写一本《国民经济管理学》，并组成了由北京大学、复旦大学、山东大学、辽宁大学、杭州大学、吉林大学、厦门大学、北京钢铁学院、北京经济学院和中共中央党校等12所院校参加的编写组，在拟定编写大纲、写出初稿以后，推举苏东水、常健、王永治、孙钱常、刘海藩和我为定稿小组成员，对全书进行总纂、修改和定稿。该书于1982年出版以后，反映强烈，先后发行200多万册。该书的主要意义在于突破了传统的计划经济学的框架，形成了一个较新的体系，对宏观经济领域一些重大的新问题，如国民经济管理体制改革、国民经济战略目标体系、国民经济预测与决策、国民经济监督、国民经济管理信息系统、宏观经济效益、人力资源的开发、自然资源开发与环境保护等，较早地进行了系统的研究与探索，提出了一系列新的观点。该书曾获国家教委优秀教材一等奖。

该书出版以后，由于主要作者工作任务有所变化，虽然通过国民经济管理学会仍组织一些学术活动，但多数作者已没有精力继续进行国民经济管理学科的研究。在这种情况下，辽宁大学仍坚持对这一学科的持续研究，并于1984年6月出版了《国民经济管理原因》一书，这是国内第二本国民经济管理学著作，共发行20多万册。这是辽宁大学三年来进一步研究和探索的成果。该书的主要特点：一是强调用大系统、巨系统理论分析和研究国民经济体系与国民经济管理体系；二是以较大篇幅（共3章）较系统地研究了宏观经济决策与战略问题；三是增设了一些研究宏观经济重大问题的新篇章，如经济增长率问题、国民经济结构问题、社会经济调节系统与宏观调控问题等；四是在系统研究的基础上提出了一些自己的观点，如较早地提出了合理的适度的增长率，经济增长的质的内涵以及从量和质两个方面考察经济增长，从各个要素、各个环节的质、量、度、序的关系去观察经济结构等观点，以及用系统理论研究社会经济调节系统、社会经济监督系统等。

二、主编国家教委统编教材，致力于学科群的建设

拓展视野，致力于本专业学科群的建设，是培养现代宏观管理人才的迫切需要，也是我们面临的一项更为艰巨的任务，因为这关系到我们所培养的人才具有什么样的素质、能力和知识结构，关系到能否有效地实现人才培养的目标。

1986年，我作为国家计委干部培训教材编委会委员，接受国家计委委托，承担了《社会主义经济调节概论》一书的编写任务。为了保证质量，特邀请了宋则行、汪祥春两位老前辈担任主编，由辽宁大学、东北财经大学、中央财经大学共同编写。这也是国内较早的关于经济调节方面的著作。该书出版以后，又与国家计委合作，举办了全国各省市300多名从事经济调节工作的干部参加的培训班，产生了较大影响。辽宁大学已将该书作为本专业一门主干课，列入教学计划。

1988~1990年期间，我们先后接受国家教委委托，主持编写了两部统编教材，即《国民经济计划方法与模型》和《国民经济管理学教程》。前者由辽宁大学、中国人民大学、吉林大学、南京大学协作编写，由我任主编，邵汉青、于光中、沈士成教授任副主编。该书的主要特点，除按计划工作的逻辑顺序，系统梳理了各种现代方法之外，又着重研究了综合运用各种方法编制宏观经济模型，探讨了人口、劳动、教育模型、经济增长模型、投资模型、消费模型等12种宏观经济模型的编制，虽然是初步的、粗浅的，但却是十分有益的探索。该书曾获国家教委优秀教材一等奖。后者由辽宁大学、吉林大学、中央财经大学、西北大学协作编写，由我任主编，于光中、侯荣华、张其炯任副主编。该书于1990年3月出版，1993年再版，1997年第三次印刷。在此期间，经历了邓小平南巡谈话、党的"十四大"召开等具有划时代意义的重大事件，"十四大"确立了我国经济体制改革的目标是建立社会主义市场经济体制，这使我们受到极大的鼓舞。因为这不仅意味着我国的发展进程出现了伟大的转折，同时也意味着为国民经济管理学这一新学科开辟了一个广阔的发展空间。国民经济管理学正是由于改革的需要而产生的，它也必将随着社会主义市场经济的发展而发展。所以，该书的编写与修订，力求反映市场经济条件下对国民经济管理的要求。该书既阐述了在新的条件下国民经济管理的功能定位，也系统探讨了经济增长、产业结构、投资需求、消费需求、国际经济往来、总量平衡等与宏观调控直接相关的重大问题，形成了新的体系。特别是该书最后一篇，以更开阔的视野，首次探讨了国民经济运行如何走向良性循环、三种再生产（人口再生产、物质产品再生产、精神文化再生产）的相互促进与总体协调、生活质量与人的全面发展、经济发展与社会文化等新问题。

在本科教学中，除上述三门专业主干课外，我们还相继开设了十多门新课，逐步建立起本专业合理的新知识群与学科群，并进行了一系列配套改革。"以学科建设为中心的配套改革"这一教学成果，1993年获国家级优秀教学成果二等奖。

三、主持编写面向21世纪的课程教材

20世纪90年代末，国家教委高瞻远瞩，以超前意识和改革精

总　序

神，提出了"高等教育面向21世纪教学内容与课程体系改革"这一重大的系列化课题。辽宁大学与中央财经大学承担了"面向21世纪国民经济管理专业教学改革研究"这一课题。从1997年1月开始，通过两年多的调查、思考、分析、比较与研究讨论，比较系统地研究了未来时期宏观管理人才的需求，研究了宏观管理人才应具备的知识、素质和能力，并在此基础上提出了本专业的培养目标和课程体系的设计、教材建设与学科建设、师资队伍建设、相关的配套改革等问题，提出了系统化的研究报告。这一研究成果，又一次获得国家级优秀教学成果二等奖。

正当我们在课题研究的基础上准备编写新教材之时，适逢专业调整，教育部确定中国人民大学、辽宁大学、中南财经大学、四川大学、中南财经政法大学、江西财经大学、山西财经大学等七所院校，承担国民经济管理专业本科生的招生与人才培养任务。针对这一形势，我们考虑，应当从大局出发，发挥大家的积极性，遂倡议成立新的编委会，组织七所院校协作，共同编写了四部面向21世纪的课程教材，即《国民经济管理学》、《可持续发展战略学》、《宏观经济数量分析方法与模型》和《区域经济管理学》。这四部教材，可以说是集体研究的成果，是合作的成果，从而也产生了较大的影响。

多年来我们深切体会到，学科建设不是哪一个人的事，也不是哪个学校的事，它需要学术界同仁群策群力和真诚合作，需要充分发挥群体的智慧。

四、国民经济学系列丛书的编写

当今时代，是急剧变革的时代，是科学研究日新月异的时代，经济在不断发展，社会在不断进步，改革在不断深化，新知识、新技术、新思想、新事物在不断涌现，而且随着社会经济发展的新趋势、新动向，也出现了一些本专业迫切需要研究的新问题。总之，面对时代的挑战，面对新时代对培养人才提出的新要求，我们必须不断地进行知识更新。从社会进步与科学发展的意义上说，任何一门学科，都是一本没有写完的书，都有不断发展和更新的问题，更何况国民经济学还是一门年轻的学科。正是面对这一形势，辽宁大学国民经济学科现任学科带头人，勇于承担重任，提出编写一套国民经济学学科建设系列丛书的设想，并付诸实施，将陆续出版。这套丛书涉及宏观经济体制与机制、发展观念与发展模式、战略与规划、调控与监督、宏观经济政策、宏观经济分析方法等诸多领域，可谓工程浩大，任务艰巨，但这是推动本专业学科群建设的重大举措，是一件大好事。作为从事这一学科研究的一名成员，我将积极予以支持，并尽自己的绵薄之力为这一工程添砖加瓦。这套丛书的出版，对我们自身来说，是一种社会责任、一种检验、一种激励、一种鞭策，同时，也是我们向学术界、实际工作部门朋友的一次学习、交流、沟通的机会，希望各界朋友不吝赐教，共同推进国民经济学的学科建设。

张今声

2005 年 10 月 1 日

前　言

在我国应用经济学学科领域，"国民经济学"这一学科经常处于尴尬境地：在二级学科目录上，博士点和硕士点使用"国民经济学"名称，而本科专业则称之为"国民经济管理"，且全国只有七所院校设置本专业；目前国内仅有一本以《国民经济学》命名的教材，也不是由国民经济学专业人士编写的，而是由我国著名统计学家、厦门大学钱伯海教授于 20 世纪 80 年代主编；当前国内学术界对国民经济学的学科定位、学科边界等问题其说不一，各执一端，这既反映了"百花齐放、百家争鸣"的大好局面，又从另一侧面说明了加强本学科建设的重要性和迫切性。

抛开对我国学科设置如何评价不说，国民经济学学科在我国的存在是一个客观的现实，而且它不是设在"管理学"，而是设在"经济学"、"应用经济学"项下。因此，单是从学科体系的连续性、一贯性的角度看，本科、硕士、博士似应沿用一个统一的名称，应该有自己的教材体系和研究体系。目前，这一问题尤显突出，随着"经济学帝国主义"的不断扩展和发展，拥有国民经济学专业硕士点、博士点和应用经济学一级学科的院校不断增加，教学和研究队伍不断壮大，许多院校（包括一些理工科院校）都将目光瞄准在"国民经济学"专业建设上，现在已不再是讨论国民经济学专业是否"应该"存在，而是涉及"怎样"建设和发展的问题。从这方面来看，也有一个本学科与应用经济学其他二级学科相比较而存在、相竞争而发展的问题。

　　作为目前国内国民经济学三个国家重点学科之一，辽宁大学国民经济学专业的教学与科研人员在老一辈经济学家的带领下，从20世纪80年代开始，不断拼搏，勇于创新，在国内许多学术界前辈的支持和其他兄弟院校的合作下，为本学科建设做出了应有的贡献，在一定程度上推动了本学科的发展。作为现任学科带头人，理应继续发扬老一辈经济学家的学术传统，敢于应对新世纪新的学术问题以及国民经济运行中的热点、难点问题的挑战，集中整个学术团队的集体智慧，为我国国民经济学的学科建设做出新的更大的贡献。

　　正是出于上述考虑，由我主持编写了这套"国民经济学系列丛书"。这套丛书从构思到组织编写，都得到了辽宁大学国民经济学学科创建人、著名经济学家张今声教授的大力支持，张老师还不辞辛苦，亲自为丛书撰写总序，并主持编写了《国民经济规划学》一书，在第一批出版。

　　十分荣幸的是，这套丛书的出版还得到了著名中青年经济学家黄泰岩教授的鼎力支持。黄泰岩教授为全国文科首批长江学者（2004年全国高校经济学科仅有4人），现为辽宁大学国民经济学专业"长江学者特聘教授"，也是东北地区文科惟一的长江学者。他的加盟无疑使辽宁大学国民经济学专业如虎添翼。

　　这套丛书的作者绝大多数是辽宁大学国民经济学专业的中青年教师，他们有的已经获得经济学博士学位，有的正在攻读博士学位。为了增强丛书的实用性，我们还特地聘请了一些从事实际工作的发改委的专家担任编写工作。

　　这套丛书作为国家"211工程"重点研究项目，得到了辽宁大学"十五""211工程"的重点资助，也是"辽宁城市经济"子项目的系列研究成果。

　　经济科学出版社吕萍主任为丛书的出版做了大量的工作，使得丛书能够较快地与广大读者见面。

前 言

　　对国内学术界同仁及各级领导、朋友对本丛书出版所给予的关注和支持，在此一并表示感谢。

　　书中的不足之处，恳请诸位朋友不吝赐教。

林木西
2005 年 10 月于沈阳

目录

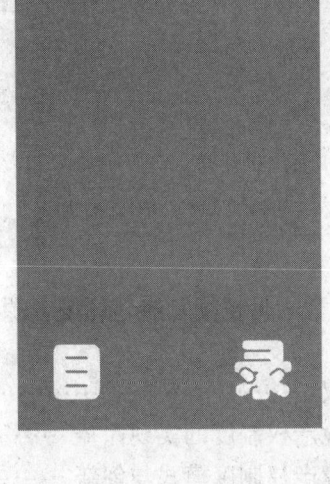

第一章 可持续发展的基本内涵

第一节 人类的生存环境 ············· 1
第二节 人类所面临的环境问题 ············· 14
第三节 对人类基本生存方式的反思 ············· 21
第四节 可持续发展的基本内涵 ············· 31

第二章 可持续发展与循环经济

第一节 人类协调自身与环境关系的模式及演替 ············· 39
第二节 循环经济的内涵及科学基础 ············· 47
第三节 循环经济的运行原则与方式 ············· 54
第四节 我国循环经济发展的实践 ············· 68

第三章 可持续发展与国民财富核算

第一节 财富范畴与可持续发展的关系 ············· 74
第二节 可持续财富理论的内容 ············· 82
第三节 绿色经济核算（环境与经济综合核算）的思路与框架 ············· 88

第四章　可持续发展与环境资源产权

第一节　制度与产权 …………………………………… 99
第二节　资源与环境产权制度的实现途径 …………… 110
第三节　资源与环境产权制度模式与创新 …………… 118

第五章　可持续发展与环境资源定价

第一节　环境资源定价与可持续发展的关系 ………… 124
第二节　资源与环境的价值内涵与构成 ……………… 127
第三节　环境损害与效益的价值评估方法 …………… 136

第六章　可持续发展与环境影响经济评价

第一节　环境影响经济评价的内涵及由来 …………… 150
第二节　费用效益分析方法 …………………………… 153
第三节　环境影响经济评价 …………………………… 159

第七章　可持续发展与政府规制体系

第一节　可持续发展的战略规划与目标体系 ………… 173
第二节　推进可持续发展的生态公共规制体系 ……… 192
第三节　生态环境的经济规制 ………………………… 196
第四节　生态环境的法律规制 ………………………… 212
第五节　生态环境的行政规制 ………………………… 218
第六节　可持续发展的环境伦理 ……………………… 222

第八章 可持续发展的人口、资源、生态环境管理

第一节 三种生产理论 ………………………………………… 234
第二节 三种生产关系的数量分析 …………………………… 240
第三节 可持续发展的人口管理 ……………………………… 254
第四节 可持续发展的自然资源管理 ………………………… 267
第五节 可持续发展的生态环境管理战略 …………………… 286

第九章 可持续发展与微观主体行为调整

第一节 微观主体行为与可持续发展的关系 ………………… 305
第二节 生产者行为调整 ……………………………………… 308
第三节 消费者行为调整 ……………………………………… 320

第十章 可持续发展的国际协调与合作

第一节 可持续发展的国际合作的诱因 ……………………… 328
第二节 可持续发展国际合作的模式与机制 ………………… 338
第三节 中国在可持续发展国际合作中的地位及对策选择 …… 350

参考文献 ………………………………………………………… 356
后记 ……………………………………………………………… 359

第一章

可持续发展的基本内涵

第一节 人类的生存环境

所谓环境，是指主体（研究对象）以外，且围绕主体占据一定空间，构成主体生存条件的各种外界物质实体和社会因素的总和。人类生存环境，简言之，就是以人类社会为主体的外部世界的总体。它是人类进行生产和生活的场所，是人类生存与发展的物质基础。人类的生存环境不同于生物的生存环境。生物的发生、发展使地表环境发展到一个新阶段，即生物与环境辨证发展阶段，出现了物质能量转化的生物过程，产生了一个生物圈，人类的产生又使地表环境的发展进入一个更高级的新阶段，即人类与环境辨证发展新阶段，使地表层产生了一个智能圈或技术圈。人类以自己的劳动来改造环境，把自然生态环境转变为自然—经济—社会复合系统。

一、自然生态系统

1. 生态系统的概念。生物与自然环境有着密不可分的关系，长期以来形成了相互依存、相互制约的关系。一个生物物种在一定的范围内所有个体的总和称为生物种群（Population）。在自然界很难见到一个生物种群单独占据着一定空间或地段，而是若干个生物种群有规律地结合在一起，形成一个多生物种的、完整而有序的生物体系。在一定自然区域的环境条件下，许多不同种的生物相互依存，构成了有着密切关系的群体，称为生物群落（Community）。随着环境条件的千差万别，地球上出现了各种各样的生物群落，而特定的生物群落又维持了相应的环境条件。一旦生物群落发生变化，也会影响到环境条件的变化。因此，人们把生物群落与其周围非生物环境的综合体，称为生态系统（Ecosystem），亦即生命系统和环境系统在特定空间的组合。在生态系统中，各种生物彼此间以及生物与非生物的环境因素之间互相作用，关系密切，而且不断进行着物质的交换、能量的传递和信息的交流。目前，人类所生活的生物圈内有无数大小不等的生态系统。小至一滴水，大到整个生物圈，都是一个生态系统。从人类的角度来理解，生态系统包括人类本身和人类的生命支持系统——大气、水、生物、土壤和岩石，也就是自然环境。除了自然生态系统以外，还有许多人工生态系统，例如农田、果园。

2. 生态系统的结构。生态系统中包括六种组分：

无机物（N、O_2、CO_2 和各种无机盐）；

有机化合物（蛋白质、糖类、脂肪类和土壤腐殖质）；

气候因素（温度、湿度、风和降水、太阳辐射）；

生产者（能进行光合作用制造各种有机物的各种绿色植物、蓝藻类和某些细菌，又称自养生物）；

消费者（不能制造有机物，只能以其他生物为食的各种动物：食草、肉动物、杂食动物和寄生动物）；

分解者（分解动植物残体、粪便和各种有机物，将其转化成无机物的细菌、原生动物、蚯蚓和秃鹫等一些食腐动物，分解者和消费者都是异养生物）。

在生态系统中，前三种组分属于是非生物成分，或者称为无机环境；后三种组分属于是生态系统中的生物成分。生态系统中的物质和能量在无机环境和生物组分之间进行循环和流动。

3. 生态系统中能量流动、物质循环和信息传递的方式。在生态系统中，一种生物以另一种生物为食，彼此形成一个以食物供给连接起来的锁链关系，生态学上称为食物链。由于一种消费者往往不只食用一种食物，而同一种食物也可以被不同的消费者所食，因此，各食物链之间又相互交错构成更复杂的网状结构，叫食物网。生态系统通过食物链实现能量流动、物质循环和信息传递。

食物链上每一个环节代表一个营养级，位于同一营养级上的生物是通过相同的步骤，从前一营养级的生物获得食物和能量的。但每一营养级生物只能利用前一营养级能量的10%左右，所以最短的营养级包括两级，最长的通常也不超过5～6级。食物链愈短，距食物链的起点愈近，生物可利用的能量就愈多。

处于食物链起点（第一营养级）的生物群落的生物个体数量比高一营养级的生物数量多，最高营养级的生物，其个体数量最少，即基数（第一营养级）最大，然后呈金字塔形逐级递减，最后一级最小。这种现象称为生态学金字塔。

正是由于生态系统中各生物种群之间存在着这种食物链的关系，才能有效地控制生态系统中各生物种群的数量，即控制自然界的生态平衡。如果某个环节的生物减少或消失，势必会导致以它为食的生物种群数量锐减，而为它所食的生物种群数量肯定会大增。这样，生物界原有的平衡就会被破坏。

4. 生态系统的功能。

（1）生物生产力。生物生产力是指生态系统中生物生产和贮存有机物质的速率。生物生产过程可分为初级生产过程与次级生产过程，其生产量用初级生产量和次级生产量衡量。

初级生产量是指单位时间和空间内生产者通过光合作用生产的有机物质的数量。初级生产是生态系统的能源基础，也是系统内能量流动和物质循环的基础。在初级生产过程中，太阳能不断地被转化为化学能，成为食物潜能。生产者的初级生产速率，影响整个生态系统的活力。但生产速率又受系统的温度、光线、pH 等物理、化学因素以及可利用的营养物质的种类和浓度的影响。

次级生产过程是指消费者和分解者同化初级生产物的过程。它表现为动物和微生物的生长、繁殖和营养物质的贮存。在单位时间内由于动物和微生物的生长和繁殖而增加的生物量或所贮存的能量即为次级生产量。

(2) 能量流动。地球是一个开放的系统，存在着能量的输入与输出。能量输入的根本来源是太阳能。光合作用是植物固定太阳能的惟一有效途径。进入地球表面的太阳能只有 46%，由于地球表面大部分地区没有植物，到达绿色植物上的太阳能只有 10%，能被植物利用的太阳能只有 1%。绿色植物就是利用这微小部分的太阳能，每年制造出提供给全球消费者的有机物总量。绿色植物实现了从辐射能向化学能的转化，然后以有机质的形式通过食物链把能量传递给草食动物，再传递给肉食动物。动植物死亡后，其躯体被微生物分解，把复杂的有机物转化为简单的无机物，同时把有机物中储存的能量释放到环境中去。生产者、消费者、分解者的呼吸作用也要消耗部分能量，被消耗的能量也以热量的形式释放到环境中，这就是生态系统中的能量流动。

被生态系统截获的太阳能在系统内的流动符合热力学定律：能量既不能创造也不会消失，但可以从一种形式（如光能）转变成另一种形式（如热能），而总量保持不变。任何过程的能量利用效率都达不到 100%，总有一些能量转变成热能而散失。生态系统中能量流动是单向的，要保持系统的运转，就必须由太阳不停地补充能量。

(3) 物质循环。自然界存在的 100 多种化学元素中有近 40 种元素是生物所需要的。这些元素构成物质，既贮存化学能，又是维系生命的基础。它们来自环境，构成生态系统中的生物个体和生物群落，并经由生产者（主要是植物）、消费者（动物）、分解者（微生物）所组成的营养级依次转化，从无机物→有机物→无机物，最后归还给环境。在生态系统中或生物圈中，物质总是按一定路线循环，即从环境到生物，然后又回到环境，这就是所谓的"生物地球化学循环"。在有机体中，几乎可以找到地壳中存在的全部90多种天然元素。对生命必须的元素大约有：碳、氧、氮、氢、钙、硫、磷、钠、钾、氯、镁、铁、碘、铜、锰、锌、钴、铬、锡、钼、氟、硅、硒、矾，还有镍、溴、铝和硼。其中碳、氧、氮、氢占生物有机体组成的99%以上。在生命中起关键作用，称为关键元素或能量元素。其他元素分为常量元素和微量元素两类。生物圈中的碳、氧、硫、磷的循环在生命活动中起重要作用。

以碳循环为例，碳循环有三种形式：

基本形式——大气中 CO_2 通过生产者的光合作用生成碳水化合物，其中一部分作为能量为植物本身所消耗，植物呼吸作用和发酵过程中产生的 CO_2 通过叶面和根部释放回到大气层。

第二种形式——动物在消耗作为食物的碳水化合物时，食物氧化产生 CO_2 回到大气层；动物死亡经微生物分解产生的 CO_2 也回到大气层。

第三种形式——化石燃料燃烧和火山活动放出大量 CO_2，进入大气层。

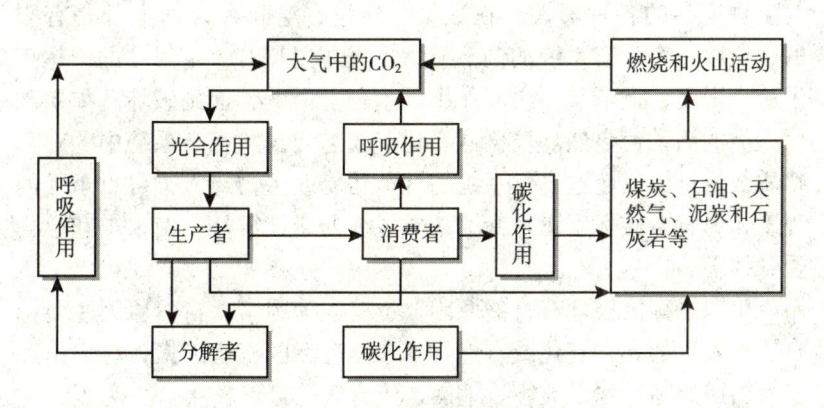

图 1-1 生态系统中的碳循环

（4）信息传递。生态系统传递信息的形式有：物理信息——声、光、颜色。化学信息——生物代谢作用的产物组成的化学物质。营养信息——食物链和食物网就是营养信息系统。行为信息——动物的飞行姿势和舞蹈动作等。生态系统的信息传递在沟通生物群落与其生活环境之间、生物群落内各种群生物之间的关系上有重要意义，对生态系统的调节具有重要作用。

5. 生态平衡与稳定。任何一个正常、成熟的生态系统，其结构与功能，包括其物种组成，各种群的数量和比例，以及物质与能量的输出等方面，都处于相对稳定状态。也就是说，在一定时期内，系统内的生产者、消费者和分解者之间保持着一种动态平衡，系统内的能量流动和物质平衡在较长时期内保持稳定，这种状态就是生态平衡，也叫自然平衡。

生态系统之所以能保持自身平衡，主要是由于内部具有自动调节的能力，或称自我修复能力。如对污染物质来说，自动调节能力就是环境的自净能力。当系统的某一部分出现机能异常时，就可能被其他部分的调节所抵消。生态系统的组成成分越多样，能量流动和物质循环的途径就越复杂，其调节能力也越强。相反，成分越单纯，结构越简单，其调节能力也越小。因为在任何生态系统中，作为生物生存的各种资源，在数量、质量、空间和时间上都是有限的，所以一个生态系统的调节能力再强，也是有一定限度的，超出了这个限度，调节就不再起作用，生态平衡就会遭到破坏。如果现代人类的活动使自然环境剧烈变化，或进入自然生态系统中的有害物质数量过多，超过自然系统的调节功能或生物与人类可以承受的程度，那就会破坏生态平衡，造成系统的恶性循环，使人类和生物受到损害。

生态平衡的破坏有自然原因，也有人为因素。自然原因主要指自然界发生的异常变化或自然界本来就存在的有害因素，如火山爆发、山崩海啸、水旱灾害、地震、流行病等自然灾害。人为因素主要指人类对自然资源的不合理利用，以及工农业生产发展带来的环境问题。

6. 生态系统的规律。生态系统有着不以人的意志为转移的客观规律，对于生态系统的规律，人类尚知之甚少，目前人们已经认识到的规律主要有：（1）物物相关。即自然界中间各种事物之间存在着相互联系、相互制约、相互依存的关系。改变其中的某一组分，必然会对系统内部的其他组分产生影响，以致影响系统整体。（2）相生相克。在生态系统环境中，每一生物都占据一定的位置，具有特定的作用。各生物之间相互依赖、彼此制约、协同进化。彼此相生相克，使整个生态环境系统成为协调的整体。（3）能流物复。在生态环境系统中，能量在不断流动，物质在不断循环，一旦加入某些有害物质，它就会在系统中反复地进行循环，其中有些还会通过食物链在生物体内积蓄。（4）负载有额。任何子系统的生物生产力通常都有一个大致的上限，它是由自身的特定和限制因素所决定的。每一个子系统对外来干扰也都有一定的忍耐极限。当超过其极限时，系统就会损伤，生态平衡就遭到破坏。（5）时空有宜。每一个地方，都有特定的自然、经济社会条件，构成独特的区域生态环境系统，同时，它又随时间发生变化。（6）互利共生。在生态环境系统中，子系统之间、子系统内部各元素之间、共同栖息的生物之间等都是互利互惠的，共同生存的。

二、经济—社会—自然复合生态系统

（一）经济—社会—自然复合生态系统基本概念

经济—社会—自然复合系统，即自然系统和人造系统结合而成的系统。大多数系统都属于复合系统，其重要的特征之一是人的参与。1984年，我国著名生态学家马世骏先生提出了复合生态系统概念：人类社会不同于生物种群，它是一类以人的行为为主导，自然环境为依托，资源流动为命脉，社会体制为经络的人工生态系统，即"经济—社会—自然复合生态系统"。换言之，经济—社会—自然复合系统是在地球表层的一定地域范围内的经济系统、社会系统和自然生态系统相互结合而成的具有一定结构和功能的有机整体。如农村、城市及区域，实质上是一个由人的活动的社会属性以及自然过程的相互关系构成的复合生态系统。[①] 以下简称复合生态系统。

复合生态系统的存在具有普遍性。在地质年代的第四纪以前，人类还没有出现，整个地球上的生态系统都是自然生态系统。人类出现以后，尤其是进入新石器时代以后，人类劳动越来越区别于动物沿食物链猎食的本能活动，而是使自然界为自己的目的服务，逐步成为了自然生态系统的改造者和经济、社会生态复合系统的控制者。就这样，人类产生后的几百万年来，通过劳动这种人与自然的物质变换的长期作用，逐渐改变了地球表层原来的自然生态系统的面貌。除了少数边远地区还保留原始的自然生态系统的面貌，还有一些地区由于人类只有一定程度的干预成为过渡型的半自然生态系统外，多数人口稠密的陆地和近海地区的自然生态系统都改变成为经济—社会—自然复合生态系统。

复合生态系统存在的模式具有多样性。复合生态系统是人类为了满足自身不断增长的物质和文化生活需要，而通过劳动改变原来的自然生态过程中形成的。由于地球上不同地区原来的自然生态系统及其自然资源的构成很不相同，人类将其自然生态系统改造成复合生态系统的目的不同，人口的稠密度及其人力资源的分布不同等原因，使得目前地球上普遍存在的复合生态系统在具体模式上千差万别。如在地域构成上有城市、乡村、陆地、滨海等不同的复合生态系统；在产业构成上有农业、畜牧业、林业、工矿等复合生态系统。此外，复合生态系统模式还会因民族文化、宗教信仰、行政区划的不同而表现出不同的样式。

---

① 马世骏、王如松：《复合生态系统理论》，载《生态学报》1984年4月。

（二）经济—社会—自然复合生态系统基本结构

1. 复合生态系统组合要素。复合生态系统的结构，是指系统内各组成要素之间有机联系和相互作用方式及诸要素在该系统内的秩序。它包括复合生态系统的组成要素、诸要素之间的相互联结方式，以及诸要素组合的时空结构。

我国著名生态学家马世骏先生把复合生态系统各分系统的结构耦合关系描述为：

自然子系统由土（土壤、土地和景观）、金（矿物质和营养物）、火（能和光、大气和气候）、水（水资源和水环境）、木（植物、动物和微生物）等五行相生相克的基本关系所组成，为生物地球化学循环过程和以太阳能为基础的能量转换过程所主导。

经济子系统由生产者、流通者、消费者、还原者和调控者等五类功能实体间相辅相成的基本关系耦合而成，由商品流和价值流所主导。

社会子系统由社会的知识网、体制网和文化网等三类功能网络间错综复杂的系统关系所组成，由体制网和信息流所主导。

三个子系统间通过生态流、生态场在一定的时空尺度上耦合，形成一定的生态格局和生态秩序。

复合生态系统内部各要素之间、各部分之间的相互作用是通过物流、能流、价值流和信息流的形式实现的。

（1）物质循环（物流）。物流可分为以下三类：

第一，生态系统中的物质循环，它是通过生产者→消费者→分解者→环境→生产者的序列过程进行的。

第二，经济系统中的物质循环，它是通过生产→分配→交换→消费的过程在社会各部门之间循环流动。

第三，自然物流与经济物流的相互转化，它实质上是在社会、技术子系统的作用下，环境子系统与经济子系统之间的内在联系和相互促进的关系。

（2）能量流动（能流）。它有两个显著的特点：其一是流动的单向性和非循环性，并且随着热量的释放而参与物质循环；其二是能量的递减性，即随着能量的传递和转移，能量是逐渐消耗、逐级减少的，并且遵循热力学定律，同样，能流分为自然能流和经济能流，并且经济能流是由自然能流转化而来的。

（3）价值流。它是人类通过有目的的劳动过程，把自然物（能）流变换为经济物（能）流，价值沿着生产链不断形成和转移，最后通过市场买卖，使价值得以实现和价值得以增殖，并且价值的逐级递增和能量的逐级递减发生在同一生产过程之中，二者融为一体。

（4）信息流。是指在经济—社会—自然系统中，以物质和能量为载体，通过物流和能流而实现信息的获取、存储、加工、传递和转化的过程，信息传递不仅是经济—社会—自然系统的重要特征，而且是管理经济—社会—自然系统的关键。社会—生态—经济系统中，从环境角度看，其中的任何子系统或部分都是物质、能量、信息流的统一体，而从经济角度看，则是以物流、能流和信息流为基础的，人类经济系统的价值流动过程。

2. 复合生态系统组合方式。复合生态系统各构成要素是通过一定的联结组合方式形成链状组合和网状结构，从而复合成为一个统一的系统。这个"一定的联结组合方式"就是通过生态系统的食物链、经济系统的投入产出链和社会系统的需求消费链结合而成的。这是由于人类长期的控制作用和劳动影响，原来自然生态系统中天然形成的食物链已经基本改变，变成人工安排的食物链结构同经济系统中转移物质、能量的投入产出链和社会系统中转移物质、能量的需求消费链结成的有机整体。所以"食物链—投入产出链—需求消费链"就是链接经济—社会—自然复合生态系统的三个子系统，进行生态与环境的再生产、经济再生产和人口再生产活动的基本方式，也是复合生态能够转移物质、能量、信息和价值最基本的渠道或方式。

以土壤岩石圈的矿物能源为基础的复合生态系统为例。这一系统链条的资源起点是土壤岩石圈中的各种矿物能源。它们都是古代亿万年间自然生态系统食物链上的各级生物参与生物地球化学大循环的产物，现在经过经济系统第二产业的各种人类劳动加以采掘和加工，生产出能源、工农业生产资料和最终需求消费链中的各种消费品，促进人类消费水平提高和人口再生产的运行。

此外，复合生态系统的组成要素的组合还存在着空间和时间的特点。

3. 复合生态系统循时发展的连续性特征。人的活动会改变复合生态系统，反过来，复合生态系统也改变人。任何一个地域上存在的复合生态系统都是这个地域上的人祖祖辈辈的劳动逐步建立和发展起来的，所以，历史上每一代人的生态、经济和社会状况，都是其上一辈留给他们的，而这一代发展经济和改善社会系统对生态的影响又会留给他们的子孙，影响到后一代人的生存环境与状态。复合生态系统这种循时发展的连续性的特点，要求在发展经济、社会目标和治理生态环境时，都要既考虑当代人的眼前利益，又要考虑子孙后代的长远利益。这是可持续发展思想的精髓。

（三）经济—社会—自然复合生态系统的基本功能

我国著名生态学家马世骏和王如松先生把复合生态系统的功能用八面体来表示，其六个顶点分别表示系统的生产加工、生活消费、资源供给、环境接纳、人工控制和自然缓冲功能，它们相生相克，构成了错综复杂的人类生态关系，包括人与自然之间的促进、抑制、适应、改造关系；人对资源的开发利用、储存、扬弃关系以及人类生产、生活活动中的竞争、共生、隶属、互补关系。[①]

其中，复合生态系统的生产功能不仅包括物质和精神产品的生产，还包括人的生产，不仅包括成品的生产，还包括废物的生产；

---

① 马世骏、王如松：《复合生态系统理论》，载《生态学报》1984 年 4 月。

复合生态系统的消费功能不仅包括商品的消费、基础设施的占用，还包括了资源与环境的消费、时间与空间的耗费、信息以及人的心灵和感情的耗费。在人类生产和生活活动后面，还有一只看不见的手即生态服务功能在起作用，包括资源的持续供给能力，环境的持续容纳能力，自然的持续缓冲能力及人类的自组织自调节能力。正是由于这种服务功能，经济得以持续、社会得以安定、自然得以平衡。

（四）复合生态系统的特点

与自然生态系统相比，复合生态系统存在如下特点：

1. 复合生态系统的发展方向是反自然的，即与自然生态系统的演进方向相反。表现在三个方面：（1）自然生态系统的演进方向是成熟化，即系统的净产量趋近于零，生物能流趋于彻底耗散，物质循环趋近于完全；而复合生态系统的发展方向是年轻化，复合生态系统的净产量趋于越来越高，生物能流在系统内的耗散不充分，物质循环不完全。（2）自然生态系统的演进方向是多样化，成熟阶段也就是系统物种多样化程度最高的阶段，如此来确保系统能量流动和物质循环的完整性；而复合生态系统在人们的计划和控制下不断向简单化方向发展，养、种植单一且生物量庞大的动植物种群以保证更高的净产量，使大量的物种绝灭了，形成极少数物种占优势的、环境单调的生态系统。（3）由于前两个原因，自然生态系统的演进方向是稳定性不断增强，而复合生态系统却朝着不稳定性增强的方向发展。

2. 复合生态系统运行的维持需要不断增强的人工能流的投入，不同于自然生态系统的运行完全是由生物能流推动的。复合生态系统是一个能量物质流通量很大、贮藏与转换时间较短、流动速度很快的系统。该系统自身消耗的能量大大超过其自身捕获、转化的太阳辐射能，而靠消耗岩石圈中储存的太阳能及其他非初级生产的能量来维持。由于生产者的缺乏，大量能量和物质需要其他系统提供，使人控复合生态系统永远离不开自然生态系统而独立存在，依赖性很强。

3. 复合生态系统具有不断发展的开放性，而自然生态系统具有相对的封闭性。与自然生态系统自身蓄积了大量生物量，与外界进行能量与物质交换甚小的状况相比；复合生态系统的开放性最初也不强，起码在人类社会发展之初是这样，后来，随着人口增长，经济活动规模扩大，商品经济和市场经济的发展，系统的开放性越来越明显，到今天已经达到前所未有的程度。复合生态系统的高产出和高消耗的性质，加剧了物质循环的不平衡性，这种不平衡不能由系统内自行补偿，人工能量和物资的投入是必需的，为此，不同层次的复合系统之间寻求开放互补，以维持系统的运行。

三、自然法则对复合生态系统发展的制约

1. 自然生态系统的结构与功能是经过长期自然演化形成的，所保留下来的生命都是通过自然生境条件筛选和考验的，并形成了相互作用、相互依存的一个完整的生态系统。自然界拥有人类望尘莫及、无法代替的特殊并极其复杂的结构和千变万化的物质代谢与转化机能，有其特有的复杂的、人类知之甚少的并不可能完全掌握的自然调节平衡机制，因此，人类无法控制自然界。起码，目前是如此。人类只能置身于自然界之中，也就是说，人类对自然的服从高于利用。最廉价、最经济、最实惠、最大可能使人类可持续发展的方法，是"自然生态控制法"。

2. 人控系统的建立和运行必须严格遵守自然法则或自然规律。正如恩格斯所说的，人类可以通过改变自然来使自然界为自己的目的服务，来支配自然界，但我们每走一步都要记住，人类统治自然界绝不是站在自然之外的，我们对自然界的全部统治力量就在于能够认识和正确地运用自然规律。人类社会、经济发展的基本要求和前提是走与自然相互促进、协调发展的道路，维护生态系统的整体

性,和谐地加入自然生态系统的能量流动和物质循环体系,保证生态系统结构的稳定和功能平衡,一切打破和违反生态学规律的行为都将受到自然的惩罚。

自然生态系统既给人类提供可供开发利用的巨大资源环境空间,也为人类改善系统结构,增强系统稳定性和功能平衡提供极大可能。因此,人类应一方面将自身活动控制在环境承载能力以内,并且积极与生态系统的结构和功能相结合;另一方面,当人类行为影响超出了环境承载能力时,可以主动地通过增大对生态系统的物质能量输出,对其进行修复和建设,改善系统结构。增强系统的稳定性和功能。

总之,人类必须按照生态学的规律改造和重建符合生态系统结构和功能并与之协调的社会经济系统,逐步建立自适应、自调节反馈机制,实现进步中的动态稳定和平衡。

第二节 人类所面临的环境问题

一、人类所面临的环境问题的由来

迄今为止,人类所面临的全部环境问题都与前述复合生态系统的基本性质有关。这些基本性质决定了随着人类社会的发展,以下环境问题的产生是不可避免的。

1. 非生物资源的消耗。随着人类社会的发展,非生物资源的消耗不断增加,出现了耗竭的危险。这种现象的出现,从复合生态系统的基本性质来解释,在很大程度上是必然的。其主要原因是,复合生态系统的建立和发展是人类摆脱自然界对人类需求制约的基本途径。自然生态系统支持人口需求压力的能力是低水平的,要满足人口需求,就必须消耗非生物资源;复合生态系统的高产出和高消耗和不断发展的开放性,加剧了物质循环的不完整性。在宏观的范围内,人类社会是一个统一的大系统。每个子系统的物质循环的不完整、系统能流和物流的整体性,都要靠人工能流物流来维持,于是进一步增加了对非生物资源的需求;人工生态系统越发展,系统的稳定性就越差。因为人类为了提高系统的净产出,发明和使用了一切有用的技术手段,结果是攫取非生物资源的能力不断提高,同时也加速了非生物资源的耗竭。

2. 向环境的排放。在复合生态系统主要由生物能流维持和推动的情况下,物质主要沿食物链流动,因而只有在人口非常稠密的条件下,才会产生局部污染。但是,在复合生态系统越来越依赖非生物资源能流推动时,由于物质循环不能像生物物流那样完全,"废物"的排放并在这种排放超出环境自净能力后出现的污染就难以避免。根据能量守恒定律,人工投入的能量和物质不会被消灭,甚至被人类消费掉的东西。严格来说,消费的也只是某种效用,并非物质本身。因此,尽管通过种种途径减少排放,但是在宏观上,高投入和高排放总是相关联的。

复合生态系统物质循环的不完整性对"废物"的累积有着重大的作用。人类社会线性的生产过程、生产过程和消费过程、还原过程的分离,与自然生态系统中,生产、消费和还原高度统一于食物链每一环节的情况完全不同。由于物质循环的不完整性,能流和物流会因为某些环节的缺乏而产生部分中断,导致"废物"的累积。

3. 生物量的损失。复合生态系统发展的目的在于,使人类能在一定的土地生产力水平下,获得尽可能多的、满足需要的净产出。假定土地在一定时期累积的生物量为 B,其中人类直接使用的净产量为 P,则人类追求的是 P/B 最大化;而自然生态系统演进的趋势,是在一定的土地生产力条件下,使系统实现生物量的最大蓄积,如果系统的初级生产能力为 P,系统生物量的蓄积为 B,则自然生态系统推动的是 B/P 最大化。两者的这一重大区别,决定了复合生态系统在其发展过程中会导致系统本身生物量的减少。一方面，今天地球上的农田多由毁林开荒而来。即使土地生产力最高的农田，初级生产力也比不上森林；另一方面，复合生态系统导致生物量减少的另一重要原因是对土地的非农业占用。至于荒漠化、土壤侵蚀、水土流失和盐碱化，都会造成严重的生物量损失。

二、当代十大环境问题

从 1984 年英国科学家发现、1985 年美国科学家证实南极上空出现的"臭氧洞"开始，当代环境问题的特征是，在全球范围内出现了不利于人类生存和发展的征兆，目前这些征兆集中在以下十大全球性环境问题上。

1. 全球气候变暖。由于人口的增加和人类生产活动的规模越来越大，向大气释放的温室气体不断增加，导致大气的组成发生变化。大气质量受到影响，气候有逐渐变暖的趋势。由于全球气候变暖，将会对全球产生各种不同的影响，较高的温度可使极地冰川融化，海平面每 10 年将升高 6 厘米，因而将使一些海岸地区被淹没。全球变暖也可能影响到降雨和大气环流的变化，使气候反常，易造成旱涝灾害。

2. 臭氧层的耗损与破坏。臭氧层能吸收太阳的紫外线，保护地球上的生命免遭过量紫外线的伤害，并将能量贮存在上层大气，起到调节气候的作用。但臭氧层是一个很脆弱的大气层，如果进入一些破坏臭氧的气体，它们就会和臭氧发生化学作用，臭氧层就会遭到破坏。臭氧层被破坏，将使地面受到紫外线辐射的强度增加，给地球上的生命带来很大的危害。

3. 生物多样性减少。在自然状态下，生态系统的演替总是自动地向着生物种类多样化、结构复杂化、功能完善化的方向发展。如果没有外来因素的干预，生态系统必将最终达到成熟的稳定阶段。那时其生物种类最多，种群比例最适宜，总生物量最大，生态系统的内稳性最强。可是近百年来，由于人口的急剧增加、城市化、农业发展、森林减少和环境污染，自然生态区域变得越来越小了，这就导致了数以千计的物种绝迹，生物多样性正以前所未有的速度减少：据估计目前世界平均每天有一个物种消失，现在物种灭绝的速度是自然灭绝速度的 1000 倍！生物多样性的丧失已成为人类面临的全球范围内的环境问题。

4. 酸雨蔓延。酸雨是 pH 值小于 5.6 的酸性降雨。其形成主要是由于现代工业发展，燃烧矿物燃料、金属冶炼，向大气排放的硫氧化物和氮氧化物。世界目前已有三大酸雨区。我国华南酸雨区是惟一尚未治理的。酸雨的危害主要是破坏森林生态系统，改变土壤性质与结构，抑制土壤中有机物的分解，使土壤贫瘠，植被破坏，影响植物的发育；其次是破坏水生生态系统，酸雨落在江河中，造成大量水生动植物死亡。由于水源酸化致使金属元素溶出，对饮用者的健康产生有害影响。此外，酸雨还会腐蚀建筑物。

5. 森林锐减。在今天的地球上，森林正以平均每年 4000 平方公里的速度消失。森林的减少使其涵养水源的功能受到破坏，造成了物种的减少和水土流失，对二氧化碳的吸收减少进而又加剧了温室效应。

6. 土地荒漠化。全球荒漠化的土地已达到 3600 万平方公里，占地球陆地面积的 1/4。荒漠化以每年 5 万～7 万平方公里的速度扩大，每年有 600 万公顷的土地变成沙漠。经济损失每年 423 亿美元。全球共有干旱、半干旱土地 50 亿公顷，其中 33 亿遭到荒漠化威胁。人类文明的摇篮底格里斯河、幼发拉底河流域，已经由沃土变成荒漠。

7. 大气污染。大气污染是指大气的组分和结构，状态和功能发生了不利于人类生存发展的改变。大气污染的主要因子为悬浮颗粒物、一氧化碳、臭氧、二氧化碳、氮氧化物、铅等。它的污染源有工业污染源、农业污染源、交通运输和生活污染源等。大气污染导致每年有 30 万～70 万人因烟尘污染提前死亡，2500 万的儿童患慢性喉炎，400 万～700 万的农村妇女儿童受害。

8. 水污染。地球表面只有不到3%是淡水,其中有2%封存于极地冰川之中。预测再过20~30年,地球上淡水资源将严重短缺。严重缺水的国家和地区将达46~52个,缺水人口将达28亿~33亿人。水是我们日常最需要,也是接触最多的物质之一,然而就是水如今也成了危险品。人们将未经处理的工业废水、生活污水和其他废物直接或间接地排入江河湖海,使地表水和地下水的水质恶化,造成水体的富营养化和严重的赤潮,使水中生物死亡,威胁人类饮用水安全。

9. 海洋污染。全世界60%的人口挤在离大海不到100千米的地方,沿海地区受到了巨大的人口压力,这种人口拥挤状况正使非常脆弱的海洋生态失去平衡。由于人类不断向大海排放污染物,大量建设海上旅游设施……近年来发生在近海水域的污染事件不断增多。海洋污染主要有原油泄漏污染、漂浮物污染和有机化合物污染及赤潮、黑潮等。全世界1/3的沿海地区(在欧洲是80%的沿海地区)遭到了破坏,破坏了红树林、珊瑚礁、海草,使近海鱼虾锐减。

此外,过度捕捞造成海洋渔业资源正在以令人可怕的速度减少。在某些海域,由于大量捕捞,某些特有的鱼种——如大西洋鳕鱼,已达商业灭绝的程度。更为糟糕的是过度捕捞严重影响海洋生产力和生物多样性,海洋生态系统遭到严重破坏。

10. 危险性废物污染与越境转移。危险性废物是指除放射性废物以外,具有化学活性或毒性、爆炸性、腐蚀性和其他对人类生存环境存在有害特性的废物。因其数量和浓度较高,可能造成或导致人类死亡率上升,或引起严重的难以治愈疾病或致残。工业带给人类的文明曾令多少人陶醉,但同时带来的数百万种化合物存在于空气、土壤、水、植物、动物和人体中,即使作为地球上最后的大型天然生态系统的冰盖也受到了污染。那些有机化合物、重金属、有毒产品,都集中存在于整个食物链中,引起癌症,最终将威胁到人类的生命安全。有毒有害废弃物使自然环境不断退化,土壤和水域不断被污染，垃圾处置填埋场地越来越少，居民抗议声越来越大，发达国家开始以公开或伪装的方式向发展中国家转移危险废弃物。

三、人类所面临的环境问题的实质

一些研究表明，复合生态系统的产生和发展，在某种程度上，是由人口压力推动的。生活在自然生态系统的人口，其规模的变化严格受到种群调节规律的制约。而当经济、社会、生态复合生态系统建立之后，自然对人口的约束力就被人类所拥有的社会生产力一步步削弱。不仅如此，复合生态系统的建立和发展又进一步促进人口规模扩大。当一种系统满足不了人口压力产生的需求时，就必然会造成严重的环境问题。

从复合生态系统的发展过程，还可以观察到，承受人口需求压力的资源种类不断增加。在自然经济条件下，土地和植被是人口压力的主要承担者，土地植被所承受的人口压力，使野生动植物资源的衰减达到危险的程度；到了现代社会，水资源、海洋资源、矿产资源、乃至整个生物圈都开始不堪人口的压力。工业革命以后，人口对环境的压力，不仅表现在人口增长上，还日益表现在人均消费水平的提高上。因此，人类有必要思考，环境能够承受人口的压力吗？

1974年Bishop在《环境管理中的承载力》一书中指出："环境承载力表明在维持一个可以接受的生活水平的前提下，一个区域所能永久地承载的人类活动的强烈程度"。据此，可持续性意味着维持乃至增加人类福利的自然基础。自《增长的极限》发表以后，不断有人认为当今世界人口压力已经超出环境承载力。世界范围的环境问题的实质，正是当今世界人口已经达到甚至超过了环境承载力的极限的表现。

四、热力学的两大定律

人类社会发展的趋势是逐步把整个地球生态系统置于自己的控制之下，把亿万年的进化过程中形成的相对稳定的、相对平衡的、高分异度的、复杂的自然系统，变为靠消耗储存的能量和物质资源来维持的、地球化学失衡的、单调的、不稳定的人控生态系统。迄今为止，人类科学、技术的发展和文明的进步总是伴随着更多的岩石圈储存的能量的消耗，更多的物质消耗，更多的自然物种的绝灭，更大的环境污染。从某种意义上来说，这不是文明的进步，如果照此发展下去，则有可能造成地球表层系统向金星与火星的状态演化，从而造成人类文明的终结。

热力学第一定律——能量守恒定律告诉我们，宇宙中的能量总和是个常数，既不能创造，也不能消灭。只是从一种形式转化为另一种形式。它表明了宇宙物质-能量供给的极限，限定了生产中资源相互替代的程度。

其第二定律——熵定律则告诉我们，每当能量从一种形式转化为另一种形式时，总有一些能量以热的形式散失，这些能量不可能完全回收再转化为能量，从而减少了将来可以做功的能量，这就是熵。熵是不能再转化做功的能量，或者说"废能"的计量单位。这揭示出能量只能沿着一个方向——即耗散的方向——也就是沿着能被利用的方向向不能被利用的方向——转化。

有效能量的减少就是熵的增加。随着时间的流逝，系统运动过程中能量耗散而不停地增长，当所有进一步做功的潜力都已经耗尽，再也没有可供做功的能量了，熵就达到极大值。系统就进入"热寂"状态。如果地球生态系统达到热寂状态，那么人类就不能生存了。熵速度就是系统熵增大的速度，是单位时间系统的熵量。一个系统的熵速度越大，该系统就会越快地进入热力学平衡。世界万事万物只能朝着总熵增加的方向变化，人类是无法改变熵过程的方向的，但是可以改变熵过程的速度。

熵速度的大小与自组织的活动规律有关。宇宙是由无数的自组织组成的，大到天体，小到分子、原子电子都是自组织，人类社会也是一种自组织。自组织对熵速度有影响，有的自组织可以使熵速度加大。有的可以使熵速度减小。使熵增大的自组织，它本身的存在消耗着周围的有机资源，在环境恶化过程中达成自己的进化，环境恶化到一定程度必将威胁到该组织的生存；使熵速度降低的自组织，会产生有益于周边环境的各种资源，它的存在有利于周边环境的进化，该组织越发展，越有利于自然界、有利于宇宙。因此，使熵速度降低的自组织是可持续发展的组织。反过来说，宇宙中自组织的可持续发展，必须有助于降低宇宙的熵速度。显然，人类社会是典型的使熵速度增大的自组织。但是人类是地球上最智能的生物，人类懂得选择，是变成可持续发展的组织生存下去，还是走向灭亡，人类必然要选择前者，这是人类可持续发展的条件。人类要实现可持续发展，必须首先满足宇宙可持续发展的条件。

第三节　对人类基本生存方式的反思

一、人类与自然关系的演化

人类社会发展史，首先是以人的生存和发展需要为目的，依赖生物和非生物资源及环境场的演变史。其次才是人类社会内部生产活动、利益分配、文化交流及精神文明所繁衍的社会进步史。人与自然的关系始终是人类进化、社会发展的关键问题。物质资料的生产是连接人与自然演化的中枢。从生产力发展的历史看，人类文明的发展经历了三个不同的阶段，在这三个不同阶段人与自然的关系也有所不同。

1. 原始文明时期。这一时期大约持续300万年。由于人类尚处于摇篮时期，以采集野果和捕鱼狩猎为生，使用简单的石器工具，自然力显得异常强大，人类敬畏、崇拜和服从自然力，对自然有很大的依赖性。在人与自然的关系之中，自然是起决定作用的一方。人类完全依赖大自然的恩赐，只能现成地从自然界中获取食物，还谈不上对自然环境的改造。人类使用火以后，结束了茹毛饮血的时代，人类智力得到飞跃性的发展。然而，"火猎"导致森林破坏，造成人类历史上最初的生态危机。但是，无论在程度上还是在规模上，都微乎其微，生态系统依赖自我更新机制得以恢复，可以认为基本不存在环境问题。

2. 农业文明时期。大约一万年前，人类进入农耕时代。农业和畜牧业逐渐代替采集和渔猎，人们从游牧生活转向定居生活，认识和掌握了越来越多的自然规律，学会在自然变化面前，在一定程度和范围内趋利避害，可以不直接依赖自然的食物供给而开始自己控制食物生产，生活资料有了较以前稳定得多的来源。也就是此时，人类开始由崇拜、服从自然向征服自然的方向转变，甚至产生了"人定胜天"的思想。随着人类种群的迅速扩大，人类社会需要更多的资源和扩大物质生产规模，便开始出现烧荒、垦荒、兴修水利工程等改造自然的活动，引起严重的水土流失、土壤盐渍化或沼泽化等问题。一些地区因而发生了严重的生态退化。这些环境问题迫使人们经常迁移、转换栖息地，有的甚至酿成了覆灭的悲剧，如玛雅文明。恩格斯在100多年前就说过："美索不达米亚、希腊、小亚细亚以及其他各地区的居民，为了得到耕地，把森林砍完了；但是他们做梦想不到，这些地方竟因此成为荒芜不毛之地。因为他们使这些地方失去了森林，因而失去了积聚和储存水分的中心……他们更没有料到，这样做竟使山泉在一年中的大部分时间内枯竭了；而在雨季，又使凶猛的洪水倾泻到平原上。"但总的说来，这一阶段的人类活动对环境的影响还是局部的，没有达到影响整个生物圈的程度。

3. 工业文明时期。18 世纪开始的工业革命所造就的工业文明的重要特征是，用机器生产代替手工生产，用地球上的石化能源代替人力、畜力能源。在工业社会里，科学技术发展迅速，人口急剧增加；人类活动深入到地球的每个角落，从陆地、海洋到天空，都成了人类活动的场所；人类改造和利用自然的形式空前地多样化和复杂化，涉及到一切物理、化学、生物、地质的运动形式。人类大量开采地球上的各种资源，人工合成了数以万计的材料和化学品；人类活动深刻地影响了地球上各种动物、植物、微生物的生态系统循环和地球化学循环。由于科学的发明和技术的运用，人类改变和利用自然的能力极大提高，人类中心主义形成并充分发展，人与自然的关系发生了逆转。此后的环境问题也开始出现新的特点并日益复杂化和全球化。

二、对人类基本生存方式的反思

（一）对生产方式的反思

人类有史以来的基本生产方式可以概括为：从自然界索取各类物质性资源；将这些资源加工为产品，通过流通分配给消费者，消费这些产品；最后将前述各环节产生的废物弃入环境。这种基本的生产方式正是人类社会陷入不可持续发展泥潭的根本原因。因为这一方式使人类社会和自然环境之间的物质交换的不均衡性日益严重。在远古和农业文明时代，由于人类生产力水平有限，这种生产方式对自然的攫取和破坏或微不足道，或是造成短时期的局部的破坏，都没有在总体上对环境造成重大伤害。自工业革命以来，随着人口数量的膨胀，人群提高物质生活水平需求的剧增，科技水平的提高，物质在人类社会中的流动量和流动速度都在日益加大和提高。而在环境中，物质流及其分解、转化的速度和总量则在日益降低。结果是使环境的自然资源供给能力和对污染物的消纳能力都承受着无法承受的压力。特别是工业文明充分发达的时代，物质生产表现为商品生产，其动力和目的已经完全背离其满足人类生存需求的初衷，而转变为追求"经济利益最大化"，货币也就由"工具"变为"目的"。于是生产者和经营者不择手段地刺激人们对物质生活的追求，鼓励人们高消费，从而使生产力沿着索取、消耗自然资源的方向畸形地超高速发展，使对自然资源的索取日益无度。同样，基于"经济利益最大化"的考虑，如果不能获得较大的经济利益，商品生产者和经营者也绝不会对在资源索取的全过程中所产生的废物去进行回收、利用，而是把它们随意排入环境。

在社会分工上，对应于这种生产方式，人类的生产活动被分为三大类：从自然界获得资源的一次产业，将自然资源加工为商品的二次产业，以及为一次和二次产业服务、以提高它们的效率和效益为目标的三次产业。显然，这种产业门类划分，把极为重要的废物转变为资源，或将其安全地返回环境的活动排除在人类社会的经济、生产活动之外。但是，环境的急剧恶化表明，在当今的生产方式下，自然界中的分解者已完全不可能将人类社会制造的"废物"全部、及时地分解掉。如果人类再不很快地意识到这一点，并对自己的行为予以调整的话，那么在不久的将来，人类社会和自然之间的这种不平衡的物质交换必将给人类社会的生存发展带来严重的灾难性后果。

（二）对消费方式的反思

消费是生产的根本推动力。消费取决于人的需要。人的消费需要大体上可以分为生存的需要、享受的需要、发展的需要三个层次。一般来说，低层次的需要，尤其是物质需要满足的程度，往往因人的价值观念和价值取向而异。如果人的需要长期在物质享受层次上膨胀，就会产生恶性消费，从而推动恶性开发。目前，消费已经异化成一种刺激生产、追逐利润的因素，一种体现自身存在价值的标志。其表现是：

1. 消费背离需要，使消费突破了需求的有限性，获得了无限扩张的性质，导致大量无意义消费。如广告宣传不断地创造出新的消费时尚，诱导消费者接受他们自己当前实际上可能并不需要的消费品；赊销、分期付款等促销手段促使消费者进行超前消费。这无疑对经济增长起到巨大的刺激作用，但是也产生大量"无意义消费"，甚至有害消费。

2. 人的消费方式是人的价值观的表现。进入工业社会以后，不少人的消费在很大程度上已经不是为了满足自己生存发展的需要，而是为了体现自己存在和价值。正如西方经济学家 T. 凡伯伦所说："一个人要使他日常生活遇到的那些漠不关心的观察者对他的金钱力量留下印象，惟一可行的办法是不断显示他的支付能力。"

3. 生产力发展水平越高，一次性消费或类一次性消费的表现就越突出，越追求所谓的深加工产品。这种消费的实质是迫使具有使用价值的消费对象退出消费过程，作为废弃物被抛弃，其结果既大大增加了物质消耗，也污染了环境。

4. 近代工业文明的消费观对生活水平高低的评价尺度误导人们的消费行为，不利于人的健康生存。近代工业文明的消费观评价生活水平高低的终极尺度有两个：一是人均占有和消费物质财富的多少；二是用外部自然力代替人的生理功能程度的高低。但是，现代社会许多疾病都与现代人这种生活水平提高有关。

（三）对人口增长的反思

从人类社会诞生以来直到工业革命，人口都处于缓慢增长阶段。这个阶段，因为人类大多数时间是以采集、捕猎和简单的农牧业为主，劳动工具简单，靠天吃饭，医疗手段落后。平均每 1000 年，人口数量才增长 20%，比现在大约慢 1000 倍。

工业革命以后，由于人类社会生产力水平提高，生活水平和医疗条件改善，世界人口飞速发展：

1600 年，世界人口为 5 亿。

1804 年，达 10 亿。

过了 123 年后，到 1927 年，世界人口达 20 亿。

又过了 33 年，到 1960 年，世界人口达 30 亿。

此后的 14 年，即到 1974 年，世界人口达 40 亿。

而到 1987 年，世界人口达 50 亿，只用了 13 年。

到 1999 年 10 月 12 日，世界人口达 60 亿，不过 12 年的时间。

可见，伴随经济发展和人们物质生活水平的提高，人口总量在加速膨胀，每增加 10 亿人所需要的时间在急剧缩短。人口高出生、低死亡及总量高增长的惯性，在未构成危机的情况下，一直没有引起人们的注意，更没有得到有效的控制。人们对人口数量的认识，在相当长的时间里抱着"多多益善"的态度。这种认识是在人类开发自然能力低下的前提下形成的。直到 18 世纪，人口数量多寡依然是衡量国家强盛程度的重要标志。20 世纪 50 年代以来，发达国家人口增长有下降的趋势，发展中国家人口增长仍然过快。这期间，发达国家人口增长了 4 亿，稳定在 12 亿；发展中国家人口增长了 31 亿，由占世界人口总数的 68% 上升到 80%，总数已经达到 48 亿。这个事实说明，人类在较长的历史时期中，没有意识到人口生产与物质生产和环境生产三者的关系，没有认识到人口生产必须与物质生产相匹配，还要和自然环境的承载能力相适应。

（四）对科学精神和技术发展的反思

所谓科学主义或科学精神，是指把科学的原则、方法、功能普遍化及绝对化，使之成为衡量一切的惟一尺度和实现人类目的的惟一或根本手段。在社会生活中，对科学技术作用的过分夸大和盲目乐观，对科技发展的负面价值缺乏必要的警惕和制约，都源于这一认识。

18 世纪的工业革命爆发和文艺复兴运动的理性启蒙，孕育了 19 世纪一系列重大科学发现的种子。工业化大生产和科学技术的相互作用，给人类创造了前所未有的物质财富。这一时期形成的科学精神具有以下明显特点：

1. 主观和客观相分裂的二元论作为公理性前提。人代表上帝处于所有存在者中心的位置，其他存在者都是人类的对象，由人决定其存在的价值。笛卡提出"我思故我在"的命题。

2. 崇拜甚至迷信知识和科学技术的无穷力量。理性不仅是人类高贵身份的保证，而且也是人类力量的基础，知识的占有就是理性主体对客体的认识。培根提出知识就是力量。科学家们乐观地认为，科学技术能够帮助人们克服任何障碍，解决所有难题，成就一切事业。人们可以主宰和拥有自然。

3. 把自然的形象完全机械化、简单化。把自然当成是由超自然的上帝创造和推动的，否认自然是一个有着自我动力、按照自然本性运动的有机体。因而理性的人类能够发现和制定一切普遍有效的方法认识和操纵自然。

19世纪是一个理性崇拜的世纪。19世纪的科学家强化了这些信念，并进而由理性自信上升到理性崇拜。人们对科学产生一种崇拜。而更多感知、情感体验能力遭到压抑，人文精神的完善与充实淡出人们的主导视野，导致人类的精神危机。任何不受制约的力量都将走向自己的反面，科学技术也是如此。科学技术必须有人文精神的约束，受人类理智、情感的制衡，才能成为理性化的能够真正促进人类幸福的力量。

再从技术发展的角度来看，有史以来，人类只是研究和开发从自然环境中攫取资源以及将其转化为产品的技术，并认为凡是加速上述进程、提高上述过程效率的技术就是好技术，而根本没有想到要去开发可以将物质返回自然环境或重复利用的技术。

（五）对主流经济学的反思

经济学是对稀缺资源进行有效配置的科学。经济学在人类社会发展中占有重要地位。特别是工业革命以来，西方主流经济学在工业文明的发展方式和发展道路的形成与演变中起了决定性的作用，因而，它对20世纪的环境危机也负有不可推卸的责任。

1. 主流经济学是以利润最大化为目标的一门科学。生产本来是人类谋生的手段。但在现实生活中，生产的目的已经变成为追求利润。把厂商的基本目标视为追求利润的观点一直统治着主流经济学。从其微观部分来看，不论所研究的消费者行为问题、厂商行为问题、市场结构问题、分配问题，还是一般均衡问题，都是从企业追求利润极大化这一角度来立论的，其目的也是告诉企业怎样才能实现利润最大化；从其宏观部分来看，它所探讨的国民收入核算理论、国民收入和就业水平决定理论、通货膨胀理论及其政策主张和总体均衡原理，也不过是劝导国家以对经济的干预来为厂商创造赢利机会。由此可见，主流经济学实质上是一部指导人们谋求最大利润的教科书。

2. 主流经济学是视自然资源为自由取用物品的科学。英国经济学家罗宾斯在《经济学的性质和意义》一书中对经济学做过一个定义："经济学是研究用具有各种用途的稀缺手段来满足人们目的的人类行为的科学"。这里所谓稀缺手段包括了经济学通常所说的稀缺资源，具体指的是劳动、资本和自然资源。主流经济学虽然已经注意到了自然资源是人类生产不可或缺的因素，然而，或许为了研究方便，主流经济学在界定自然资源时，把整个自然资源一分为二，仅仅将那些人类使用时必须付费的自然资源作为研究对象。不用付费的自然资源在主流经济学中被认为是可以自由取用的。而那些在现象上已经支付代价的自然资源，支付也只是形式，仍然是自由取用的，这一点可以从分配理论中反映出来。

3. 主流经济学激励了对自然资源的挥霍与消耗。在追求利润极大化的目标下，主流经济学必然把"效率"放在核心地位。所谓效率就是以最小的成本获得最大的产出。在微观经济学的整个理论体系都是围绕如何实现效率展开的。为了降低成本提高效率，厂商必然会尽可能地利用可以自由取用、无需付费的自然资源。所以，所谓成本最小,不但不意味对自然资源的节约,反而意味对"可以自由取用"的自然资源的最大量使用,同时意味着对自然资源最肆无忌惮的挥霍。以上是在技术水平不变条件下的分析。在技术改进情况下,如果没有外界条件的制约,厂商绝不会为节约"可以自由取用的"自然资源去增加技术改进的投入。虽然为利润极大化而进行的技术改进,有时也可能出现节约自然资源的结果,但是这种情况的前提是,企业开发替代自然资源的技术的成本要低于获得自然资本的成本。

在宏观经济学中,效率的含义就是物质和人力被充分动员于生产。自凯恩斯理论问世以来,只要有产品积压和工人失业,政府就运用财政政策和货币政策不断去提高需求,扩大厂商产品销售使之获利,最后达到启动投资和扩大就业的目的。本来人类对物质资料的需求是为了满足自己的生存需要,在一定时期,这种需要有一个量的界限。这正是任何厂商的产品总会遇到一个市场容量问题的原因。但是在宏观经济政策指导下,政府人为地打破这种市场容量的限制,使生产居于无限扩张的趋势,各种资源包括自然资源处于被充分动员的状态。由此对自然资源的挥霍也达到无以复加的地步。

必须说明的是,经济学为人类的物质文明乃至精神文明所做出的巨大贡献值得肯定,但是,从可持续发展的角度考察,现行的经济学有其历史局限性。产生这种局限性的原因是,自工业文明以来相当长的时期内,人类对环境问题都没有予以应有的关注,经济学也不可能把自然环境问题作为一个重要因素纳入自己的体系来考虑。

(六)对人类发展观的反思

工业革命以来,发展往往被理解为工业化的过程。考察这一历史进程可以大致分为三个阶段:在工业化初期阶段,往往以经济发展为主导,其发展往往是一维的。这源于该期间发生的工业革命使人类生产活动摆脱了四季循环的天时控制。生产活动在科技创新的推动下不断增长，使人们的物质生活水平大大提高。在这个背景下，形成了以物质财富增长为核心，片面追求经济增长，认为经济增长必然带来富裕和文明的增长观。到了20世纪30年代，经济学将国民生产总值作为国民经济核算体系的核心以后，国民生产总值指标成为国民生活水准的象征和评价经济福利的综合指标，片面追求增长的目标就具体化为追求 GNP 的增长。在这之后，每次科技革命都形成巨大的生产力，使人们攫取自然资源的能力增强，消费欲望高度膨胀，出现前所未有的"增长热"。增长热虽然使 GNP 指标短时间提高了，但是经济结构、社会结构、政治结构并未得到应有的改善，贫困、失业和收入不均等社会问题没有得到解决，住房拥挤、交通不便、特别是生态环境恶化，使人们生活质量下降。为了解决这些问题，人们开始修正发展的目标，在 GNP 指标外，补充了一些社会发展指标，如人口的预期寿命、婴儿死亡率、小学入学率、使用卫生设施的人口、获得卫生保健的人口、贫困人口、营养状况、成人文盲率等。至此，人类社会的发展进入第二阶段，既经济发展和社会发展并重的阶段，在此阶段，发展是二维的。但是，在人类正确认识人与自然的关系之前，"城市病"是不能彻底得到医治的，工业化的不可持续性也不能得到根本解决。工业化和城市化过程中人与自然关系恶化引起的一系列恶果，使人们意识到工业化对资源和环境的压力，对片面追求经济增长的发展模式提出质疑和批判，确立起可持续发展的观念，越来越多的国家和地区开始将可持续发展作为自己的发展战略。可持续发展的提出是人类发展观方面的重大进步，标志着人类开始把经济、社会、资源环境作为一个复合系统看待，谋求三位一体协调发展，发展模式由二维转变成三维。人类社会的发展进入第三阶段即可持续发展阶段。

第四节 可持续发展的基本内涵

一、可持续发展的定义

可持续发展最有影响的定义是 1987 年由挪威首相布伦特兰夫人任主席的联合国世界环境与发展委员会的报告《我们共同的未来》中的论述："既满足当代人的需要，又不对后代人满足其需要的能力构成危害的发展"。这一定义得到各国政府、学者的广泛接受。其内容不仅限于经济增长，还广泛涉及了实现人类福利，满足人类需求，它意味着将经济增长、环境保护和社会正义结合起来，使之和谐共存。我国学者对这一定义作了如下阐释与补充：可持续发展既不是单纯的经济发展或社会发展，也不是单纯的生态持续，而是以人为中心的自然与经济复合系统的可持续。以此为出发点，可持续发展是人类能动地调控自然—经济—社会复合系统，在不超越资源与环境承载能力的条件下，促进经济发展、保持资源永续利用和提高生活质量，既满足当代人的需要，又不损害后代人满足其需要的能力。[①]

可以将三维复合系统可持续发展的目标用以下模型表示：
可持续发展目标函数：

$$SD = f(X, Y, Y, T, L)$$

约束条件：

$$|X+Y| < \min|Z|, \quad |X|, |Y|, |Z| > 0$$

式中，SD——可持续发展系统目标；X，Y，Z——经济、社会、生态子系统发展水平矢量；T，L——时间、空间矢量，表示可

[①] 赵丽芬、江勇：《可持续发展战略学》，高等教育出版社 2001 年版，第 4 页。

持续发展的不同阶段、地区。

其中，$X = (x_1, x_2, x_3, \cdots, x_n)$
$Y = (y_1, y_2, y_3, \cdots, y_n)$
$Z = (z_1, z_2, z_3, \cdots, z_n)$

该模型的含义为：复合生态系统可持续发展的目标 SD 是经济子系统发展水平矢量 X、社会子系统发展水平矢量 Y 及生态子系统发展水平矢量 Z 的函数。可持续发展的目标 SD 还与发展阶段和地区有关。经济、社会和生态子系统发展水平矢量又是该系统诸因子的函数。当资源与环境发挥其最大承载能力的状态也就是其生态系统具有可恢复性的最低发育状态（$\min Z$）。

从以上定义可以看出，可持续发展包括如下理论内涵：

1. 确定一个主题。那就是发展，就是通过发展来不断满足当代人及其子孙后代对于物质、能量、信息、文化的需求。可持续发展以发展为核心。历史的经验和教训表明，落后和贫穷不可能实现可持续发展的目标，所以可持续发展鼓励经济增长，同时更追求改善经济增长的质量。

2. 规范两个关系。可持续发展这个宏大的命题，归结起来就是要实现人与自然之间和人与人之间关系的平衡与和谐，因此，必须规范两个关系。其一是规范人与自然之间关系。人与自然的相互适应和协同进化是人类文明发展的"必要条件"。人类的发展主要依赖于可再生资源的永续利用，自然资源的永续利用是经济社会可持续发展的物质基础。人类要发展，必须保护自然资源和生态环境。所以要规范人类的生产和消费方式，不能超越资源与环境的承载能力。其二是规范人与人之间关系。人与人之间和衷共济、平等互助、自律和互律地在当代人和后代人之间公平地占有和使用资源，是人类文明得以延续的"充分条件"。所以要规范当代人之间、当代人与后代人之间对于资源的使用和占有以及发展成果的分配，消除贫困和社会不公。

3. 遵循三个原则。一是持续性原则。即人类的经济和社会活动不能超越自然资源与环境的承载能力。这意味着人类的发展和需要以人类赖以生存的物质基础——自然资源和环境的承受能力为限度。人类的经济社会活动必须在不破坏环境的前提下进行。这就要求我们慎重地对待环境与资源问题，冷静地制定资源开发战略，理性的保持生态健康，以永续利用资源和创造、维护良好的生态环境为目标，以保护自然为基础，与资源和环境的承载能力相协调，树立起一种生态文明。二是公平性原则。强调发展的社会公平性。这里的社会公平包括代内公平和代际公平。所谓代内公平，就是说在当代人中，要使发展满足全体人民的需要，而不是只满足部分人的需要，使每个社会成员都享受到发展带来的实惠。这就要求在社会财富的分配上和社会福利的分享上以及在人的全面发展方面保持公平，即生存和发展权的公平性。所谓代际公平，就是当代人与后代人在生存和发展权利上的公平性。代际之间依照公平合理的原则分配和使用属于全人类的资源与环境。当代人的发展不能损害和牺牲后代人的利益，要让后代人也享有自然资源和健康的生态环境的使用权。三是共同性原则。强调可持续发展是宏观性、全局性和战略性问题，是一个国家或地区乃至全球性问题。面对宏观性、全局性的环境和生态危机，人们是"有福同享，有难同当"，谁也不能置身事外，因为只有一个地球。因此要强调发展的统筹，对于一个国家而言，包括地区之间、部门之间、城乡之间的统筹，对于一个地区或部门，在发展上要顾全大局，以全局的可持续发展为前提。不能以邻为壑，要加强合作。

  2003年10月召开的中共十六届三中全会，明确提出要坚持"以人为本"，树立"全面、协调、可持续的发展观"，促进经济社会和人的全面发展。会议强调，发展要处理好"五个统筹"，即统筹城乡发展、统筹区域发展、统筹经济社会发展、统筹人与自然和谐发展、统筹国内发展和对外开放。科学发展观的核心是以人为本和可持续发展。可持续发展强调发展过程中经济社会自然环境的和谐，而以人为本则是追求可持续发展的目的。因此，可以说可持续发展观就是科学的发展观。

二、可持续发展观与传统发展观的区别

传统的发展是以物为本的，是"物本经济"，即将发展置于对物质资本的积累和对自然资源的开发利用的基础上，可持续发展是以人为本的，是一种"人本经济"，即发展是建立在对人力资本的积累和开发基础上的。同时人也是发展的受益者，发展的最终目的是造福于人。

传统的发展以物质文明和物质需求的满足程度作为发展的标志来衡量社会福利水平；而可持续发展的标志不仅包括物质文明和精神文明，还包括生态文明。国际经验表明，事实上存在着"没有发展的增长"，甚至"负增长"，即经济总量扩大了，但经济结构没有优化，经济增长的质量没有改善，国家的综合实力和人民生活质量没有实质性提高，甚至在经济总量扩大的同时，结构恶化了，环境破坏了，人类生存和发展的条件下降了。一边是现代化，一边却存在大量的穷人；有增长、无发展，大多数人享受不到现代化的成果，这就是人们常提到的"拉美陷阱"。

传统发展观对于财富的认识是片面的，把生态环境资源这种重要的生产要素排斥于现代经济运行与社会生产价值运动之外。相应地把 GDP 作为衡量一个国家或地区发展的单一尺度，而忽视人文的、资源的、环境的指标。由于单纯的 GDP 增长指标没有体现经济增长过程中的环境损失和资源消耗成本，片面强调 GDP 增长会助长盲目消耗资源、破坏环境，造成社会失衡，反过来又使 GDP 的增长难以为继。可持续发展突破了传统的财富观念，将国民财富拓展到自然资源、生态环境、人力资源和社会组织管理。

与传统发展观所对应的是"资源—产品—废物"的开放型经济运转模式，是一种"牧童经济"。对最大利益的追求使生产规模不断扩大，大规模的生产体系，创造了大规模的流通体系，也创造了

高消费的生活方式。由此又推动其源源不断地将资源转化为产品，又变成废物。传统发展观造就的生产方式和消费方式在协调人与自然关系方面显得无能为力，不能根本解决资源枯竭、环境恶化和生态退化等一系列重大问题；由于破坏了发展的基础，迫使人们加紧对稀缺资源的争夺以及对所掌握的资源掠夺性开发，导致当代人之间、当代人与后代人之间不能公平合理地分配和使用资源，加剧了贫困，加剧了城乡、地区之间的两极分化。应该认识到，破坏自然、掠夺自然，就是破坏自己、掠夺自己；要关注人，也要关注自然；要满足人的需要，也要维护自然的平衡；要关注人类当前的利益，也要关注人类未来的利益。在发展过程中不仅要尊重经济规律，更要倍加尊重自然规律，充分考虑资源和生态环境的承载能力。

与可持续发展相对应的是"资源消费→产品→再生资源"闭环型模式，是一种循环经济。在微观层次上，推行清洁生产；在宏观层次上，建立生态产业链，达到资源消耗的减量化、再利用和再循环。并且以可持续消费为基础，使整个经济系统与生态系统之间的输入和输出保持一种动态的平衡，使整个系统都能够朝着健康有序的方向发展。在发展中不仅注重协调人与自然的关系，保护自然资源和生态环境，将发展置于自然资源、生态环境可承受的阈值之内；还以公平发展权为原则，注重协调人与人之间的关系。一方面赋予人类每个成员对于环境资源使用与保护方面平等的权利和义务，扩大地区开放与交流，通过地区间的优势互补，缩小发展中的城乡、地区差距，达到多赢的发展效果；另一方面强调代际之间要以公正、合理的原则使用和管理属于全体人类的资源和环境，当代人的发展不以牺牲后代人的发展为代价。

三、中国改革开放以来的发展与发展观

长期以来，很多地方、很多人把以经济建设为中心理解为以经

济增长为中心,又具体化为以GDP的增长为中心,以为蛋糕做大了一切问题都解决了。20多年持之以恒的以经济建设为中心,十多亿中国人创造了堪称"奇迹"的经济增长。按照世界银行的统计,中国20世纪80年代的年均增长率是10.1%,20世纪90年代的年均增长为10.7%。可是,考虑到中国为此付出的巨大代价,这些成绩就会大打折扣。

在投入方面,按照美国经济学家格鲁特曼的"增量资本产出率",即从每增加1亿元GDP所需要的固定投资来看,我国在"六五"期间是1.8亿元,到了"十五"前三年上升到4.99亿元,也就是说,我国创造1元钱GDP需要的投资竟然接近了5元钱。2003年,我国实现的GDP按现行汇率计算为1.4万亿美元,约占全世界GDP的4%,但为此消耗的资源,包括原油、原煤、铁矿石、钢材、氧化铝、水泥等,分别约占世界消费量的7.4%、31%、30%、27%、25%和40%,消耗的资源高出世界平均水平很多[①]。数据显示,1985~2000年的15年是中国经济的高速增长期,GDP年均增长率为8.7%。但如果扣除环境损失成本和生态赤字,即自然部分的虚数和人文部分的虚数后,这期间中国的"真实国民财富"仅为名义财富的78.2%。这意味着,过去15年中国GDP的实际年均增长率只有6.5%。

高消耗换来了高增长,也带来了高排放和高污染的问题,现在,中国每增加单位GDP的废水排放量比发达国家高出4倍,单位工业产值产生的固体废弃物比发达国家高出10多倍。从世界银行2000年底公布的数据看,我国自然资产损失(包括能源耗竭损失、二氧化碳污染损失、矿产耗竭损失、森林耗竭损失等)占GDP的比重惊人,20世纪70年代初,占GDP的6%~7%,20世纪70年代末到80年代初,这一损失达到峰值,高达GDP的30%。中国科学院牛文元教授说,多年计算的平均结果显示,中国经济增长的

---

① 徐友龙:《中国需要怎样的经济增长方式》,人民网2004年8月1日。

GDP 中，至少有 18% 是依靠资源和生态环境的"透支"获得的，这种代价至今仍存在于我们的经济发展之中。

不协调的问题则更明显。表现为在发展中存在明显的城乡差距、地区差距、贫富差距。不算政府财政对城镇居民的补贴，中国目前的城乡收入差距是 3.11 倍，这个数字在 1996 年是 1.9，在 1990 年是 2.02，1985 年是 1.72，1978 年是 2.36。中国最富的地区上海与最穷的地区贵州的人均 GDP 差距，1978 年是 9.1 倍，2002 年是 12.9 倍。根据中国社科院经济所收入分配课题组的最新数据，中国的基尼系数 1995 年是 0.437，2002 年是 0.454。

另外，中国也是教育投资严重不足的国家。国务院 1993 年颁布的《中国教育改革和发展纲要》规定，到 20 世纪末，教育经费的支出要达到 GDP 的 4%。2001 年，经过不懈的努力，中国的教育支出达到了 GDP 的 3.19%，但是与 5.1% 的世界平均水平仍然相差甚远。就业压力巨大，每年至少需要新创造 1500 万个就业岗位才能缓解压力，但是现在 GDP 每增长 1 个百分点，创造出来的就业机会只有 1980 年代的 1/3。[①]

实践证明，以经济建设为中心不能等同于以经济增长为中心，蛋糕做大了（GDP 增长了）并不能化解一切矛盾。要化解上述种种矛盾，必须树立科学的发展观，推动经济增长方式由粗放型转向集约型。2003 年，中国经济实现 9.1% 的增长，但从 2004 年开始到现在，却明显地呈现出资源短缺、生产资料价格大幅上扬、煤电油运全面紧张的巨大压力，2004 年的拉闸限电安排业已经成为中国百姓在这个炎热夏季里最关注的一个信息，而中国企业、尤其是东部沿海省份的企业，普遍面临着全年性缺电的苦闷。从长远来看，中国的目标是在 2020 年实现 GDP 翻两番，但按照现在的资源、能源消耗方式，专家认为中国将很难承受。尽管中国早在 20 世纪 80 年代末就明确提出并引导着人口资源的可持续发展，90 年

---

① 《历史的突破》，《南方周末》2004 年 3 月 12 日。

代初，也曾将实现经济增长方式的转变提上议事日程，但是我们的经济增长方式尚未实现根本性转变。粗放型的经济增长方式，尽管几乎所有的发达国家在工业化时期都经历过，但目前看来，中国却不得不面对改变经济增长方式的现实。

  正是在这样一种客观背景下，中共十六届三中全会所构想的"以人为本"、"全面、协调、可持续发展"及"统筹兼顾"的发展观，得以在过去经济发展经验的基础上加以充实、综合和提升，以此为内容的"科学发展观"成为指导中国实现现代化的纲领。

第二章

可持续发展与循环经济

第一节　人类协调自身与环境关系的模式及演替

人类自受到环境问题的困扰以来，一直苦苦探索环境问题的解决途径。从总体上看，迄今为止，人类解决环境问题的努力经历了三个阶段，其间反映了人类对环境问题发生机制认识的逐步深化和协调人与自然生态环境关系的模式不断趋于完善。

一、生产过程末端治理模式

20世纪50年代末到70年代末，该模式先由工业发达国家开始实施，后被发展中国家所效仿。第二次世界大战以后，各国在大力发展经济的同时，根本没有也不可能顾及到环境的承受力，从而造成一系列环境问题。臭名昭彰的八大环境公害事件，是当时环境污染严重程度的写照。在这个阶段，人们对环境问题的认识仅局限于环境污染，并把污染问题只看成是技术问题。人们相信，只要投入资金，运用一定的技术，一定可以解决污染。为此，发达国家普遍采用末端治理的方法解决环境污染。即在生产链的终点或者在废弃物排放到自然界之前，进行一系列物理、化学或生物处理，以最大限度地减少污染物对环境的危害。在这一时期，各国政府每年都投入大量资金，进行科学研究，各门科学从不同角度研究污染物在环境中迁移规律、对人体的危害、降解的途径和过程等，同时致力于开发治理污染的工艺、技术和设备，建设污水处理厂、垃圾焚烧炉及废弃物填埋场等，当时提出的"谁污染、谁治理"的原则，典型地概括了生产过程末端治理模式的特征。

人们的上述努力一定程度上缓解了人类与环境的矛盾，取得了一定成效，尤其是发达国家的环境状况得到明显改善。但是好景不长，"末端治理模式"在环境污染治理方面的弊端逐渐显露出来。

1. 与生产过程相割裂，只对已经生成的污染作被动式处理。

2. 排放标准的制定是依据当时的认识水平，对于污染造成的长期的、积累性的、协同性的、不可逆转的潜在影响估计不足。因此，即使满足了排放标准，也未必达到有效保护环境的目的。所以，往往不能从根本上消除污染，只是使污染物在不同介质中转移，还可能造成二次污染。

3. 需要大量投资，运行费用高，建设周期长，经济效益小。既额外浪费了资源，又难以获得经济回报，常常成为企业的沉重负担。

4. 未考虑产品的生态无害性，有些产品的使用过程往往比生产过程更加危害环境。

5. 能源和资源不能有效利用。一些原本可以回收利用的原材料变成"三废"被处理或排放掉，使可资源化的废弃物难以回收利用，无法摆脱日益突出的资源短缺和资源枯竭的困境。

6. 污染的控制措施大都停留在企业层次上，较少进入宏观决策层次，未能将环境因素作为制定政策、资源配置、产业结构调整、区域开发和生产力布局的依据和制约因素。

从总体来看，生产过程末端治理不能从根本上解决环境问题。因为污染的症结在于现代社会的工业化模式，不改变这种经济模式，在花费大量人力、物力、财力去治理已经产生的污染问题的同时，新的环境污染问题又源源不断地产生，而且有些生态环境一旦遭到破坏是无论花多少人力、物力、财力都是无法恢复的。发达国家的环境改善，并不表明这些国家已经走上可持续发展之路，其生产过程的末端治理模式更不值得发展中国家效仿。

1990年，美国经济学家格鲁斯曼（Grossman）首次提出了"库茨涅兹环境曲线"，指出环境质量同经济增长呈倒U型曲线的关系，即在经济发展的初期阶段，随着人均收入的增高，环境污染和环境压力由低到高，到达某个临界点或转折点后，随着人均收入的进一步增加，环境污染和压力又由高到低，环境得到改善和恢复。以环境变化程度为纵坐标，以经济发展为横坐标，则这种变化宛如一个倒"U"字，也被称为环境库兹涅茨倒U型曲线。之后，哈佛大学国际发展研究所帕纳约托等相继研究证明了环境库兹涅茨曲线。

目前，发达国家的环境污染已经趋于下降，环境质量已好于20世纪六七十年代；发展中国家的污染仍在上升，与六七十年代相比，环境质量趋于恶化；新兴工业化国家的环境污染状况处于转折阶段。这些现象支持了环境污染与经济发展之间呈倒U型曲线关系的假定。

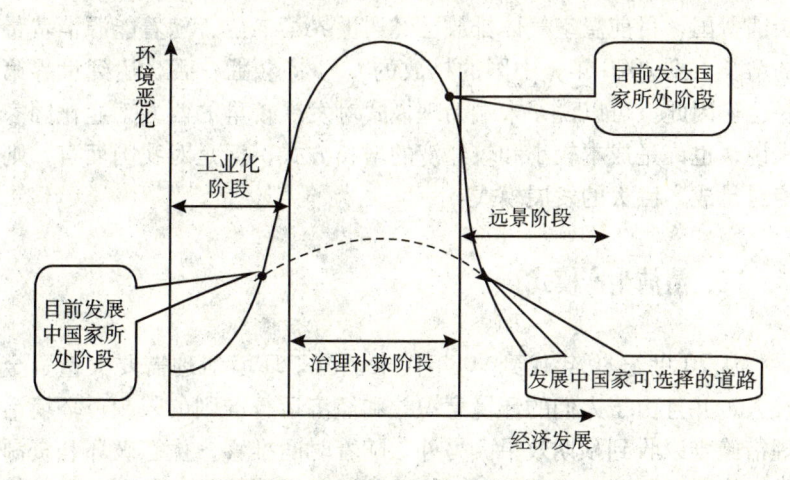

图2-1 环境库兹涅茨倒U型曲线

上述研究似乎表明，在经济增长、产业结构和技术结构演进的过程中，资源与环境问题先出现逐步加剧的特征，然后再逐渐减少直至消失。也就是说，经济发展和资源、环境的关系的变化很可能是从互竞互斥逐步走向互补互适。需要指出的是，经济增长与资源、环境之间的"倒U"型曲线关系并非具有必然性。它的存在是有条件的，只有当环境恶化被控制在环境不可逆的阈值内，经济增长与环境问题之间才表现为"倒U"型曲线关系，若环境恶化超越环境不可逆阈值，这种"倒U"型曲线关系就不存在了。

学者们提出环境问题与经济发展的关系呈"倒U型"变化，无非想说明环境污染是经济发展过程中不得不付出的代价。然而对于发展中国家来说，切切不能轻易地根据"倒U"型曲线的假定而选择"先污染，后治理"的发展模式。以我国为例，2004年，我国人均GDP是1000美元。按照世界银行划定的标准，如果2020年，中国达到中等收入水平的3000美元，即使按照现在的人口计算，中国的经济总规模将是现在的4倍，巨大的经济规模会形成对巨额资源的需求和环境污染的巨大压力。我国作为世界上最大的煤炭消费国，目前温室气体排放已经居世界第二位，随着能源消费量的增长，到2020年，中国的排放的CO_2将会翻一番，达到世界第一位。因此，可以说，末端治理模式对发展较早的西方工业化国家来说，也许是成本较小和较经济的增长方式，但是对我国而言，则绝对是成本巨大的发展模式。

二、清洁生产模式

从20世纪80年代到90年代末，由于环境治理需要大量资金投入，并且由于人们的环境意识差和经济运行准则的限制，环境治理措施难以收到预期效果。另外，随着时间推移，生态破坏和资源枯竭问题也都凸现出来。面对这种情况，人类开始意识到，与其治理"末端"产生的污染,不如"预防"污染的产生。采取一种节约原材料和能源,消除有毒原材料,并在一切排放物和废物离开工艺之前削减其数量和毒性的合理的生产模式,从原材料提取到产品的最终处置的全过程中减少各种不利影响,才能够实现经济的可持续发展。所以,这一时期环境保护的核心转移到"防重于治"、"预防为主"、"综合防治"上来,企业在其生产经营的整个生命周期,推行"从摇篮到坟墓"实现清洁化、无污染的清洁生产、预防污染战略。

在这一时期的环境管理中,清洁生产的意义不可低估,它把对污染的末端治理引向源头控制和全过程管理。清洁生产,也叫无公害工艺,无废工艺。最早可追溯到 1976 年年底,欧洲共同体在巴黎召开的"无废工艺和无废生产的国际研讨会",提出协调社会与自然的关系,应主要着眼于消除造成污染的根源,而不仅仅是消除污染引起的后果。1979 年,欧洲共同体理事会宣布推行清洁生产政策。1984 年到 1987 年,欧洲共同体环境委员会三次拨款支持建立清洁生产示范工程。1989 年联合国环境规划署制定了《清洁生产计划》,在全球范围内推行清洁生产。这一计划包括五方面的内容:(1)建立国际清洁生产信息交流中心。(2)组建不同的工作组,负责各行业领域的数据网络、教育、战略以及政策。(3)编写出版《清洁生产通讯》、培训教材和手册。(4)开展清洁生产培训工作。(5)组织技术支持,联系有关专家,建立示范工程。

1990 年在英国的坎特伯雷举办了首届"促进清洁生产高级研讨会",此后,每两年召开一次,定期交流经验,发现问题,提出新目标。1998 年在汉城举行的第五次会议上,制定和签署了《清洁生产国际宣言》。

1992 年,巴西召开的联合国"环发大会"上发表的《里约环境与发展宣言》和大会通过的《全球 21 世纪议程》中不少章节多次提及与清洁生产有关的内容。巴西会议推动了清洁生产在全球范围的实施。

国际组织也开始参与推行清洁生产。联合国工业发展组织和联合国环境署在首批9个国家中（包括中国）资助建立国家清洁生产中心。目前，世界上已经有37个国家建立了这样的中心。世界银行等国际金融组织也积极资助在发展中国家展开清洁生产的培训工作，国际标准化组织（ISO）制定了以预防和持续改善为核心内容的国际系列标准ISO－14000。国际上推进清洁生产活动，概括起来有这样一些特点：

1. 把推行清洁生产和推广国际标准化组织ISO14000的环境管理制度（EMS）有机地结合在一起。

2. 政府和工业部门之间通过谈判达成自愿协议，由工业部门自己负责在规定的时间内达到协议规定的污染物削减目标，来推动清洁生产。

3. 政府通过优先采购，积极推动清洁生产。

4. 把中小型企业作为宣传和推广清洁生产的主要对象。

5. 依赖经济政策推进清洁生产。

6. 要求社会各部门广泛参与清洁生产。

7. 在高等教育中增加清洁生产课程。

8. 科技支持是发达国家推进清洁生产的重要支撑力量。

我国是从20世纪90年代初开始在全国推行清洁生产的。巴西会议以后，我国迅速做出反应。1992年国务院发布《环境与发展十大对策》，明确宣布实行可持续发展战略，尽量采用清洁生产工艺。1993年在上海召开的全国工业污染防治第二次会议上，高度评价了清洁生产的重要意义与作用，确定了清洁生产在20世纪90年代我国环境保护中的战略地位。在1994年，《中国21世纪议程》中列入了清洁生产的内容，有关清洁生产项目也被列入《中国21世纪议程》第一批优先项目计划之中。2002年6月，全国人大常委会通过了《中华人民共和国清洁生产促进法》，该法已经在2003年1月1日正式实施。我国清洁生产的推进与一些国际组织和发达国家的帮助是分不开的。主要包括世界银行资助的技术资助项目（B-4），联合国环境署资助的工业环境管理项目（NIEM），以及一些发达国家支持帮助的一些项目。

从已有的实践来看，单纯的清洁生产具有一定局限性。它一般是针对单个企业、某种产品或服务的全过程进行控制，尚未拓展到从宏观层次上考虑区域或企业群落的集中控制，即通过企业间生态链联系来达到系统整体的生态经济效益最优。通常，单个企业、产业或行业的清洁生产，不可避免地牵扯到其他企业或产业，如果割裂开考虑，会在执行过程中产生冲突，而且可能造成单个企业清洁生产成本的叠加，加大其管理和治理的总成本。

三、循环经济模式

该模式开始于20世纪90年代末期，正方兴未艾。它是在可持续发展观成为全球共识，并在清洁生产实践的基础上产生的。当时，在可持续发展观的指引下，受到生态学原理的启发，用系统的观点看待社会和经济发展，效仿自然生态系统建立一种具有一定层次、结构和资源最优循环利用功能的工业和经济体系，成了人们探索和实践的热点，循环经济模式就是在这样的背景下产生的。

"循环经济"是美国学者K.波尔丁在20世纪60年代提出生态经济时谈到的。他在分析地球经济的发展时，受到当时发射的宇宙飞船的启发。他认为，宇宙飞船是一个孤立无援、与世隔绝的独立系统，靠不断消耗自身资源存在，最终它将因资源耗尽而毁灭。惟一使之延长寿命的方法就是实现宇宙飞船内的资源循环，如将呼出的二氧化碳分解为氧气在利用，分解排泄物尚存营养成分的物质在利用，尽可能少的排出废物。当然，最终宇宙飞船仍将因资源耗尽而毁灭。同理，地球经济系统如同一艘宇宙飞船，尽管地球资源系统大得多，地球寿命也长得多，但是也只有发展对资源循环利用的循环经济，地球才能得以长存。

循环经济的提出启发了20世纪60年代末开始的关于资源与环境的国际经济研究。1968年4月，在意大利的"罗马俱乐部"，人们提出人类经济增长的极限问题。在他们的《增长的极限》的研究总报告的第三章中，专门写了《人均资源利用》一节，以说明资源循环问题。

循环经济拓宽了20世纪80年代的可持续发展研究，把循环经济与生态系统联系起来。在联合国世界环境与发展委员撰写的总报告《我们共同的未来》中专门写了《公共资源管理》一章，探讨通过管理来实现资源的高效利用、再生和循环。

20世纪80年代末，当时居世界大公司500强第23位的杜邦公司，开始循环经济理念的实验。20世纪80年代末90年代初一种循环经济的"新工厂"——科技工业园区就应运而生了。它是通过一种新的生产理念来集中不同产业，实现资源的循环。丹麦小镇卡伦堡近郊的科技工业园区以生态型生产而著称，因而又被称为生态工业园区。

目前，发达国家的循环经济已经从20世纪80年代的微观企业试点到90年代区域经济的新型工厂——科技工业园区，进入了第三阶段——21世纪循环经济立法阶段。德国、日本、北欧、美国、法国、英国、意大利、西班牙和荷兰等发达国家，新加坡、韩国等新兴工业化国家都制定了多部单项的资源循环利用、发展循环经济的法律。目前，我国海南、黑龙江、吉林、浙江和福建等省已提出建设生态省的规划；辽宁提出了循环经济省的规划；天津、贵阳和南京等市已提出要建设生态型城市。

发展循环经济是人类实现可持续发展的一种全新经济运行模式，是当前国际社会推进可持续发展战略的优选模式。

第二节　循环经济的内涵及科学基础

一、循环经济的内涵

循环经济本质上是一种生态经济，是按照自然生态物质循环方式运行的经济模式。它遵循生态学规律，把经济社会系统组织成一个具有物质多次利用和再生循环的网、链结构，形成"资源—产品—再生资源"的反馈流程，通过物质和能量梯次和闭路循环使用，最大限度的利用进入系统的物质和能量，最大限度地减少污染物排放，对自然资源的索取保持在自然的生产能力之内；对自然排放的垃圾和废弃物控制在自然环境的消纳能力之内，保持经济社会与自然的和谐，维护生态平衡，实现人类社会的可持续发展。

循环经济的基本内涵是：

1. 以生态经济链为发展的主线。循环经济牵涉到国民经济的各个行业，以及社会的各个方面，从其架构来说，是一个庞大的系统工程，这其中的一条主线就是生态产业链。包括从企业层次到区域层次，再到社会消费和消费过后物质和能量的循环。在这三个层次中，生态产业已经成为循环经济实践的重要形态。生态产业的发展是按照循环经济的原理组织起来的，基于生态系统的承载能力、具有高效经济过程及和谐生态功能的网络化、进化型工业组织模式。

2. 以生态产业园为发展载体。传统的产业体系中各企业的生产过程相互独立，这正是造成污染严重和资源过多消耗的重要原因。生态产业园的发展是按照自然生态系统的模式，强调实现产业体系中物质的闭路循环，其中一个重要的方式就是不同产业流程和不同行业之间的横向共生。即通过不同企业或工艺流程之间的横向耦合及资源共享，为废物找到下游的分解者，建立产业生态系统的食物链和食物网，达到变污染为资源的目的。

3. 以清洁生产为重要手段。清洁生产将环境保护延伸到生产的整个过程，渗透到生产、营销、财务和环保等各个领域，将环境保护与生产技术、产品和服务的全部生命周期紧密结合。如果说经典的清洁生产是在单个微观企业之内进行的，而生态产业区则是在企业群落的各个企业之间进行的，从而在更大的范围和更高的层次上延伸了清洁生产的理念与内涵。生态产业的建立，使在一定区域内的企业形成了互动的产业链，把污染物消灭在生产过程中，既实现了区域内生产过程的清洁化，又实现了污染物产生的最小化和资源利用的最大化。由于废物的充分利用带来经济效益，使污染治理变成了企业在经济利益驱动下的自觉行为。与生态产业园区比较，循环型社会或节约性社会则从国民经济的高度和广度将环境保护引入经济社会运行机制。

4. 以物质资源减量化为内在要求。传统工业经济的生产观念是最大限度地开发自然资源，最大限度地创造社会财富，最大限度地获取利润。而循环经济的生产观念是要充分考虑自然生态系统的承载能力，尽可能地节约自然资源，不断提高自然资源的利用效率，循环使用资源。使生产合理地依托在自然生态循环之上，尽可能利用高科技，尽可能地以知识投入来替代物质投入，以达到经济、社会与生态的和谐统一，使人类在良好的环境中生产生活，真正全面提高人民生活质量。

5. 以经济、社会与生态的协同发展为根本目标。循环经济要求运用生态学规律来指导经济生产。不仅要考虑经济承载能力，还要考虑生态承载能力。在生态系统中，经济活动超过资源承载能力的循环是恶性循环，会造成生态系统蜕化；只有在资源承载能力之内的良性循环，才能使生态系统平衡地发展。生态经济循环圈的环境污染和资源耗竭主要是人类的生产活动和消费活动引起的。循环经济强化了生态经济循环圈的物质循环转换功能，并强化了生态循

第二章　可持续发展与循环经济

环圈和经济循环圈的双重转换功能，以寻求生态循环圈与经济循环圈的协同发展。

二、循环经济产生的科学基础

循环经济的产生是人类向自然学习的结果，是人类师法自然而建立的新型经济模式。它的科学基础是系统科学、物质代谢理论和生态经济学等。

1. 系统科学基础。循环是指在一定系统内的运动过程，循环经济的系统是由人、自然资源和科学技术等要素构成的大系统。其每个子系统中都存在着自循环，各个子系统之间又有物质、能量和信息的交流。经济子系统的发展依赖于生态系统，反过来又对生态系统起反作用，如对稀缺自然资源的耗竭和环境污染，破坏了生态系统；生态子系统的蜕变，则更加剧了人类生存环境子系统的改变，反过来又制约了经济子系统的发展。如此反复，形成了恶性循环。循环经济要求人在考虑生产和消费时不再把自身置于这一大系统之外，而是作为这个大系统的一部分，在各子系统之间互相作用、相互影响中，取得动态平衡，以实现人、自然与科学技术相和谐，共同实现可持续发展的总目标。

2. 物质代谢理论与方法。马克思在《资本论》中曾经深刻地揭示了社会生产系统与自然生态系统之间的关系，指出："劳动首先是人与自然的过程，是人以自身的劳动来引导、调整和控制的物质变换（德文版为'代谢'）的过程。"[①] 20 世纪 80 年代末弗鲁士（R. Frosch）等人模拟生物的新陈代谢过程和生态系统循环再生过程，开展工业代谢研究。"工业代谢"是将生物学中的"代谢"概念引进社会经济系统后提出的新概念和新研究方法。将生产过程看做是一个将原料、能源和劳动力转化为产品和废物的"代谢"

---

① 《马克思恩格斯全集》第 23 卷，人民出版社 1972 年版，第 201~202 页。

过程。

工业代谢研究方法的根据是质量守恒定理。一定数量的物质因人类活动而消失在生物圈之中，但其质量却是守恒的。确实，与正统的经济学家的观念相反，物质没有或者不再有价格，但并不从地球上消失。相反，工业代谢研究方法旨在揭示经济活动纯物质的数量与质量规模，展示构成工业活动全部物质能量的流动与储存及其对环境的影响。工业代谢研究的方法论主要是建立物质结算表，估算物质流动与储存的数量，描绘其行进的路线和复杂的动力学机制，同时也指出它们的物理的和化学的状态。

工业代谢研究有多种形式，包括在有限的区域内追踪某些污染物，如工业集中，人口密度高的江河流域的工业代谢分析研究；还可以分析研究一组物质，特别是某些重金属，由于其潜在的毒性应列入首选跟踪研究对象；也可以仅限于某种物质成分，以确定其不同形态的特性及其与自然生物地球化学循环的相互影响，比如硫、碳等的工业代谢分析；最后，工业代谢还可以研究不同的与这样那样的产品相联系的物质与能量流，比如与橙汁或电子芯片相联系的物质和能量流。

简而言之，工业代谢分析法的主要作用在于：它提供给我们关于工业体系运行机制的一个整体理解。使人们可以发现其中存在的问题并选择优先解决的目标。工业代谢分析并不满足于建立物质收支平衡表，它还指出环境中存在的有毒物质的物理的和化学的状态。这些信息，对于分析潜在的危险，对于制定相应的控制战略，至为重要。它使人们能够采取各种政策措施以控制和预防污染扩散，并可以使人们认识污染的历史与变化过程，特别是注意到累积的程度。

总之，工业代谢分析不局限于控制和防止污染。从其提供的既全面又可实际操作的方法论来看，工业代谢分析方法应该成为管理者对资源、土地的最优使用与管理以及制定社会经济可持续发展规划不可或缺的科学手段。

3. 生态经济学基础。生态经济学是研究由经济和生态两个子系统耦合而成的经济生态复合系统的结构、功能及其客观规律性的学科。生态经济学着重从人口、资源、环境的整体作用上，探索社会物质生产所依赖的社会经济系统与自然生态系统的相互关系，其中包括发展经济和保护环境的相互关系、利用自然资源和维护生态平衡的相互关系，以及生产活动的社会经济效益和环境生态效益的相互关系。生态经济学的研究目的是通过对上述各种关系的研究，把握其中的客观规律性，建立经济系统中的还原因子，构成循环，从而指导社会经济在生态平衡的基础上，实现可持续发展。

根据生态学原理，在自然生态系统的宏观构成中，一般包括"生产者"、"消费者"、"分解者"和无机环境四个有机的组分。对于生产者而言，主要指地球上一切高级生命赖以生存的基础，即绿色植物利用二氧化碳与水，在太阳能的作用下，所形成的"地球第一生产力"。所谓"消费者"，是利用第一生产力的各种生物群体，例如食草性动物、食肉性动物、杂食性动物等，它们的规模和等级取决于生产者所能提供的承载力。所谓"分解者"是指生产者和消费者在其生命过程中产生出的废弃物和死亡体，被有效降解和净化的过程的承担者。这些废弃物通过分解者的作用、重新变成营养物质，再去参与生产者和消费者的活动。一个成熟的、健康的生态系统会将这三者的互相作用纳入到一个整体的循环之中，即生产者会满足消费者的需求，生产者和消费者所产生的废弃物又会通过分解者完整地形成一个良性循环的有效系统。

人类的社会经济运行同样离不开生产者、消费者和分解者的三大功能。但是传统工业经济系统中有生产者和消费者，却惟独没有还原者，显然不是生态型的系统，没有构成循环，因此是不可持续发展的。不仅如此，工业革命以来，人口膨胀、人类活动范围日益扩大，以及人类对各种自然资源的掠夺性开发利用，直接或间接地影响着生物圈，极大地改变了生态系统，使其组成和结构发生不良变化，表现在一方面生物多样性锐减，自然生态系统第一性的生产者——植物及其种群的生产能力下降，限制和影响了次级消费者的生存和发展；另一方面人类生产和消费的废弃物大大超过自然界的分解者的分解能力，超过自然环境的承载能力和自净能力。在人类社会中的"生产者"、"消费者"和"分解者"，已经无法完成三者之间的有机匹配与合理衔接，生产者和消费者越来越强，分解者越来越弱，产生了越来越严重的资源问题和环境问题，无法实现"人类向自然的索取必须与人类对自然的回馈相平衡"的核心原则，扭曲了循环经济的基本理念。因此，实施循环经济战略从本质上要求恢复和重建"自然—经济—社会"的合理规则和运行路线。

循环经济的核心在于要像生态系统中一样，建立起经济系统中的循环组分。一个理想的循环经济系统应当包括四类行为者：资源开采者、处理者（制造商）、消费者和废物处理者，并且在结构与功能方面匹配合理，模拟自然生态系统中"生产者——消费者——分解者"的循环路径和食物链网，建立四类行为者之间反馈式、网络状的相互联系，将经济活动组织成为"资源——产品——消费——再生资源"封闭式流程，在这个模式中，没有了废物的概念，每个生产过程产生的废物都变成下一生产过程的原料，所有的物质都得到了循环往复的利用，使不同行为者之间的物质流远远大于出入系统的物质流，使所有资源在这个不断进行的经济循环中得到最合理的利用，使人类经济活动对自然环境的负面影响降低到最小程度。

三、循环经济产生是一次经济范式的革命

范式（Paradigm），这个概念是由美国著名学者托马斯·S·库恩在其代表作《科学革命的结构》一书中提出来的。本意是指科学理论研究的内在规律及其演进方式。库恩认为，常规的科学发展时期，都存在一种科学研究的范式，它是特定时代特定科学共同体所支持的共有信念，它提供给科学家一种研究问题的思路，这种范式

第二章 可持续发展与循环经济

包括符号、模型、范例在内。常规的科学发展是受范式限制的,范式指导科学家在科学活动中解决难题,消除疑点。随着时间的推移,旧范式不能解决的难题越来越多,就陷入危机之中。由于科学家总是趋于保留旧范式,冲突会不断出现,科学革命则开始酝酿。科学革命就是一种新范式取代旧范式的变革,这种变革是困难的,因为它是科学家世界观的根本改变,是特定科学共同体信念的转变。

我们借鉴科学发展的范式理论,可以总结出人类历史上两种不同的经济范式:一种是传统的范式,即"资源——产品——污染排放"的单向线性开放式的经济范式;另一种是新型的范式,即"资源——产品——再生资源"循环经济的范式。循环经济的产生就是因为在旧有的经济发展范式框架内,环境与发展的矛盾无法协调,冲突愈演愈烈的情况下,所不可避免发生的经济发展范式的革命,主要体现在:(1)生态伦理观由"人类中心主义"转向"生命中心伦理"和"生态中心伦理"。(2)生态阈值的问题受到广泛关注。(3)自然资本的作用被重新认识。(4)从浅生态论向深生态论转变。

循环经济与人类可持续发展的关系可表示如下:

$$SD = R(U_R, E_R, E_{NR})/P$$

其中,SD——可持续发展指数;R——不可再生自然资源总量;P——人口总数;U_R——产业资源利用率;E_R——自然资源依赖型产业比例;E_{NR}——非自然资源依赖型产业比例。

可以看出,一个国家不可再生自然资源总量 R 越大,它的可持续发展指数越高;人口 P 越多,它的可持续发展指数越低;资源利用效率 U_R 越高,它的可持续发展指数越高;非自然资源依赖型经济成分 E_{NR} 越高,它的可持续发展指数越高。E_R——自然资源依赖型产业比例越高,可持续发展指数越低。

循环经济尽可能降低经济生产中不可再生资源投入量,从而保证较高的不可再生资源总量 R,提高非自然资源依赖型产业 E_{NR} 的比例，提高产业资源利用率 U_R，从而使可持续发展指数 SD 提高。

总之，循环经济为优化人类经济系统各组成部分之间的关系提供了整体性思路，为工业化以来的传统经济转向可持续发展的经济提供战略性的理论范式，可消解长期以来环境与发展之间的冲突，发展循环经济是实现可持续发展的必由之路。

第三节 循环经济的运行原则与方式

一、循环经济的运行原则

循环经济是建立在不同层次、不同生产过程的资源减量化（Reduce）、再使用（Reuse）、再循环（Recycle）的原则基础上的，循环经济的基本运行原则简称 3R 原则，其基本内容是：

（一）减量化（Reduce）原则

该原则属于投入端控制原则，旨在减少进入生产过程和消费过程的物质和能源的投入，来达到预定的生产和消费目的。换言之，减量化原则要求在生产源头就充分考虑节约资源、提高生产单位产品资源的利用率，预防废物的产生，而不是把力量放在产生废物后的治理上。

该原则体现在生产中，要求制造商通过优化设计制造工艺等方法来减少单位产品的原料使用量和污染物的排放。如制造轻型汽车代替重型汽车，可以节约资源和能源；采用替代动力源代替石油作为汽车燃料，减少有害尾气排放；利用光纤技术减少电话传输中对铜线的使用；改革产品包装、淘汰一次性物品等。

对消费过程而言，减量化要求人们改变消费至上的生活方式，由过度消费向适度消费和绿色消费转变，追求对环境友好的物质品牌。如选择包装物较少的物品，购买耐用的可循环使用的物品。这些做法都能减少垃圾的产生，节约资源和能源。

（二）再使用（Reuse）原则

该原则属于过程性控制原则。目的是延长产品的服务寿命，产品多次使用或修复、翻新后继续使用，来减少资源使用量和污染物排放量。它要求在生产或消费过程中，尽可能地多次以及多种方式地使用各种物品，避免物品过早成为垃圾。要求消费群体改变产品使用方式，有效延长产品的寿命和产品的服务效能，如纸板箱、玻璃瓶、塑料袋的包装材料的再利用，有时甚至可以多达数十次循环。生产者应采取产业群体间的精密分工和高效协作，加大产品到废弃物的转化周期，最大限度地提高资源产品的使用效率。制造商应使用标准尺寸进行设计，使计算机、电视机和其他电子装置中的电路更换便捷，而不必更换整个产品。鼓励再制造工业的发展，以便拆卸、修理和组装用过的和破碎的东西，如欧洲汽车制造商把轿车零件设计成易于拆卸和再使用，同时又保留原有的功能。

在消费中，再利用原则要求人们修旧利废而不是频繁更换，提倡开展二手货交易；捐献自己不再需要而对别人仍有使用价值的物品。在将物品报废之前，应该充分考虑其再利用的可能性，做到"物尽其用"。

（三）再循环（Recycle）原则

它是输出端控制原则。通过把废弃物再次变成资源以减少最终处理量，也就是我们通常所说的废品的回收利用和废物的综合利用。资源化能够减少垃圾的产生，制成使用能源较少的新产品。资源化有两种，一是原级资源化，即将消费者遗弃的废弃物资源化后生产与原来相同的新产品，比如，利用废纸再生产纸，利用废钢再生产钢；二是次级资源化，即用废弃物生产与其性质不同的产品，如用蔗渣造纸、用糖蜜做酒。原级资源化在形成产品中可以减少

20%~90%的原生材料使用量,而次级资源化减少的原生材料使用量最多只有25%。与资源化过程相适应,消费者应增强购买再生物品的偏好,使得循环经济的整个过程实现闭合。

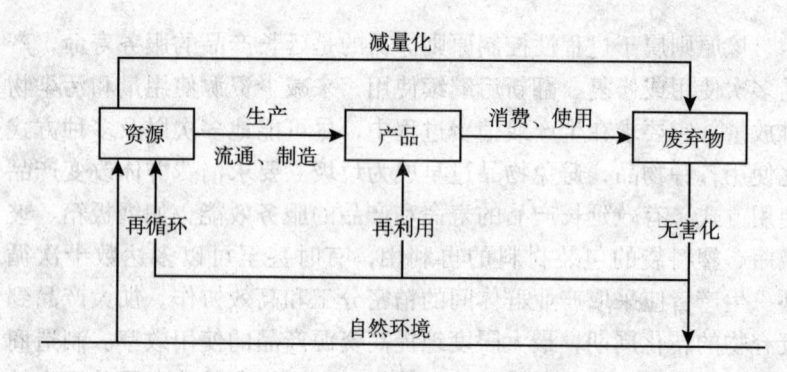

图 2-2 循环经济运行示意

循环经济三原则不是并列的,根据其重要性排列的顺序是:减量化—再利用—再循环(资源化)。其意义在于:首先要减少经济活动源头污染物的产生量,因此在生产阶段和使用阶段就要尽量避免各种废物的排放;其次是对于源头不能消减又可利用的废弃物,如经过消费者使用的包装废物、旧货等要加以回收利用,使它们回到经济循环中去;只有那些不能利用的废弃物,才允许作最终的无害化处置。即对待废物问题的优先顺序为:避免产生—循环利用—最终处置。

废弃物的再生利用相对于末端治理虽然是重大的进步,但人们应该清醒地看到以下事实:(1)再生利用本质上仍然是事后解决问题而不是一种预防性的措施。废物再生利用虽然可以减少废弃物最终的处理量,但不一定能够减少经济过程中的物质流动速度以及物质使用规模。例如,塑料包装物被有效地回收利用并不能有效地减少塑料废弃物的产生量。相反,由于塑料回收利用给人们带来的进步错觉,反而会加快塑料包装物的使用速度以及扩大此类物质的使用规模。（2）以目前方式进行的再生利用本身往往是一种环境非友好的处理活动。因为运用再生利用技术处理废弃物需要耗费矿物能源，需要耗费水、电及其他许多物质，并将许多新的污染排放到环境之中。（3）如果再生利用资源中的含量太低，收集的成本就会很高，只有高含量的再生利用才有利可图。事实上，经济循环的效率与其规模关系至为密切。一般来说，物质循环范围越小，从生态经济效益上说就越合算。这就是说，清洗与重新使用一个瓶子（再使用原则）比起打碎它然后烧制一个新瓶子（再循环原则）来更为有利。因此，物质作为原料进行再循环只应作为最终的解决办法，在完成了在此之前的所有的循环，比如产品的重新投入使用、元部件的维修更换、技术性能的恢复和更新等之后的最终阶段才予实施。

综合运用 3R 原则是资源利用的最优方式。循环经济 3R 原则的排列顺序，实际上反映了 20 世纪下半叶以来人们在环境与发展问题上思想进步走过的三个历程：即人们的思想从排放废物进到了要求净化废物（通过末端治理方式）；随后又进一步从净化废物升华到利用废物（通过再使用和再循环）；最后，人们认识到利用废物仍然只是一种辅助性手段，环境与发展协调的最高目标应该是实现从利用废物到减少废物的质的飞跃。显然，只有减少废物才是循环经济所推崇的经济方式。循环经济的目的，不是仅仅减少待处理的废弃物的体积和重量，使得诸如填埋场等可以用得时间长一些。相反，它是要从根本上减少自然资源的耗竭，减少由线性经济引起的环境退化。

二、循环经济的运行方式

（一）循环经济的运行中的物质能量循环

循环经济的运行体现在宏观、中观、微观三个层面上，因而有大、中、小三种不同规模的循环。

1. 企业层面（小循环）。企业是资源消耗和产品形成的地方，实施循环经济必须从每个企业入手，贯彻低消耗、高利用和低排放的思想。企业内部的循环经济模式，又称杜邦模式。基本特征是：通过推行清洁生产、资源和能源的综合利用，组织企业内各工艺之间的物料循环、延长生产链条，减少生产过程中物料和能源的使用量、尽量减少废弃物和有毒物质的排放，最大限度地利用可再生资源，同时提高产品的耐用性等。

根据《中华人民共和国清洁生产促进法》，所谓清洁生产是指不断采用改进设计、使用清洁的能源和原料，采用先进的工艺与设备，改善管理、综合利用等措施，从源头削减污染，提高资源利用效率，减少或者避免生产、服务和产品使用过程中污染物的产生和排放，以减轻或者消除对人类健康和环境的危害。该定义比较完整地描述了清洁生产的本质，即强调清洁的能源、原料、生产过程和产品，同时包含了从产品设计、生产到消费全过程为减少其对人类生存环境造成的危害所应采取的措施。

化学制造业龙头——杜邦化学公司，成立于1802年，至今已有200年历史，是世界上第一家以"将废物和排放物降低为零"作为奋斗目标的大公司，把"安全、健康、环保"的理念纳入整个企业活动之中。20世纪80年代末杜邦公司的研究人员把工厂当作实验新的循环经济原理的实验室，创造性地把3R原则发展成为与化学工业实际相结合的"3R制造法"，以达到少排放甚至零排放的环境保护目标。他们通过放弃使用某些环境有害型化学物质、减少某些化学物质的使用量以及发明回收本公司产品的新工艺，到1994年已经使生产造成的塑料废弃物减少了25%，空气污染物排放量减少了70%。同时，他们在废塑料，如废弃的牛奶盒和一次性塑料容器中回收化学物质，开发出了耐用的乙烯材料维克等新产品。运行模式见图2-3。

2. 区域层面（中循环）。即区域生态工业园区模式，又称卡伦

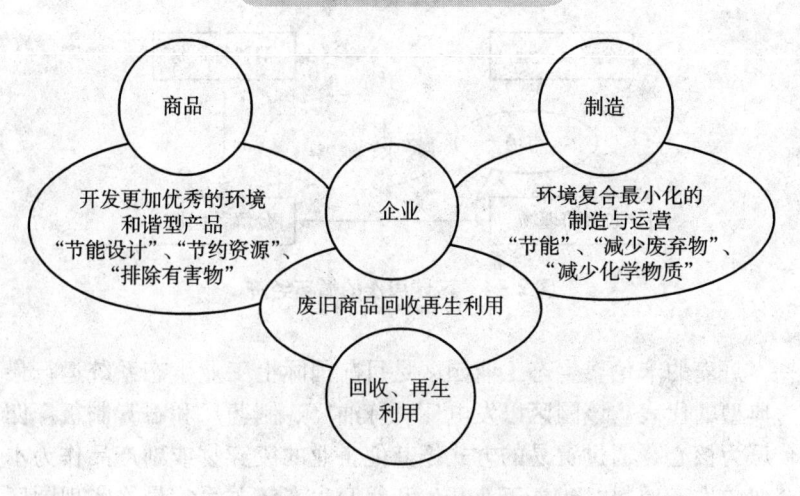

图 2-3　企业层次的循环经济

堡模式。基本特征是：根据生态系统循环、共生的原理，形成企业间的工业代谢和共生关系，不同企业之间形成共享资源和互换副产品的产业共生组合，建立工业生态园区，使上游生产过程中产生的废物成为下游生产过程的原料，实现综合利用，达到相互间资源的最优化配置。

　　工业生态园区是依据循环经济理念和工业生态学原理而设计建立的一种新型工业组织形态，也是通过模拟自然系统，建立产业系统中"生产者——消费者——分解者"的循环途径，实现物质的闭路循环和多级利用。通过分析园区的物流和能流，可以模拟自然生态系统建立产业生态系统的"食物链"和"食物网"，形成互利共生网络，实现物质的"闭路循环"，达到物质、能量的最大利用。在这样的体系中，不存在废物，因为一个企业的废物也同时是另一个企业的原料，因此，可望基本实现整个体系向系统外的零排放。这种生物链甚至可以扩大到包括工业、农业和畜牧业在内的不同产业领域。

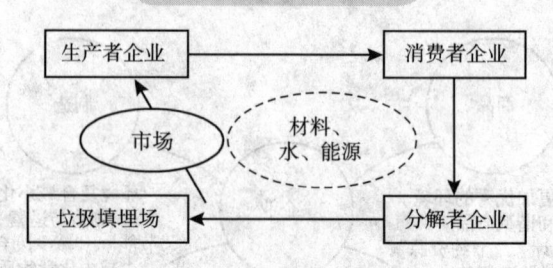

图 2-4　区域层次的循环经济

丹麦的卡伦堡生态工业园区是目前国际上工业生态系统运行最为典型的代表。该园区以发电厂、炼油厂、制药厂和石膏制板厂四个厂为核心，通过贸易的方式把其他企业的废弃物或副产品作为本企业的生产原料，建立工业共生和代谢生态链关系，最终实现园区的污染"零排放"。

3. 社会层面（大循环）。即在社会层面建立废弃物的回收再利用体系和建设社会循环经济体系。前者又称 DSD 模式。基本特征是：建立废旧物资的回收和再生利用体系，实现消费过程中和消费过程后物质与能量的循环。循环型社会是指限制自然资源消耗、环境负担最小化的社会。

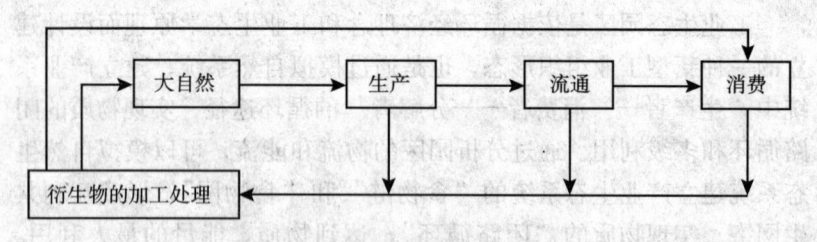

图 2-5　社会循环经济体系

循环物流系统中有两条渠道：一条是生产—流通—消费的途径，满足消费者需要，是物流的主渠道，称为正向物流或动脉流；另一条是处置正向物流衍生物所产生的物流渠道，如加工、分拣、净化、提纯、商业或维修退回、包装等再加工、再利用和废弃物处理等，称为逆向物流或静脉物流。以"原料—产品—废物"为特征的动脉产业和以"废物—再生—产品"为特征的静脉产业相结合，谋求资源的高效利用和有害物质的"零排放"，充分体现了循环经济的本质要求。

德国的二元回收系统（Dual Disposal System，简称DSD）在社会层面上实施循环经济起了很好的示范作用。DSD建立于1990年，它的任务是在全国建立起一个面向家庭和小型团体用户的包装回收、分类和再循环的体系，这一系统的运行收到了明显的效果。德国包装材料回收已从1990年的13.6%增加到2002年的80%。产品包装的循环再生能力也不断加强，玻璃的再生利用率达到90%，纸包装为60%，而轻物质包装则是50%。德国包装回收再利用率远远超过其他欧美国家，更重要的是促使包装用材的大规模削减。在经济因素的驱动下，越来越多的企业在朝着有利于环境的方向改进自己产品的包装，包装正逐渐变得更薄、更轻和更易于再循环。

2000年，日本制定了《促进循环社会形成基本法》，提出把整个社会建成循环型社会的发展目标，提出2010年要达到三个目标：即与2000年相比，资源投入产出率提高40%，资源循环利用率提高40%，废弃物最终处置量减少50%。

4. 循环经济运行中物质能量循环的前提条件。

技术可行性。包括两层意思：一层意思是循环经济的参与者必须具有"合而不群"的特性。即企业之间分别承担"生产者"、"消费者"、"分解者"等不同角色，同时互相依赖，A企业的副产品一定可以成为B企业的原料。这样才能建立起产业循环链，形成企业共生的格局。另一层意思是循环经济发展意味着技术创新。这是在三个不同层次上实现物质能量循环的首要前提。无论是投入端的减量化，还是废弃物的资源化、再利用都必须以技术进步为前提。如前所述，减量化包括物料投入的减少和废弃物的减少，而要达到这个目的，必须优化设计制造工艺、通过改进产品设计，推出环境友好产品,而这意味着开发绿色技术和产品。

规模经济性。循环经济是规模经济,尤其是在生态园区产业链的形成和社会静脉产业发展中,都要求物质和能源之间具备一定的循环通量,即存在大量的、持续的废物流,并具有对应的对该废物流的运输、存储、加工、转化等集成处理能力。一般来说,流程制造业,如冶金、化工、建材、石化、造纸和食品加工业等行业,往往在源头有大量的自然资源投入,然后,经过功能不同的工序串联作业,集成运输,生产大量的产品、副产品,用作生产资料或生活资料,同时产生大量的排放物、废弃物。属于大量消耗资源,大量排放各种污染物,产生大量环境负荷的产业。这些行业也是国民经济支柱产业或基础产业,发展循环经济将产生巨大的综合效益。循环经济也是范围经济,以循环经济为基础形成的产业集聚,可以达到资源共享,产生集聚效应,使循环经济的产业链条运行稳定,不易断裂。

空间集群性。循环经济是建立在物质、能量循环流动基础上的,而物质、能量流动具有时间和空间的范围。为此,要求循环经济链的参与者之间的地理距离较短,彼此接近,便于运送物料,沟通信息,开展合作。因此,发展循环经济必须合理布局企业,有效配置资源。另一方面,循环经济要求实现地域化规模经济网络。中小企业在生产中都会产生各种废弃物,由于废弃物的量不足以达到规模化处理的最小规模,它们在内部独立循环利用资源在经济上没有可行性。在这种情况下,需要实现循环利用资源的社会化,要求有专业化的、达到规模经济要求的废弃物收集、分类、加工处理、再利用的专门企业。这就是说,循环经济要求企业在一定空间内集聚,实现循环利用资源的区域性规模化,从而实现物资循环在地域上的规模经济。

(二)循环经济运行中的价值循环

1. 企业层次循环经济价值分析。在企业层次,循环经济价值

来源于三个方面:

一是投入端的减量化,即减少进入生产过程的物质和能源的投入带来的节约。其基本途径包括两个方面:一方面是通过优化设计制造工艺等方法来减少单位产品的原料使用量（V_1）和污染物的排放带来的费用节约;另一方面是通过改进产品设计,推出环境友好产品（V_2）,最大限度地降低末端处理的物耗量的收益（V_3）。当然,要得到减量化所带来的节约之效,企业必须开发新技术、新产品,并为此投入必要的资源（T_E）。因此,在投入端,减量化形成的企业收入为:

$$V = V_1 + V_2 + V_3$$
$$V_1 = (C_t - C_{t+1})[1/(1+I)^n] - C_{te}$$
$$V_2 = PQ[1/(1+I)^n] - C_{te}$$
$$V_3 = (Pl_t - Pl_{t+1})T[1/(1+I)^n]$$

其中,V——减量化形成的总价值;V_1、V_2、V_3——为物料节约、减排节约的排污费和绿色产品开发收益;C——物料成本;P——绿色产品价格;Q——绿色产品产量;C_{te}——技术、产品开发成本;Pl——排污量;T——排污税（费）。

二是中间过程物质反复利用而减少新的投入所带来的节约。对于企业来说,这个过程形成的价值是几方面的:一方面来自于企业对于物质重复利用产生的节约（V_1）;另一方面来自于赚取的服务费（V_2）;再有是向由此形成长期稳定的客户群推销产品和服务而增加的收入（V_3）。因此,通过产品、资源再利用形成的企业收益（V）为:

$$V = V_1 + V_2 + V_3$$
$$V_1 = (C_t - C_{t+1}) - C_{te}$$
$$V_2 = S[1/(1+I)^n] - C$$
$$V_3 = (\Delta S_P + \Delta S)[I/(1+I)^n]$$

其中,S——服务费收入;ΔS_P、ΔS 由于客户群的稳定额外获得的产品销售收入和服务收入。

三是在末端废弃物料再循环带来的节约和增值的价值。这一过程的价值来源包括：回收资源循环利用带来的价值、将部分废弃物加工成其他产品而创造的新价值和环境无害化处理费用的节约，扣除上述过程中发生的成本费用。从理论上说，在一定技术水平下，投入一定的初始资源，需要经过多次循环再利用，一直到可回收资源得到充分利用，使排放到自然界的剩余物质最小化。因此从微观企业的角度看，循环经济价值链运动过程也是废弃物质最小化的过程。

2. 生态区域循环经济价值链分析

生态区域的循环经济价值主要源自区域内的产业链，即一个区域范围内，企业模仿自然生态系统中的生产者、消费者和分解者，以资源为纽带形成的具有产业衔接关系的企业联盟。它的成员公司开展环境管理和资源利用方面的合作，通过在一起经营，园区内的公司将会得到比单独每个公司在追求自身最大化利益过程中所得效益之和更大的集体效益。据报道，过去 20 年间卡伦堡总共投资 16 个废料交换工程，投资额估计为 6000 万美元。投资平均折旧时间短于 5 年，取得了巨大的环境效益和经济效益。

区域层次循环形成的价值主要包括：副产品、废物重新利用降低了生产成本带来的节约，与此同时存在的资源节约和减少污染物、废弃物所节约的无害化处理费用。

产业链运行中也必然有成本发生，主要是各公司或企业间相互交换利用废弃物或副产品所发生的交易成本，包括信息成本、谈判签约成本、运输成本、违约损失成本等，技术开发成本、机会成本和必要的末端处理成本。因此，区域层次循环经济价值链的价值函数（V）为：

$$V = \sum_{j=1}^{n} (CI - CO)_j (1/1 + i)^n$$

其中，j——区内企业数量，j=1，…，n；CI——资金流入量；CO——资金流出量。

3. 社会层次循环经济价值链分析。这一层次循环经济是通过对逆向物流的治理和废旧物质的再生利用形成的。所创造的价值包括：提供专业废物回收的社会服务；对废弃物进行运输、分拣、拆解、加工转化为再生资源；提供垃圾无害化处理；建立新的产业部门，扩大社会就业岗位；约束生产商过度使用资源的行为，推动绿色技术和产品的开发。在上述收益中扣除"社会静脉产业"的营运成本。

4. 循环经济动力模型。综上所述，循环经济三个层次的运行主体都是企业。企业发展循环经济的根本动力是收益与成本的对比，对比的结果必须符合企业利润最大化的原则，利润大于零是使循环经济具有可持续性的必要前提。设：$π$、V、C 分别为利润、效益和成本函数，则：

$$V = P \cdot f(k_1, k_2, k_3, \cdots)$$

$$C = f(P_1 k_1 + P_2 k_2 + P_3 k_3 + P_4 k_4 + P_5 k_5 + T_E)$$

其中，$f(k_1, k_2, k_3, \cdots)$——绿色产品产量；P——绿色产品价格；P_1——投入物质的价格；P_2——利率；P_3——信息价格；P_4——税率；P_5——废物资处置费；而 k_1、k_2、k_3、k_4、k_5 分别是各生产要素的投入量；T_E——技术开发或转让费。

为了分析简便，我们假设 k_1、k_5 为投入量，$Q = f(k_1, k_5)$，绿色产品价格为 P，此时根据对成本和收益的偶性：

$$π = V - C = V(Q) - C(Q)$$

两边同时对产量求导数，则：

$Δπ/ΔQ = ΔV/ΔQ - ΔC/ΔQ = 0$，令边际利润等于零，此时，

$$MV - MC = 0$$

$$MV = MC$$

上式说明，在其他条件不变的情况下，在企业的边际成本等于边际效益时（图2-6中E点），企业利润（$π$）最大，也就是发展循环经济的利益最大。因此，在 $0 \sim Q_e$ 之间，企业具有发展循环经济的积极性，在E点之后，边际成本大于边际效益，企业就将失去

此积极性。图 2-6 是企业发展循环经济决策的动力模型。在图中，纵轴表示边际成本 MC，边际收益 MV 的变化，横轴表示循环经济的规模。E 点是均衡点。

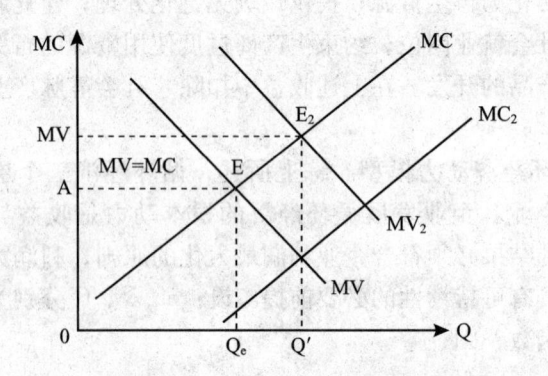

图 2-6 企业发展循环经济的决策

以上是假设其他条件不变，所做的静态分析。如果把其他因素的影响考虑在内，做动态分析，一方面可以通过降低成本，使 MC 向右下方移动，使循环经济发展规模由 Q_e 移动至 Q' 具体措施包括：①减税。即对再生资源和产品实行税收优惠。②贴息。即对企业以发展循环经济为中心的技术改造和技术开发贷款采取优惠利率或实行贴息，降低企业资金成本。③信息披露。即建立信息网络，提供有关循环经济的咨询培训和信息服务。对有关循环经济的技术信息、市场信息、政策信息的披露，降低企业循环经济合作中的交易成本。另一方面，可以通过提高循环经济企业相对收益，使 MV 向右移动。具体措施是：①提高排污费。卡伦堡生态工业园模式产生的基本原因之一，就是政府在制度安排上对于外部性很强的污染排放实行强制性的高收费政策，这使得污染物的排放成为一种成本要素。与此同时，对于减少污染排放则给予利益激励。例如，对于各种污染废弃物按照数量征收废弃物排放税，而且排放税逐步提高，迫使企业少排放污染物。为了防止企业在追求利益的动机驱动下采取隐瞒危险废弃物,规避废弃物排放税而给社会造成巨大的危害,对于危险废弃物免征排放税,采取申报制度,由政府组织专门机构进行处理。②提高原生资源价格。这项措施是通过提高继续沿用传统线性生产方式企业的资源投入成本,迫使企业逐步转向资源节约型的生产方式。三是采取同时降低 MC,提高 MV 的方法,提高循环经济规模,扩大循环经济范围。

5. 循环经济运行中价值循环的前提条件。

利益驱动机制。企业互利协作是基于企业间签订商业合同确立和实施的,而不是靠政府部门的任何专门规定。具体地说,一个企业向另一个企业提供产品供给是通过合同来确定,而企业的副产品和生产残留物也是作为一种资源以合同形式提供给伙伴企业。这一过程中,起实质作用的是两个因素:一是两个合作企业都对充分使用工业资源具有共识;二是合作双方确有经济收益,例如,使用替代资源降低了生产成本,或使用其他企业的副产品减少了本企业原料进口等等。

价格形成机制。即原生资源产品和再生资源产品存在合理比价。由于资源产业属于自然垄断性行业,资源产品的价格受到国家规制。但是,如果原生资源的价格低于再生资源价格,对原生资源掠夺性地开发和使用就会继续下去,再生资源的转化和利用就会没有市场和没有效益。应当建立合理的价格体系,使价格真正反映资源的价值、资源的稀缺,引导企业和公众的消费行为,约束对原生资源的使用,鼓励对再生资源的利用。在现代社会,清洁的环境也是一种资源,而且由于其共有性质,正变得日益稀缺。现行的排污收费和排污许可证可视为环境价格,通过建立这种价格可将共有资源使用存在的外部成本内化,约束企业的排污行为。但是,如果使用清洁环境的价格,也就是排污费偏低,那么企业就会对副产品或废弃物进行一般处理后进行排放,而不会改进生产工艺或采用新技术,减少副产品和废弃物的产出,当然也包括内部对副产品或废弃物的再加工利用。只有占地存放固体废物和填埋垃圾的费用高于采用新技术实现减排，或者回收再利用的费用，后者才会纳入企业决策。

市场倒逼机制。市场存在比较理性的消费者，其消费不仅受到预算约束，还受到生存环境质量约束；其消费需求不再单纯追求数量，而侧重于功能和质量；环境意识不断觉醒，自觉抵制危害环境的产品，对绿色的环境友好产品的需求日益增加。消费者的理性将激励生产者采取环境友好的经济活动方式，开发绿色产品，并且环境友好企业的形象将大大提升，成为企业核心竞争力的重要组成部分。

第四节 我国循环经济发展的实践

一、我国循环经济实践概述

我国循环经济的开展是从清洁生产开始的。我国是国际上公认的清洁生产搞得好的发展中国家。1993年我国利用世行项目在酿造、造纸、化工等行业开展清洁生产试点。国家有关部门重点支持了一批重大清洁生产技术开发及产业化示范项目，先后在20多个省（区、市），20多个行业、400多家企业开展了清洁生产审计，建立了20个行业或地方的清洁生产中心，1万多人次参加了不同类型的清洁生产培训，有效提高了企业污染预防能力。

在近十年企业层面大力推行清洁生产的基础上，1999年以来，国家环保总局将发展循环经济、建设生态工业园区作为提高区域环境质量、促进区域可持续发展、实现区域经济和环境"双赢"的一个重要举措。在工业集中地区、经济开发区，积极发展生态工业园区。如南海国家生态工业园、贵港国家生态工业（制糖）建设示范园区、黑河生态科技产业园、沱牌酿酒工业生态园区、浏阳市工业园等。

第二章 可持续发展与循环经济

生态农业发展也取得了长足进步。发展生态农业的口号在我国提出的时间较早，并且得到了全国各地的积极响应。从20世纪90年代起，农业部在全国批准了两批各51个生态农业示范县。经过积极探索，已经在种植业、养殖业、农产品加工业等领域总结出了上百种生态农业模式。从物质联系角度看，生态农业的模式主要有物质代谢型、产业共生型和混合型三大类。

在地区层次，开展生态省市建设和循环经济试点。有8个省开展了生态省建设，循环经济示范省、市达到5个。2004年全国新增7个国家环境保护模范城市、84个国家级生态示范区、8个国家环境友好企业和40个全国环境优美乡镇。这一系列试点示范的共同的特点都是最有效利用资源和保护环境的典型，也就是发展循环经济的典型。

然而，迄今为止，循环经济的发展始终是由政府外力推动和扶持的，其自身的市场良性运行机制尚未建立起来。表现在：

1. 从实物的运行考查，循环经济的精髓在于最大限度地将废弃物转化为商品，降低废弃物的生产量和排放量，这个过程中相应就会减少污染治理投入和环境监管成本，起到保护环境的作用。由于缺少了按物质流向构建循环链的意识，狭隘的认为循环经济仅是一种全新的污染治理模式，从而没有建立起循环利用资源的产业集群、价值链企业群或供应链企业群；使得循环经济循环不起来。

2. 从价值运行方面考察，循环经济生产方式中意图实现减量和循环的环节多数不是现行市场条件下的必然选择，可再生资源的再生利用过程一般都存在着可替代的生产过程，现行市场下源自再利用和再生利用的原料常常不仅性能上不占优势，价格上也不占优势，以致在现行市场条件下循环经济生产方式很难自发发展。同时，由于我国目前的环境容量尚没有作为严格监管的有限资源，企业和大众消费者支付的排污费不仅远低于污染损害补偿费用，甚至也明显低于污染治理费用，这就使废弃物排放具有显著的负外部性。如果不能将这种外部成本内部化，循环型生产环节一个重要的效益来源就不能显现,循环型生产环节的成本就很难收回,循环经济也就不经济了。循环经济本质上是一种生态经济,对其成果的核算不能只算经济账,但是也不能不算经济账。循环经济项目必须具有经济效益,否则将难以为继。

二、中国循环经济的发展目标

我国循环经济的发展目标是:力争到 2010 年建立比较完善的发展循环经济法律法规体系、政策支持体系、体制与技术创新体系和激励约束机制。资源利用效率大幅度提高,废物最终处置量明显减少,建成大批符合循环经济发展要求的典型企业。推进绿色消费,完善再生资源回收利用体系。建设一批符合循环经济发展要求的工业(农业)园区和资源节约型、环境友好型城市。

我国发展循环经济的主要指标是:力争到 2010 年,我国消耗每吨能源、铁矿石、有色金属、非金属矿等 15 种重要资源产出的 GDP 比 2003 年提高 25% 左右;每万元 GDP 能耗下降 18% 以上。农业灌溉水平均有效利用系数提高到 0.5,每万元工业增加值取水量下降到 120 立方米。矿产资源总回收率和共伴生矿综合利用率分别提高 5 个百分点。工业固体废物综合利用率提高到 60% 以上;再生铜、铝、铅占产量的比重分别达到 35%、25%、30%,主要再生资源回收利用量提高 65% 以上。工业固体废物堆存和处置量控制在 4.5 亿吨左右;城市生活垃圾增长率控制在 5% 左右。

发展循环经济的重点工作是:一是大力推进节约降耗,在生产、建设、流通和消费各领域节约资源,减少自然资源的消耗。二是全面推行清洁生产,从源头减少废物的产生,实现由末端治理向污染预防和生产全过程控制转变。三是大力开展资源综合利用,最大程度实现废物资源化和再生资源回收利用。四是大力发展环保产业,注重开发减量化、再利用和资源化技术与装备,为资源高效利用、循环利用和减少废物排放提供技术保障。

发展循环经济的重点环节是：一是资源开采环节要统筹规划矿产资源开发，推广先进适用的开采技术、工艺和设备，提高采矿回采率、选矿和冶炼回收率，大力推进尾矿、废石综合利用，大力提高资源综合回收利用率。二是资源消耗环节要加强对冶金、有色、电力、煤炭、石化、化工、建材（筑）、轻工、纺织、农业等重点行业能源、原材料、水等资源消耗管理，努力降低消耗，提高资源利用率。三是废物产生环节要强化污染预防和全过程控制，推动不同行业合理延长产业链，加强对各类废物的循环利用，推进企业废物"零排放"；加快再生水利用设施建设以及城市垃圾、污泥减量化和资源化利用，降低废物最终处置量。四是再生资源生产环节要大力回收和循环利用各种废旧资源，支持废旧机电产品再制造；建立垃圾分类收集和分选系统，不断完善再生资源回收利用体系。五是消费环节要大力倡导有利于节约资源和保护环境的消费方式，鼓励使用能效标识产品、节能节水认证产品和环境标志产品、绿色标志食品和有机标志食品，减少过度包装和一次性用品的使用。政府机构要实行绿色采购。

三、进一步推动循环经济发展的措施

（一）企业行为外部约束机制的建立与完善

1. 建立健全循环经济法律框架。发达国家的经验证明，资源价值计量、排污收费、产品负责制三大经济法规是促进循环经济发展的法律支撑。日、美、德、法等经济发达国家，早在20世纪末就研究或实施上述三大法律制度。三项法规的本质是利益和责任的公平，计量资源价值可从源头控制资源消耗，促进循环利用，降低消耗。排污收费乃至计量收费，是从末端控制废物的排放，循环利用还可减少废物产生。产品负责制是在物质财富生产过程中，直接促进循环利用，将源头和末端责任贯穿起来，实现三项法律的互动效应，形成促进循环型社会的法律框架。

2. 加强企业环境管理与监督。一方面，应结合 ISO14000 系列环境管理国际标准认证工作的开展，推动企业建立环境管理体系，按照国际标准规范自己的环境行为，提高环境管理水平。另一方面，进一步明确生产者责任，必须按照法律规定对排出废弃物及污染自行处置或委托专业单位处置，强制产废者履行付费义务。与此同时，对于企业污染排放给予严密监控。在总量控制前提下，对于超标排放，违法排放的企业进行严厉处罚，使企业从利益最大化的角度核算，排污尤其是违法排污是极不经济的行为。

（二）企业行为的内部激励机制的建立与完善

1. 税收或补贴。如对垃圾填埋和焚烧分别征收填埋税和焚烧税，鼓励废弃物的回收利用，抑制废弃物填埋和焚烧；对回收利用的垃圾和危险垃圾免税。随着时间推移和企业逐步适应，逐步提高企业的垃圾处理税负；根据产生废弃物的类别和处理的难易程度制订不同的税率，鼓励企业采用清洁原料和在设计时考虑废弃物处理的难易问题。例如根据包装材料的寿命期来确定不同的税率。此外，对购买使用再生资源及污染控制型设备的企业减少销售税；对再生处理设备在使用年度内，按购得价格的一定比例进行退税；采用清洁生产或污染控制技术的企业，其投资可提前折旧；政府设立基金，对垃圾回收利用和开发应用、清洁生产技术、循环经济项目进行补贴。

2. 价格政策。一是理顺原生资源产品和再生资源产品的比价。使价格真正反映资源的价值、资源的短缺，引导企业和公众的消费行为，约束对原生资源的使用，鼓励对再生资源的利用。二是严格排污费管理。现行的排污收费和排污许可证可视为环境价格，通过建立这种价格可将共有资源使用存在的外部成本内化，约束企业的排污行为，加大企业排污成本。

3. 投融资政策。循环经济涉及废物及污染的减排、废物再利用，需要相关的技术供给。因此，应该制定和实行支持循环经济技术创新的财政政策和投融资政策。中央和地方各级政府采取必要的财政措施增加这方面的预算与投资；鼓励和引导企业投资，对于利废项目和生产活动，给与利率、还款期优惠或贴息。

4. 政府采购政策。通过干预各级政府的购买行为，促进有再生成分的产品在政府采购中占据优先地位。美国各州几乎都制定了对使用再生材料的产品实行政府优先购买的相关政策或法规，联邦审计人员有权对各联邦代理机构未按规定购买的行为处以罚金。

5. 构建区域循环经济的有关政策。在试点经验基础上，进一步搞好循环经济基地建设，可由政府统一购买土地免费供循环经济型企业使用，适度使用中央政府和地方政府对基地的启动投资，促其全力发展循环经济。

（三）完善政府循环经济运行的宏观调控

1. 搞好循环经济规划。要把发展循环经济作为"十一五"规划的重要指导原则，用循环经济理念指导编制各类规划。颁布比较详细的促进循环经济的政策清单，明确发展循环经济的优先领域和产品目录，建立科学的循环经济评价指标体系，研究并提出国家发展循环经济的战略目标及分阶段推进计划。

2. 重视构建循环利用资源的企业网络基础，通过企业集聚和企业规模经济发展循环经济。尤其是使许多小企业在区域内的集聚分工与网络化，或者单个企业达到一定经济规模，为企业内部或者企业与企业之间相互协作，进行资源循环利用创造组织条件。

3. 着手建立地区和国家物质流量表，为循环经济进行有效管理而奠定基础。物质流量是循环经济的组成部分。物质流量表反映经济活动中物质投入经过开采、加工、制作、消费、再利用直至变成废物的全过程。因此，从企业开始，建立基本物质流量表，并在此基础上建立地区和国家物质流量表，这是对循环经济进行有效管理的基础。

第三章

可持续发展与国民财富核算

第一节 财富范畴与可持续发展的关系

如前所述，可持续发展被定义为既满足当代人的需求，又不损害后代人满足需求的能力的发展。根据这个定义，就是要使后代人和当代人拥有同样发展的条件，从而拥有同等发展的机会。而财富的存量就是获得这种发展机会的基础。所谓财富是指一个国家或地区在一定时点能满足人们不断增长的需要的所有物质的和非物质的资产的净价值。长期以来，人们对财富的认识与财富衡量标准的选择深刻地影响了人类社会可持续发展的进程。

一、传统的财富观及财富核算体系

传统发展观对于财富的认识是片面的。在传统发展观下，人与自然关系的认识上曾经存在的局限，使人们把整个人类经济社会看成是一个孤立的系统，环境与资源是独立于该系统之外的因素。把财富单纯视为国民经济活动的产物或人造财富，认为经济的增长必然带来物质财富和人类福利的增加，并把 GDP 作为衡量财富的指标。

GDP 即国内生产总值，它是指一国在一定时期（通常为 1 年）内，在其领土范围内，本国居民和外国居民生产的最终产品和劳务总量的货币表现，是国民经济各行业在核算期内增加值的总和，即各行业新创造价值与固定资产转移价值之和，是综合反映一国经济活动的重要指标，也是现行财富核算体系或国民经济核算体系的核心。国民经济核算是对国民经济运行的初始条件、过程和结果的描述。

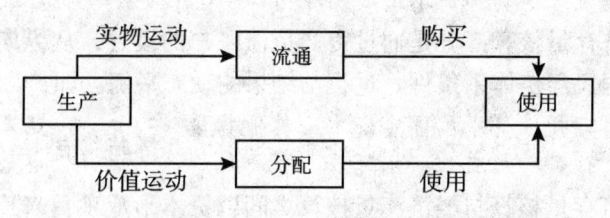

图 3-1　社会再生产基本流程

在传统发展观下，国民经济的运行过程是社会再生产的四个环节，即生产、流通、分配和消费的循环往复的过程。其中，生产过程是一个投入产出的过程，投入包括原材料、燃料、土地、机器设备、厂房建筑、劳动力等，产出包括各种有形货物和无形服务；流通过程是连接生产和消费的中间环节，创造流通产品的附加价值，增加了社会产品的总量。分配过程将产品的价值在经济活动主体之间流动或转移。使用或消费过程则是经济活动的主体将其所获得的收入通过购买货物或服务，用于生产或生活消费，它既是国民经济运行过程的终点，也是其起点，引导生产——流通——分配——消费过程的循环往复。因此，传统的财富核算内容包括经济流量核算和经济存量核算。经济流量核算直接以国民经济运行过程的生产、分配、消费和积累等环节为依据，具体分为生产核算，表明生产过程如何创造和转换货物和服务；收入分配核算，表明所创造的价值如何通过分配转换为各种收入；消费核算，表明收入如何被用于消费和形成储蓄；积累核算，表明储蓄如何转化为投资以及相应发生的金融活动；对外核算，表明一国经济如何与国外发生经常性收支和资本往来。在核算中，围绕国内生产总值 GDP 贯彻生产、收入和支出三方等价原则，形成严格的平衡体系。

国内生产总值的形成过程：

$$GDP = 总产出 - 中间投入 = P - C$$

国内生产总值的使用去向：

$$最终消费 + 资本形成 + 净出口 = C + I + (X - M)$$

经济存量核算部分是通过资产负债账户的设置，从纵向上完成了整个国民经济体系条件、过程与结果的动态平衡。即：

$$期初存量 + 资本形成 - 固定资本消耗 + 其他物量变化 + 重估价 = 期末存量$$

经济存量核算与经济流量核算之间以资本形成项目来连接，它一方面构成 GDP 最终产品的使用去向之一；另一方面又作为经济积累项目，是影响资产存量变化的最主要因素。

表 3-1　　　　　　　　国民经济核算体系基本框架

	国内生产1	国外2	最终消费3	经济资产	
				生产资产4	非生产资产5
期初资产存量1					
来源2					
使用3					
国内生产总值4					
固定资本消耗5					
国内生产净值6					
资产物量其他变化7					
持有资产损益8					
期末资产存量9					

由此可见，传统的国民经济核算体系提供了国内生产总值这样

一个反映一定时期经济活动总量的综合指标,将国民经济的全部产出成果用一个简明的数字来概括,为衡量一国经济状况提供一个最为综合的衡量尺度。20 世纪 30 年代以来,凯恩斯主义经济学把国民生产总值作为国民经济核算体系的核心,成为评价经济福利的综合指标和衡量国民生活水准的象征。于是在现实经济生活中,经济发展表现为对国民生产总值,对经济高速增长目标的热烈追逐,由此决定了人类无限制地繁衍,不惜任何代价,尤其是用无偿地掠夺自然资源和破坏生态环境为代价换取经济的高速增长。在现代人类发展的历史上,这种财富观一度占据统治地位。结果是虽然给人类带来了农业文明所无法想象的经济物质财富,但却把生态与经济、人与自然推向严重对立的状态。随着现代经济社会的发展,它的片面性、局限性及其弊端逐渐暴露并日益突出。

二、以 GDP 为核心的传统财富核算体系的缺陷

随着经济与环境矛盾的尖锐化,人们逐渐看到环境对经济增长的巨大制约,开始反思、总结自身与自然的关系、经济系统与生态环境系统的关系,认识到人类的社会经济活动并不能独立于自然系统之外孤立地进行。相反,人类的生产和生活必须依赖自然所提供的资源、生态和环境等各种服务,这表现在:首先,环境是人类居住和活动的场所,为人类提供广阔的活动空间;其次,环境是人类所需要的一切生产和生活资料的来源,为人类生存提供不可缺少的物质支持;最后,环境还具有吸纳、扩散、贮存、净化人类在生产生活中产生的各种废弃物,维持生态平衡的功能,以及满足人类欣赏大自然、认知外在世界、提供与自然接触体验生活等精神需要的功能。但是环境对于经济发展的支持作用是有限度的,超出这个限度,就会出现资源枯竭、生态破坏,环境不仅不能实现上述功能,还会阻碍经济社会的发展。因此,自然环境的改善是生产力发展的根基,破坏环境就是从根本上破坏生产力。基于这样的认识,人们

将传统的封闭的经济系统模型扩展成"经济——环境大系统模型"。根据这个模型，从可持续发展的角度考察，目前国际通行的、建立在传统经济理论基础上的、以 GDP 为中心的国民经济核算体系存在着深层缺陷。

1. 没有反映环境因素对经济过程的作用。人类在经济活动中创造出新的产品，必须以消耗一定的自然资源为代价，从严格的守恒意义上讲，产出多少就要消耗多少，地球上的自然资源并非取之不尽、用之不竭；有所得就有所失。但是，GDP 指标无法反映自然资源对经济发展的贡献和生态资源的巨大经济价值，以及经济增长带来生态环境恶化引起的人类总的福利的变化，比如，只要采伐树木，GDP 就会增加，但过量采伐后会造成森林资源的减少，GDP 却无法反映。再比如，某些产品的生产会向空气或水中排放有害物质，GDP 会随着产品产量的增加而增加，却不能反映对环境造成的损害。显然，GDP 在反映经济增长的同时，没有反映它所带来的资源耗减和环境损失的代价。因此，GDP 中包括有损害发展的虚数部分（所谓虚数是指产出中因过度消耗资源而实际上减少社会福利的部分），从而造成了对发展不真实的表达。

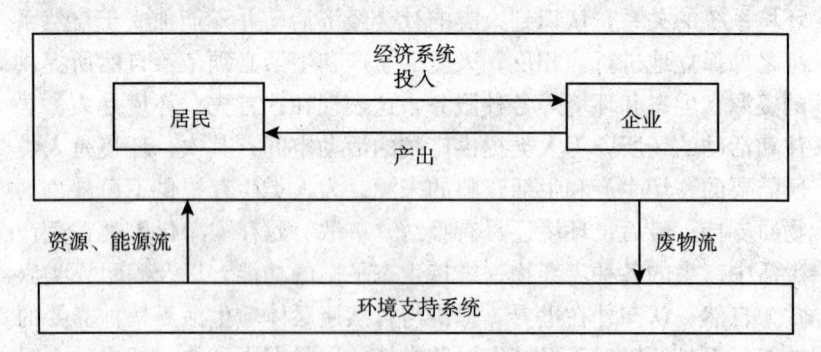

图 3-2　经济——环境系统模型

这是因为，从生产法来看，GDP 是一定时期总产出中扣除中间产出或固定资本消耗，无论是中间产出还是固定资本消耗，都是其他生产过程产出的结果，也就是说，获取 GDP 代价的核算仅限于各种货物与服务，与环境等自然因素毫不相干。从支出法看，GDP 可以用于最终消费、资本形成和出口，其资本形成仅限于增加生产资产，不包括增加非生产资产。由此很容易给人们的一个错觉是，经济产出仅是经济投入的结果，不包括对自然资源的利用和环境的投入。自然环境存量变化纯粹是一个自然过程，与当期经济过程没有关系。将经济系统与自然系统完全分离开来。

事实并非如此，在各种初级生产中，自然环境系统有两个基本经济功能：向经济系统提供物质性资源与处理来自经济系统的废物（环境容量）。而目前的经济核算只核算经济过程对自然的开采成本，不计算资源成本和环境成本，导致投入价值的低估和当期新创造价值，即 GDP 或净值的高估。由此，人们可能陶醉于经济增长所取得的成果，陶醉于 GDP 的增长，而面对这一过程中造成的资源浪费和环境污染却熟视无睹，由此导致了地球资源的锐减和环境的恶化。因此以 GDP 指标核算财富的最大局限性在于，它只反映了经济发展，却没有反映出经济发展对资源环境的影响，容易过高地估计经济规模和经济增长，给人一种扭曲的经济图像。

2. 不能准确地反映一个国家财富的变化。GDP 计算的是从事生产活动所创造的增加值，至于生产效益如何，产品能否销出去，报废、积压、损失多少，真正能用于扩大再生产和提高人民生活的有效产品增长是多少，GDP 是体现不出来的。所以说 GDP 主要反映了一个国家（地区）一定时期经济增长的"产出"、"总量"和"量"，没有或不能很好地反映其"投入"（特别是资源成本和环境成本的代价）、"结构"（包括社会财富的分配结构）和"质"（包括产品和服务的质量、社会效益等）。比如，对一个国家来说，固定资本是其国民财富的重要组成部分。但是一个国家财富能否有效地增长，不仅取决于 GDP 中固定资本形成总额的大小，还取决于其质量。如果固定资本的质量不好，没到使用期限就不得不报废，那么固定资本形成的总额再多也不能提高国民财富。当人们要拆毁

"豆腐渣工程"重建时,它不仅要从国民财富统计中剔除,而且为了重建又消耗了一次自然资源。从国民财富的角度看,国民财富不仅没有增加,反而减少了。正像被砍伐的森林,算做了当年的GDP,但对国民财富却是负积累。

由于没有质量的生产活动,不可能带来社会财富的累积。所以,我们不仅要注重GDP的数量,还要注重它的质量。否则,虽然GDP表现得一派繁荣,但国民财富不会迅速增加,反而可能会减少。片面使用GDP这个流量指标,就容易使人们忽视了资产存量或财富的积累。比如,在我国遇到诸如洪水灾害或SARS瘟疫带来的损失时,人们大都采用了习惯的思维方式即"坏事能够变为好事",误认为能够在救治、恢复、重建中增加GDP。这种认识实际上体现了"灾害减少财富存量不可怕,它可以有助于促进流量的再增加"的错误观点。这根本不是正常、完整意义上的经济增长。在注意财富的积累方面,经济发达国家的经验很值得我们借鉴,他们的GDP增长率不高,但是财富积累很快。和经济发达国家不同,我国一些城市总是"喜新厌旧",不断的拆旧楼盖新楼,马路也是挖了填、填了挖……我国GDP增长率连年很高,但是财富损失的也快,资产积累、财富积累速度远远低于经济增长速度。这与"GDP至上"有一定关系。

3. 不能反映某些重要的非市场经济活动。GDP无论是总量还是它的各个构成要素(增加值),作为一个交换价值指标,所表明的仅仅是投入交换(广义的交换)的产出水平,而未包括尚未社会化、市场化的生产和服务。例如,小生产者的自给性生产和居民家庭的自我服务,不能直接反映在GDP中,现在是比照市场价格估算出来的。有些非市场经济活动在人们的日常生活中占有很重要的位置,比如家庭的家务劳动。但是由于这些活动没有发生支付行为,按照国际标准,GDP不反映这些活动。但是,如果这些工作由雇佣的保姆来承担,雇主就要向保姆支付报酬,按照国际标准,相应的活动就必须反映在GDP中。可见,由于GDP不能反映某些非市场经济活动，使得它在某种程度上损失了客观性和可比性。

4. 不能全面地反映人们的福利状况。GDP 是根据生产出来的最终产品进行统计的，但是这往往与幸福无关，比如军火生产在统计中是很重要的部分，但是一个国家更多地生产大炮，更少地生产黄油，人民幸福吗？GDP 也不衡量闲暇，只要人们天天加班，就能生产更多的物品和劳务，如果人们要享受闲暇，GDP 则会减少。人均 GDP 的增加代表一个国家人民平均收入水平的增加，从而当一个国家的人均 GDP 增加时，这个国家的平均福利状况将得到改善。但是，由于收入分配的不平等，一小部分人得到了更多的收入，大多数人的收入水平并没有增加，或增加得较少，因此他们的福利状况并没有得到改善，或没有得到明显的改善。从人均 GDP 中就看不出这种由于收入分配的差异状况而产生的福利的差异。

由于 GDP 只是对一个国家或地区在一个时期内投入、购买和消费进行货币价值的累计和总计，由于 GDP 仅衡量经济过程中通过交易的产品与服务之总和，它假定任何交易都增加社会福利，但在交易过程中到底是增加社会财富还是减少社会财富，并不能加以辨识，不能准确地反映一个国家财富的变化；同时，它只反映了增长部分的数量，尚无法反映增长部分的质量。从社会角度看，GDP 将好的、坏的产出一视同仁地算在经济指标之中；从环境角度看，它认为自然资源是自由财富，不去考虑自然资源的逐渐稀缺性，也不考虑如何解决资源质量下降和消耗性资源的枯竭问题；从经济角度看，它只记录看得见的、可以价值化的劳务，其他对社会非常有贡献的劳务却被排除在外。自然资本的损耗、当前环境服务的损失、劳动的负效应等，这些在 GDP 中被完全忽略，甚至被隐性地作为了收入。

以上所述并非 GDP 的缺点，而是由 GDP 自身的功能所决定的。GDP 产生于第二次世界大战之后，逐渐被世界各国所采用。当时经济发展对资源的消耗和对环境的影响远没有现在这么巨大，可持续发展的概念还没有出现。现在流行的财富观是从两个世纪以前欧洲的哲学范式中演变过来的。它把财富积累看成是不间断地自我复制过程，在这一基础上建立起来的人类经济目标是单一的、排他的、不受约束的。现在人们愈来愈认识到，经济增长与提供财富和福利不是一回事，在很多情况下，经济增长并不产生财富和福利的正增长；相反，还会减少财富和福利。有时，人们对需求的增长，直接导致高成本，这些昂贵的成本对公平的福利和财富具有越来越大的消极影响。可见，人类为了更好地生存，应该修正自己的财富观，建立可持续发展的财富观。

第二节　可持续财富理论的内容

一、可持续财富的概念

1. 世界银行的"新财富"概念。1995年9月，世界银行首次向全球公布了用"扩展的财富"指标作为衡量全球或区域发展的新指标，从而使"财富"概念超越了传统范式所赋予的内涵。"扩展的财富"由生产资产、自然资产、人力资源和社会资本四组要素的总和构成。其中，生产资产，即产品资产或人造资产，是人类过去生产活动所创造和积累的物质财富；自然资产，又称自然遗产、自然资源、天然资源，是大自然赋予人类的财富，是天然生成的或具有明显的自然生长过程；人力资源，指一个国家的民众所具备的知识、经验和技能；社会资本，是促使整个社会以有效方式运用上述资源的社会体制和文化基础，是联系生产资产、自然资产和人力资源三种要素的纽带。

新财富的计算方法是：首先分生产资产、自然资产、人力资源和社会资本四个部分各自估算其价值，之后再加总求和。生产资产和自然资产的核算直接继承了SNA和SEEA（《综合环境与经济核算手册》，即 The System Of Integrated Environmental And Economic Accounting，简称 SEEA）的方法；人力资源和社会资本较难量化，通常在一起测度，所采用的方法主要是未来收益现值法。

2. 新财富概念的理论来源。首先，人造资本或生产资本作为财富的属性和对于财富增长的重要性，在古典经济学和现代经济学中都得到广泛的肯定和重视。有关经济增长的实证分析通常都是建立在对要素投入的分析基础上，考察的要素包括土地、劳动力和资本。基于同质资本的简化假设，这里的资本主要是指以机器、设备为主的生产资本。哈罗德—多马模型对其财富属性和对于财富增长的重要性做了特殊的强调。但是大量经济实证研究表明，经济增长在排除资本与劳动力的要素投入的贡献之外，还存在着"增长的余值"，被归因于生产率的提高，通常用全要素生产率（TFP）来表示。索洛将其归因于技术进步的结果。技术进步作用于经济增长过程的解释是，伴随新资本的注入或资本更新而引起的资本的技术含量发生变化，带来资本的生产率或资本——劳动配合比率的提高。

关于技术进步对于经济增长的贡献的另外一种解释是阿罗、罗默和卢卡斯的知识与人力资本的溢出效应。[1] 他们分别将技术进步理解为经济过程的内生知识积累与人力资本积累。最初是阿罗（1962）根据卡尔多"技术进步由资本积累决定"的观点，假设新投资具有溢出效应。即不仅进行投资的厂商可以通过投资积累生产经验而提高自己的生产率，其他厂商也可以通过"学习"提高他们的生产率。因此，知识是公共产品，具有溢出效应。随着投资和生产的进行，新知识将被发现，并由此形成递增收益。沿着阿罗的思路，罗默（1986、1990）扩展了阿罗的分析，建立了知识溢出模型。其模型假定，知识是追逐利润的厂商进行投资决策的产物，知识不同于普通商品之处在于知识具有溢出效应，这使任何厂商

---

[1] 袁东明：《经济增长理论中人力资本研究及其启示》，载《国外财经》2004年第4期。

所产生的知识都能提高社会的生产率。正是由于知识溢出效应的存在，资本的边际生产率才不会因固定生产要素（劳动）的存在而无限降低。据此，罗默认为，知识溢出在解释经济增长时是不可缺少的。

美国经济学家舒尔茨在其《人力资本投资》（1961）中首次区分了物质资本和人力资本，并将"增长的余值"归功于人力资本投资。卢卡斯（1988）则建立了人力资本溢出模型，试图证明经济增长的源泉是人力资本的积累。卢卡斯认为，人力资本既具有内部效应，也产生外部效应。内部效应是指个人拥有的人力资本可以给他带来收益。外部效应是指个人的人力资本有助于提高所有生产要素的生产率，但个人并不因此获益。所以人力资本的外部效应就是指人力资本所产生的正的外部性。物质资本生产部门在人力资本外部性的作用下显示出收益递增现象。在罗默和卢卡斯的模型中，资本的概念已经从单纯的"物质资本"扩展到"人力资本"。

与古典经济理论不同，现代经济理论一向推崇政府在经济增长中的积极作用。这一思想沿袭了凯恩斯的国家干预主义。此后出现的一系列经济理论在开始注意经济增长的内生性的同时，也充分意识到各国政府对于实现内生增长中所发挥的重要作用。罗默和卢卡斯等人的模型中都指出没有政府干预的增长是社会次优，只有提高政府干预才能实现最优增长，并特别强调了在促进技术进步与人力资源积累方面的政府作用。如果没有对物质资本和知识资本所有权的保护，就将不会有投资或技术研究与开发，因为投资者预期他们的工作不会有适当的回报。而良好的体制与政策可以促进知识的转移，并增加有效利用知识的可能性。这样社会资本的概念被引进财富和资本范畴。社会资本与人力资本有密切关联，但是比人力资本的含义更宽泛，它涵盖了体制的作用、政府的能力和社会交流等多个方面。除此以外，也有将信用、集体准则、选举、公民投票和参与以及各种社会团体的横向联合活动等都归入社会资本范畴。因此，社会资本成了比人力资本更难测算的资本品。

第三章 可持续发展与国民财富核算

对于经济发展而言，还存在另一种资本——自然资本。自然资本是自然资源和环境条件的总和。自然资本作为投入品或限制因素作用于财富增长过程。事实上，物质资本的真实来源是自然资本的投入，土地就是一种自然资源，是最早被纳入到增长模型中的自然资本。自然资源的丰饶与否会对经济增长产生有利或不利的影响，而在自然资源枯竭与环境退化的情况下，自然资本往往成为财富增长的决定因素。

总而言之，建立在物质资本基础上的财富增长特别难以持续，物质资本积累的规模和技术的溢出效应确实存在，但是不一定足以支持增长的持续。为了保证增长的持续，在物质资本积累的同时，还应扩张人力资本。在人力资本贫乏的国家，自然资本就显得格外重要，自然资本的不足对经济增长的持续性特别有害。而对于社会资本来说，其对经济增长的作用是显而易见的。根据巴罗的公共产品模型，政府提供公共产品对于厂商来说是一种外部经济，将促进经济增长。

3. 新财富指标的意义。新财富的总量变化可以作为可持续发展趋势的评价标准；新财富的构成变化可在一定程度上对可持续发展的水平提高或降低的原因作出解释。专家们公认新财富比较客观、公正、科学地反应了世界各地区发展的真实情况，为国家拥有的真实"财富"及其随时间的动态变化，提供了一种可比的统一标尺。

从这一指标可以看出，财富的真正含义是国家生产出来的财富，减去国民消费，再减去产品资产的折旧和消耗掉的自然资源。这就是说，一个国家可以使用和消耗本国的自然资源，但必须在使其自然生态保持稳定的前提下，能够高效地转化为人力资本和人造资本，保证人造资本和人力资本的增长能补偿自然资本的消耗。如果自然资源减少后，人力资本和人造资本并没有增加，那么这种消耗就是一种纯浪费型的消耗，就意味着财富的净减少。可以看出，一个国家如果通过大量消耗自然资源来促使 GDP 的增长，却不能使产品资产和人力资本相应增加，表面看似乎轰轰烈烈，其实财富没有多少增加，甚至会出现财富的负增长。

该方法试图从经济学的角度去阐明环境与发展的关系，并通过货币化度量一个国家或地区总资本存量（或人均资本存量）的变化，以此来判断一个国家或地区发展是否具有可持续性，能够比较真实地反映一个国家和地区的财富。

二、真实储蓄

世界银行在按照可持续发展模式要求对传统财富概念加以扩展的同时，还提出了"真实储蓄"和"真实储蓄率"两个指标。"真实储蓄"代表了发展所需要的全部重要资产（产品资产、自然资本、环境质量、人力资源和外国资产等）的净变量的价值。

它以GDP为计算起点，扣除总消费，得到国家财富的传统计算标准——总储蓄（Gross Saving）。

总储蓄加上教育投资，得到广义总储蓄。

广义总储蓄减去产品资本的折旧得到净储蓄（Net Saving）。

从净储蓄中进一步扣除自然资源的损耗和污染损失的价值后得到真实储蓄。

真实储蓄占GDP的百分比即为真实储蓄率。

"真实储蓄"是一个非常有意义的概念，它抓住了自然资本退化的特点，衡量的是财富被创造或被破坏的速度。与传统的储蓄概念相比，真实储蓄除了涉及传统的产品资产和国民经济核算总储蓄的概念外，还广泛考虑了对可持续发展有正面促进作用的人力资本的培育问题，以及对可持续发展有负面影响的自然资源枯竭和环境损害的因素。真实储蓄的确定对可持续发展的政策含义十分明显，真实储蓄的持续增长标志着广义财富的正增长和向可持续发展过渡进程的顺利实现；而真实储蓄的持续负增长则必然导致广义财富的减少和向可持续发展过渡进程的偏离。真实储蓄率是真实储蓄同

GDP 的比值，是评价一个国家或地区财富与发展水平的动态变化更加有力的判据。

三、绿色 GDP 与 EDP

20 世纪 70 年代之后，随着全球资源短缺，生态环境恶化，以及由此给人类生存带来了一系列的影响与挑战，保护环境、合理地利用资源、发展绿色经济的可持续发展观点被越来越多的经济学者提出并认可，也开始意识到使用 GDP 来表达一个国家或地区经济与社会的增长与发展存在明显的缺陷。在 1992 年的里约会议之后，可持续发展观被世界各国政府广泛认同，人们普遍意识到需要对传统的国民经济核算体系进行修正，力图从传统意义上统计的 GDP 中扣除不属于真正财富积累的虚假部分，从而再现一个真实、可行、科学的指标，也就是现在所说的"绿色 GDP"，以此来衡量一个国家或地区的真实发展与进步，使其能确切地说明增长与发展的数量表达和质量表达的对应关系。

在 GDP 中扣除自然资本的消耗，得到经过环境调整的国内生产总值，也就是绿色 GDP（GGDP），这种统计，会使我们看到很高的国内生产总值因扣除自然资源和环境污染的损失而大大减少。这就会促使人们抛弃传统的经济发展模式，走经济、社会和环境相互协调的可持续发展之路。

在国内生产总值中扣除生产资本的消耗，得到国内生产净值（NDP）。从国内生产总值中同时扣除生产资本消耗和自然资本消耗，得到经环境调整的国内生产净值，也称绿色国内生产净值（Environmentally Adjusted Net Domestic Product，简称 EDP），这就是联合国综合环境与经济核算体系的核心指标，反映一时期经济产出扣除所有经济产品投入和环境投入后的真实成果，EDP、人均 EDP 及其增长率的水平和变化趋势可用于描述和评价可持续发展的状态和趋势；EDP 与 GDP 的比值可以反映环境投入对经济过程的贡献。

这几者的关系可这样来表示：EDP < GGDP < GDP。从增长率来说，当环境成本的增长快于 GDP 的增长时，EDP 和 GGDP 的增长将低于 GDP 的增长。

GGDP 和 EDP 两个指标有利于建立新型的财富观，体现了经济可持续性、环境可持续性和社会可持续性的思想，综合性强，容易进行国家间和地区间的比较。

第三节 绿色经济核算（环境与经济综合核算）的思路与框架

一、绿色经济核算的基本思路

传统的国民经济核算体系（System of National Accounts，SNA）是 1968 年由联合国经济和社会事务部统计处制定，为当今多数国家广泛应用的数据信息系统，是各国宏观经济管理的重要手段。它以特定国家的经济整体为对象，包括一整套的账户和数表，概括一国经济的方方面面。但是，如前所述，SNA 的一个重要缺陷是有许多自然资源和自然环境，尤其是没有进入或不能进入市场的自然资源和自然环境，没被纳入该体系。而且，即便被纳入体系的自然资源资产，其消耗也没有被记入借方，以折扣当前的收入，借以说明未来生产潜力的缩减。对经济过程环境投入成本的低估造成了对当期生产过程新创造价值——GDP 或 NDP 的高估，它会误导决策者的决策，进而对投资产生刺激，使经济规模进一步扩大，对环境投入的需求也随之扩大，经济系统对环境的压力也更大，从而形成一个恶性循环，将会导致环境系统的崩溃，经济系统也会因为其支持系统的崩溃而崩溃。为了适应可持续发展的需要，

《21世纪议程》提出应在所有国家中建立环境与经济一体化的核算系统。

在当代，环境应当被看做经济系统的内生变量。环境系统有两个基本经济功能：向经济系统提供物质性资源与处理来自经济系统的废物（环境容量）。从核算角度看，对经济系统运行状况的全面描述不能忽略其投入的来源与产出的去向，即应该将传统国民经济核算范围做必要的扩展，使之反映环境投入与环境保护支出对经济运行的贡献与影响。

把环境作为经济系统的内生变量，弥补传统国民经济核算体系在反映环境与经济关系方面的缺陷的思路包括三个方面：一是把环境成本和效益纳入国民账户。一方面要考虑自然资源在生产和最终需求中的使用，即环境作为物质性资源的数量消耗；另一方面，要考虑生产和消费中的污染、灾害事件等造成的环境质量改变、环境的福利影响，如损害人的健康、娱乐、美学或伦理学价值的"损害成本"也将在考虑范围内。二是界定与环境有关的资产的全部流量和存量，并对环境保护和环境改善的全部支出进行估计。其中包括对GDP中用于补偿经济增长对环境的负面影响的发生成本，即所谓的"防护支出"进行界定。三是构建经环境调整的宏观经济指标，如EDP和ENI指标。

二、绿色经济核算的基本框架

要把经济和环境问题结合起来，避免由于经济发展所造成的自然资源匮乏，环境质量下降，影响人类的健康和福利，实现经济的可持续发展，就必须在国民经济核算体系中纳入环境要素，建立环境和经济综合核算体系。为此，联合国在总结世界各国和国际组织环境核算研究成果的基础上，专门发布了《环境与经济综合核算》手册，将环境因素以"环境与经济综合核算附属账户体系"形式纳入经济核算体系之中，为世界各国修改经济核算制度提供了一个参考方案。表 3-2 是联合国环境和经济综合核算系统（System Of Environmental Economic Accounts，SEEA）的框架。

表 3-2　　　　　　　　SEEA 的基本框架

	生产 1	国外 2	最终消费 3	经济资产 生产资产 4	经济资产 非生产资产 5	其他非生产自然环境资产 6
期初资产存量 I				$Ko_{p.ec}$	$Ko_{np.ec}$	
来源 II	P	M				
经济使用 III	C_i	X	C	I_g		
固定资本消耗 IV	CFC			-CFC		
国内生产净值 V	NDP	X-M	C	I		
非生产自然资产的使用 VI	Use_{np}			$-Use_{np.ec}$		$-Use_{np.env}$
非生产自然资产其他积累 VII				$I_{np.ec}$		$-I_{np.env}$
经环境调整后的总量 VIII	EDP	X-M	C	$A_{p.ec}$	$A_{np.ec}$	$-A_{np.env}$
持有资产损益 IX				$Rev_{p.ec}$	$Rev_{np.ec}$	
资产数量的其他变化（余项）X				$Vol_{p.ec}$	$Vol_{np.ec}$	
期末资产存量 XI				$Kl_{p.ec}$	$Kl_{np.ec}$	

表 3-2 由 5 张小表组成。其中，表 II 为经常性账户与资本账户。在纵向上由 1～4 列和横向上 2、3、4、5 行组成。其中，在纵向上，第一列的内容包括，国民经济核算中生产账户的简化形式，主要涉及产出、中间消耗、固定资产消耗和国内生产净值几个主要变量。第二列反映货物与服务的进出口。第三列反映最终消费。第四列反映累积账户的变量。在横向上，第二行反映货物和服务的供给。第三行反映货物与服务的经济使用。第四行记录固定资本消耗。第五行是平衡项。

表 III 由 1～6 列和 6、7、8 行组成。反映环境与经济关系流量，是 SEEA 的核心部分，描述环境与经济的相互关系。为此，在表中增加了 Use_{np}，表示本期生产过程中对自然环境资源的利用价值。包括列入经济资产的非自然资产和未列入经济资产的环境资产。从内容上看，这种利用包括直接投入生产过程的自然资源，即耗减和经济过程对环境的利用使环境质量遭到损害，即退化两种类型。因此，Use_{np} 是当期用于经济过程的自然资产价值的净额。

表Ⅳ由 1~6 列和 9、10 行组成，为重估账户和资产数量其他变化账户的内容。

表Ⅰ由 1~6 列和 1 行组成，反映经济资产中期初的生产资产存量和非生产自然资产的存量。表Ⅴ由 1~6 列和 11 行组成，分别反映期末生产资产和经济资产中非生产自然资产的存量。表Ⅰ和表Ⅴ组合，构成资产负债表的内容。

实际上，SEEA 是在 SNA 主体框架（表Ⅰ、Ⅱ、Ⅳ、Ⅴ）的基础上，增加表Ⅲ，并且经过适当调整而来。在此表中，环境因素的引入使传统的国民经济核算内容发生了两方面的变化。

1. 改变了流量核算，通过扣除环境成本实现了对国内生产总值的调整。从生产角度看，经环境因素调整的国内产出是国民生产净值扣除环境投入后的余值，即：

$$EDP = P - Ci - CFC - Use_{np} = NDP - Use_{np}$$

从使用角度看，经环境因素调整的国内产出是消费、净出口和在所有资产上的净投资之和，即：

$$EDP = C + (X - M) + (A_{p.ec} + A_{np.ec}) - A_{np.env}$$

与 NDP 相比，EDP 有关投资的项目，从 I 扩展为 $A_{p.ec}$、$A_{np.ec}$ 和 $-A_{np.env}$，引入了非生产自然资产经济使用和非生产自然资产其他积累。EDP 的资本积累由三部分组成：一是生产资产 $A_{p.ec}$，它与 SNA 主体框架中的资本形成概念相同，即 $A_{p.ec} = I$；二是经济资产中非生产自然资产活动积累 $A_{np.ec}$，它是转移到经济使用的环境资产与经济资产中非生产自然资产的减耗和退化之和，即 $A_{np.ec} = -Use_{np.ec} + I_{np.ec}$；三是环境资产的减少 $-A_{np.env}$，它是由环境资产的退化和由于转移到经济使用而减少的环境资产两部分构成，即 $-A_{np.env} = -Use_{np.env} - I_{np.env}$。

2. 改变了存量核算，较为完整地记录了各种资产存量从期初到期末的动态平衡关系：

$$Kl_{p.ec} = Ko_{p.ec} + A_{p.ec} + Rev_{p.ec} + Vol_{p.ec}$$
$$Kl_{np.ec} = Ko_{np.ec} + A_{np.ec} + Rev_{np.ec} + Vol_{np.ec}$$

其中，$Kl_{p.ec}$ 为期末生产资产存量；$Kl_{np.ec}$ 为经济资产中非生产自然资产的存量；$Rev_{p.ec}$ 和 $Rev_{np.ec}$ 记录了由于价格变化而引起的两类经济资产的变化；$Vol_{p.ec}$ 和 $Vol_{np.ec}$ 记录了由于突发事件而引起的对资产数量其他变化的影响，分类变化而引起的对资产数量其他变化的影响，以及可培育自然资产的生长等。

三、新财富观对世界各国国民财富的评价及启示

世界银行在 2005 年 9 月 15 日公布了一份长达 190 页的报告《国民财富在哪里》（以下称为《国民财富核算报告》）。在这份出版物中，世界银行发布了所谓的"千年资产评估"结果，即以货币化的形式对各国经济发展所依赖的各种资源进行了估算，包括生产资本、自然资源资本和人力资本等三类资源。这项在千年之交对 118 个国家所做的国民财富综合快评研究，旨在加深人们对国家发展能力与财富组成和财富水平之间联系的认识。

该项研究对全世界 118 个国家和地区的国民财富进行了核算，根据报告中公布的人均国家总财富（见表 3-3），瑞士以 648241 美元高居世界各国之首，排名前十位的其他 9 个国家依次为丹麦、瑞典、美国、德国、日本、奥地利、挪威、法国和卢森堡，除日本外都是欧美国家；排名列后十位的全部都是位于非洲撒哈拉沙漠的国家，其中，埃塞俄比亚的人均国民财富为 1965 美元，位列榜尾；中国的人均国民财富为 9387 美元，在 118 个国家和地区中排名第 91 位，与排名第四和第六的美国和日本相比，人均国民财富不到这两个国家的 2%。

表 3-3　　　　　　人均国民财富排序（2000 年不变价）　　　单位：美元

国家	排序	人均自然资源资本	人均生产资本＋人均城市土地资本	无形资本	人均国民财富
瑞士	1	5943	99904	542394	648241
丹麦	2	11746	80181	483212	575138
瑞典	3	7950	58331	447143	513424
美国	4	14752	79851	418009	512612
德国	5	4445	68678	423323	496447
日本	6	1513	150258	341470	493241
奥地利	7	7174	73118	412789	493080
挪威	8	54828	119650	299230	473708
法国	9	6335	57814	403874	468024
卢森堡	10	3030	60561	388123	451714
中国	91	2223	2956	4208	9387
马达加斯加	109	1681	395	2944	5020
乍得	110	1861	289	2307	4458
莫桑比克	111	1059	478	2695	4232
几内亚比绍	112	1858	549	1566	3974
尼泊尔	113	1229	609	1964	3802
尼日尔	114	1975	286	1434	3695
刚果	115	9330	6343	-12158	3516
布隆迪	116	1210	206	1443	2859
尼日利亚	117	4040	667	-1959	2748
埃塞俄比亚	118	796	177	992	1965

资料来源：世界银行：《国民财富核算报告》，171 页附录 2。

为了真实地反映一个国家的真实消费能力，必须扣除不可持续性的消费量，报告中以真实国民储蓄来计算国民消费总量。真实国民储蓄的计算公式为：真实国民储蓄（GNS）＝国民收入（GNI）－固定资产消耗（FAC）＋教育支出（EE）－自然资源消耗（NRD）－污染损失（PDV），其中，（国民收入－固定资产消耗）通常被称为净国民储蓄，在净国民储蓄的基础上加上教育支出，同时扣减掉自然资源损耗和污染损失后即为真实国民储蓄。从计算公式中可以看出，真实国民储蓄与传统的净国民收入的主要区别在于：（1）教育支出是真实国民储蓄的正项,传统的国民收入把教育支出按普通的固定资产消耗加以扣减,而真实国民储蓄将教育支出视为人力资本储蓄;(2)与传统的国民收入相比,真实国民储蓄考虑了自然资源损耗和环境污染代价。由于现阶段各国的污染损失难以定量估算,因此,世行发布的这份国民财富核算报告中所采用的真实国民储蓄并没有扣减污染损失。在这份报告中,中国内地的真实储蓄率为25.5%。

表3-4列出了自然资源资本、生产资本和无形资本排名前10位和后5位的国家以及中国的排位情况,人均自然资源资本靠前的大多为欧美、拉丁美洲和非洲国家,人均无形资本名列前位的全部来自欧美国家,而位列人均生产资本第一位的是邻国日本,另一个亚洲国家新加坡位列第6,其中,新加坡的自然资源资本为0。在118个排序国家和地区中,中国的人均自然资源资本、生产资本和无形资本分别位列73、80和95位,其中,尤以人均无形资本的排位靠后,中国的这三项人均资本分别只有第一名的挪威、日本和瑞士的4.05%、1.97%和0.78%。

表3-4　人均自然资源资本、生产力资本和人力资本排序

单位:美元

人均自然资源资本			人均生产资本			人均无形资本		
排序	国家	财富	排序	国家	财富	排序	国家	财富
1	挪威	54828	1	日本	150258	1	瑞士	542394
2	新西兰	43226	2	挪威	119650	2	丹麦	483212
3	加拿大	34771	3	瑞士	99904	3	瑞典	447143
4	特立尼达和多巴哥	30977	4	丹麦	80181	4	德国	423323
5	加蓬	28586	5	美国	79851	5	美国	418009
6	委内瑞拉	27227	6	新加坡	79011	6	奥地利	412789
7	澳大利亚	24167	7	奥地利	73118	7	法国	403874
8	俄罗斯	17217	8	德国	68678	8	卢森堡	388123
9	苏里南	15866	9	荷兰	62428	9	荷兰	352222
10	美国	14752	10	芬兰	61064	10	芬兰	346838
73	中国	2223	80	中国	2956	95	中国	4208

第三章 可持续发展与国民财富核算

续表

人均自然资源资本			人均生产资本			人均无形资本		
排序	国家	财富	排序	国家	财富	排序	国家	财富
114	莱索托	515	114	马达加斯加	395	114	叙利亚	-1598
115	冈比亚	514	115	乍得	289	115	尼日利亚	-1959
116	塞舌尔	84	116	尼尔	286	116	加蓬	-3215
117	新加坡	0	117	布隆迪	206	117	阿尔及利亚	-3418
118	圣路易斯	0	118	埃塞俄比亚	177	118	刚果	-12158

注：表中数据根据世界银行：《国民财富核算报告》，171页附录2整理得出。

表3-5所示为按地区和收入分类的核算结果，按各国平均水平，自然资源仅占总财富的5%，生产资本占18%，无形资本高达77%，地球上的每一个人平均拥有90000美元的总财富，其中自然资源资本5000美元，生产资本16000美元。根据这份报告，低收入国家的自然资源资本占国家总财富的比例远远高于生产资本，两者所占比例分别为26%和16%。

表3-5　　按地区和收入分类国家的财富状况

国家分组	人均财富（美元）				各项资本占总财富的比例（%）		
	总财富	自然资源资本	生产力资本	无形资本	自然资源资本比例	生产资本比例	人力资本比例
拉丁美洲和加勒比海地区国家	67955	8059	10830	49066	12	16	72
撒哈拉沙漠非洲国家	10730	2535	1449	6746	24	13	63
南亚国家	6906	1749	1115	4043	25	16	59
东亚和太平洋地区国家	11958	2511	3189	6258	21	27	52
中东和北非国家	22186	7989	4448	9749	36	20	44
欧洲和中亚国家	40209	11031	12299	16880	27	31	42
低收入国家	7216	2075	1150	3991	29	16	55
中低收入国家	23612	4398	4962	14253	19	21	60
中高收入国家	72897	10921	16481	45495	15	23	62

续表

国家分组	人均财富（美元）				各项资本占总财富的比例（％）		
	总财富	自然资源资本	生产力资本	无形资本	自然资源资本比例	生产资本比例	人力资本比例
高收入OECD国家	439063	9531	76193	353339	2	17	80
中国	9387	2223	2956	4208	24	31	45
瑞士	648241	5943	99904	542394	0.9	15.4	83.7
美国	512612	14752	79851	418009	2.9	15.6	81.5
世界平均	90210	4681	16160	69369	5	18	77

注：表中数据根据世界银行：《国民财富核算报告》，第25页表2-3和171页附录2整理得出。

核算结果同时显示：(1) 具有主导地位的财富为无形资本，主要指人力资本以及各种研究机构的整体质量[①]。几乎85%以上国家的无形资本占总财富的比例都超过了50%，这证实了古典经济学家的观点，即人力资本、社会资本和研究机构的质量在经济发展中具有主导作用；(2) 富有国家的自然资源资本占总财富的比例较低，但绝对量较高。国家发展进程中被普遍认同的一条内在规律是低收入国家比高收入国家更依赖自然资源，但我们看到的是低收入国家的自然资源和无形资本绝对量都处于较低水平，而OECD国家由于拥有丰富的森林、野生动植物和渔业资源，其人均自然资源资本反而比中低收入国家更高。(3) 贫穷国家更依赖土地资源，富有国家更依赖自然资源。土地资源包括耕地、草地和保护区，除石油输出国以外的低收入国家的土地资源资本占总自然资源资本的75%，中收入国家的这一比例为61%，高收入国家为50%。相对而言，较

---

① 一个国家的财富大多表现为无形资本，它涵盖了在财富核算中难以量化的所有资本，具体包括人力资本——劳动力的技能和知识水平、社会资本——社会中人与人之间的信任程度和协作能力、管理资本——可以理解为经济生产推进力，如经济运行机制的有效性和公平性、产权明晰和政府管理能力等。由于难以获得相关数据，无形资本中没有包括国外金融资产和净负债，同时，生产资本和自然资源资本估算中可能存在的误差和海洋渔业资源等忽略不计项也体现在无形资产中。

第三章 可持续发展与国民财富核算

高的矿产资源依赖度并不是低收入国家的特征，矿产资源开发带来的经济效益有助于这些国家摆脱贫困，但高投资回报的前提条件是高效的管理水平。

以综合财富评价为基础的核算体系是发展中国家制定未来政策的一个非常有用的指标体系，国民财富核算报告通过实例证明，用于生产资本、人力资本和管理能力的投资可以抵消自然资源的消耗，并提高未来的国民财富。将储蓄转化为投资非常重要，但如果投资效益不明显，就说明投资带来的财富全部转化为消费的同时没有带来国民福利水平的整体提高。要实现从资源依赖型发展道路向可持续发展道路的转变，制定一系列高效的资源管理、资源利用和资源转化制度，资源政策、财政政策以及政治经济政策对于这一转变至关重要。

报告的中心思想是为可持续发展提出具有可操作性的资产管理体系，核算国家总财富以及自然资源财富的变化对于综合衡量发展道路的长期可持续性具有重要的意义。世行国民财富核算报告中提出的指标体系以及核算方法虽然还很不完善，但对于世界各国走上可持续发展道路仍具有重要的指导意义。报告同时指出，综合环境经济核算系统（SEEA）是一个更具操作性的监控可持续发展能力的体系，也更具政策含义。长期以来，我们对于财富排行或者财富总量，尤其是人均财富都表现出一种极度关切的态度——这往往引发我们对于国家自豪与贫富差距的某些联想。"中国人均财富9387美元"无疑又是一个新的关注焦点，但是，数字本身给予我们的优越感或曰"优势幻觉"往往稍纵即逝，而数字背后特别是世界银行新标准背后的启示对我们更有价值。

在世界银行新公布的报告中，贫富标准新添加了产出资本、自然资源、人的技术和能力等几项内容，专家们从中得出结论：多数穷国的发展模式都难以长久支撑。正如世界银行首席环境经济学家科尔克·汉密尔顿所说，如果一户家庭每个月就只是从银行账户里提钱，或是为吃饱饭而变卖车辆、牲口等财物，那我们认为这户人家是没法支持很久的。国家的财富也是一样,背负再多的财富总量而"靠山吃山",最终难免会到财富耗尽、发展无法持续的那一天。

新的财富标准就是把传统财富评判标准所隐藏起来的问题展现在世人面前,经济发展是否符合长远利益是新标准的主要考量。可是,我国目前还没有一个像世行新标准这样的一个量化评价社会财富及增长的综合型标准。此前,我们常常习惯于用 GDP 总量来代表我们社会的财富总量,并且通过将其平均来衡量我们的人均占有额。这样的视角固然体现了社会的发展与财富总量的增值,却忽略了为实现财富持续增长的付出,在一定程度上造成了资源无序开发、掠夺性增长等等不良现象,而"惟 GDP"、"数字崇拜"等错位的政绩观也往往因此而生。显然,世行的新标准给了我们观察财富及经济增长的一个全新视角。透过世行的财富新标准,透过中国人均 9387 美元的数字本身,应当对我们综合评价经济发展的可量化指标带来某些良性的思考。

第四章

可持续发展与环境资源产权

第一节 制度与产权

一、制度的内涵与功能

1. 制度的内涵。关于制度，诺思认为，它是一系列被制定出来的规则，守法程序和行为的道德伦理规范，它旨在约束追求主体福利或效用最大化利益的个人行为。[①] 斯科特认为，所谓制度指的是社会的全体人员都赞同的社会行为中带有某种规定性的东西，这种规定性具体表现在各种特定的往复的情景之中，并且能够自行实行或由某种外在的权威施行之。[②]

制度一般由社会认可的非正式约束、国家规定的正式约束及其实施机制组成。

正式约束是人们有意识地创造的一系列规则，包括政治规则、

[①] 道格拉斯·C·诺思著，陈郁等译，《经济史中的结构与变迁》，上海三联书店、上海人民出版社1994年版，第225~226页。

[②] 曹招根：《论可持续发展的制度保障》，载《贵州社会科学》2000年第1期。

经济规则和契约，以及由这一系列规则构成的一种等级结构，从宪法到成文法和不成文法，到特殊的细则，最后到个别契约，它们共同约束人们的行为。经济上的正式规则主要包括四个方面：①界定在一项经济活动中，个人之间分工责任的规则。②界定每个人可以干什么、不可以干什么的规则，即为人们定出"选择空间"的边界。③惩罚规则，界定出违反上述规则要付出的代价。④"度量衡"规则，即确定交换中的数量度量标准（交换的价值量）。

非正式约束包括价值信念、伦理规则、风俗习惯和意识形态等。非正式约束是人们在长期交往中无意识形成的，具有持久的生命力，并构成代代相传的一部分。从历史上看，在正式约束建立之前，人们之间的关系主要靠非正式约束。

2. 制度的功能。如前所述，经济制度是市场经济中为规范人们行为和协调相互关系而制定的一套约束集，是经济和社会发展的激励结构。其基本功能包括：

降低交易成本。有效的制度能够降低市场中的不确定性、抑制人们的机会主义行为，因此可以降低交易成本。

为经济提供服务。市场经济中的相关制度安排是为经济活动服务的，如保险、教育、交易等制度规定为经济活动的开展提供了便利条件，打开了方便之门。

为合作创造条件。市场经济中的相关制度安排为人们的相互竞争与合作提供了基本的框架和行动规范，保障合作的顺利进行。

提供激励机制。制度化的设施可以给人们以激励，把个人追求经济利益的努力与群体利益一致起来，实现经济组织的目标，提高市场经济组织的运行效率。

将外部性内在化。如通过建立排他性的产权制度将外部性内部化。

总而言之，一套有效的制度，可以提供给人们一系列有效信息和对未来的预期，可以改变资源的市场相对价格，从而给人们提供正向或反向的刺激，影响人们偏好、抉择和行动，来达到组织或社

第四章　可持续发展与环境资源产权

会的目标。一种好的制度应劝人行善，抑人为恶；一种坏的制度效果可能恰恰相反。在一个社会中，当人们的行为普遍偏颇乃至错误时，首先应追问的是这个社会的制度是否为人们的行为提供了适当的激励与正确的引导，没有不合理的行为，只有不合理的制度。对于当今层出不穷的环境问题也一样，我们不应只停留在研究造成环境问题的政治、经济、技术、习俗、伦理等因素，应着重研究我们的制度是否为人们的环境行为提供了适当的激励及正确的引导。而问题恰恰在于现有的制度没有为人们的行为提供有利于环境的激励，反而在很大程度上助长了危害环境的行为。这正是环境问题愈演愈烈的根本原因。

3. 制度与博弈。著名的"囚犯困境"模型可以说明这一问题。假设有两个囚犯甲和乙，由于共同作案而被捕。检察官和每个囚犯单独谈话。检察官说："我已有足够的证据，判处你们两人一年监禁。如果你单独坦白交代应该被判为 10 年监禁的罪行，我就能给你达成一笔交易，你可以只判 3 个月的监禁，而你的同伴要监禁 10 年。但是，如果你们两人都坦白交代，那么，你们两人都要被判处 5 年的监禁。"很显然，当两个囚犯都出于自私的动机行事坦白交代时，他们都会得到长期监禁。只有当他们进行"合作"或按利他主义行事时，他们才都能得到短期监禁。

乙 \ 甲	合作（不交代）	背叛（交代）
合作（不交代）	R=1, R=1	S=10 年, T=3 个月
背叛（交代）	T=3 个月, S=10 年	P=5 年, P=5 年

图 4-1　"囚徒困境"模型

图 4-1 中，R 表示双方合作的奖励，T 表示对背叛的诱惑（机会和利益），S 表示给笨蛋的报酬，P 表示对双方背叛的惩罚。在这个矩阵中，如果双方选择合作，双方都能得到较好的结果 R，

R=1，是对双方合作的奖励；如果一方合作另一方背叛，背叛者之所以选择背叛是由于 T=3 个月的诱惑，合作者将会像一个笨蛋一样得到 S=10 的报酬；如果双方都背叛，那么，双方都得到 P=5，即得到双方都背叛的惩罚。

由图 4-1 可见，合作对双方是最有利的，但是如果不能肯定对方是否合作，从利益最大化出发，选择背叛是合理的，结果双方都选择背叛，只能得到次优的结果。所以，合作中存在的最大困难是机会主义或侥幸获取利益的动机。个人理性导致集体的非理性，导致双方得到的比实际可能得到的少。

在这种情况下，要使合作成为可能，必须是双方在以后会再次相遇，进行同样类似的博弈。这时，局中人进行选择时，就会不仅考虑此次博弈的结果，还要考虑对未来的影响。

此时，"囚徒困境"中最好的策略是什么，取决于对方采取什么策略，更取决于今后双方是否合作，以及这个合作对今后各方的重要性。如果未来对双方是重要的，一方采取决不合作的态度，即总是背叛，那么，不难理解，另一方也会总是采取背叛的策略；如果一方采取合作的态度，而另一方选择背叛，那么，对方会在下一次也选择背叛进行报复。所以最优策略是选择决不背叛，因为一次背叛的好处 R 会被对方永久的不合作 P 所抵消。如果各方都采取"一报还一报"，而且未来对双方是重要的话，那么，大家都不会通过改变策略得到更好的结果。因为，你选择背叛，我也选择背叛，大家都只能得到次优结果。如此往复，形成恶性循环；而你选择合作，我也选择合作，如此循环往复，结果是双方都得到最优结果，形成良性循环。在这种情形下，在重复博弈中，合作是有益的，即利人也利己；而人们选择不合作，也并非自愿，而是害怕承担被背叛的风险。如果能够从对方的声誉、历史交往的信息中确信对方会合作，人们更乐于选择合作。

可见，具备一定条件，人类是可以合作的。这些条件有：第一，资源稀缺性。人类对于环境的破坏，对资源的过度消费，从深层结构看，不过是社会中每个人都追求自我最大满足的结果。消费已经不是为了生存的需要，而是为了竞争。竞争是对资源的争夺或资源使用效率的竞争。合作是为了节约资源或提高单位资源使用效益。它们共同的前提都是资源的稀缺性；第二，共同的前提是利益最大化。人类既有竞争的一面，也有合作或倾向于合作的一面，无论是竞争还是合作，首先都必须是对自己有利，如果合作比竞争更加有利，人们一定会选择合作。第二，共同前提是信息可以传播，经验可以积累。"囚徒困境"的例子最终否定合作，达到了不合作的均衡，是由于博弈双方信息不能传播，经验不可积累。而现实中，信息可以传播，经验可以积累，知识可以学习，人们会根据得到的信息，积累的经验和学习的知识，变得聪明起来，选择有益于自己也有益于对方的合作，达到合作均衡。第四，双方达成一致的协议。它对参与者的博弈行为具有约束力，参与者若违背将受到相应的制约或惩罚，这就是制度规则。人类在谋求可持续发展过程中，面对共同利益需要进行合作，而合作的关键是建立相对完善的制度，约束彼此的行为。

经济学家通过大量研究指出，"囚犯困境"并非是一个特例或不现实的案例。相反，它适用于许多基本的社会经济交换过程。几乎所有人类之间的相互作用，都能够在囚犯困境模型中找到自己的影子。它表明，人们在经济活动中所作出的决策是相互影响的，"自私"不一定就"自利"，"恶性竞争"的结果可能是"两败俱伤"。历史上这样的事例并不少见。人们在无数次成功与失败的经验中发现，合作比"自私"更有利，遵从某种合作规则要比通过欺诈自作聪明地获得少数几次不义之财更有利，这时"利他主义"的非正式约束及相应的合作规则就会自发地产生。这不是道德说教的胜利，这是基于经济规则。

可持续发展所要解决的问题都是公共问题，这些公共问题的解决需要谋求合作才行。合作不仅具有必要性而且具有可行性。因为，合作是集体理性的表现，是解决共同性问题，清除外部性可接受的共同策略。在可持续发展所涉及的共同问题面前，合作则双赢或多赢，不合作则两败或都不利。但是合作的先决条件是必要的制度安排，它可以防止合作过程中存在的机会主义和侥幸获取利益动机所导致个体为自身利益而损害整体利益的行为。

二、产权与产权理论

1. 产权。产权，直观地说就是财产权利。在定义产权时，H. 德姆塞茨（1967）认为，"所谓产权，意指使自己或他人受益或受损的权利。"[①] 费律伯藤和佩杰威奇（1972）的定义是，"产权不是指人与物之间的关系，而是指由于物的存在和使用而引起的人们之间被认可的行为关系……它是一系列用来确定每个人相对于稀缺资源使用时的地位的经济和社会关系。"[②] 阿尔钦（1987）认为，"产权是一个社会所强制实施的选择一种经济物品的使用权利"。[③]

上述产权经济学者对产权的解释并无本质的不同，归结起来，第一，产权是人们在资源稀缺性条件下使用资源的规则，这些规则是依靠社会法律、习俗和道德来维护，产权具有强制性、排他性。对产权起源的研究表明，产权总是和资源的稀缺性联系在一起，产权的存在总是因为某种资源出现了稀缺，人们对其展开争夺，才产生了制定稀缺资源使用规则的产权制度的必要。第二，产权是一组权利，是对某种经济物品的多种用途进行选择的权利，而不是一种单项权利。产权包括财产权和由此派生的占有权、使用权、收益权和处置权等。第三，产权是行为权利，产权反映的不是人与物之间的关系，而是人们之间一组被认可的行为关系准则。比如经济主体在资源使用中的地位、各行为主体在相互交往中必须遵守的规范和不遵守规范时要承担的成本。因此反映了稀缺资源使用方面人们的

[①] H. 德姆塞茨：《关于产权的理论》，载《财产权与制度的变迁》，上海三联书店、上海人民出版社1994年版，第97页。
[②] 张象枢：《人口、资源与环境经济学》，化学工业出版社2004年版，第25页。
[③] A. 阿尔钦：《产权：一个经典注释》，载《财产权与制度的变迁》，上海三联书店、上海人民出版社1994年版，第167页。

第四章 可持续发展与环境资源产权

责权利关系。它决定了人们使用财产的态度和行为方式，因此不同的产权制度安排会形成财产使用中不同的激励结构和机制。

产权的功能主要有：约束功能——使产权运营规范化、有序化、法制化。激励功能——肯定和保护产权所有人的利益，调动其资产运营的积极性。外部性内部化——提供明确产权，确定人们是否拥有某种财产权利，是否有权利利用自己的财产从事某种经济活动，以及对造成的后果承担责任，使外部性内在化。资源配置功能——驱动资源配置状态的改变，使私人成本和收益与社会成本和收益相一致。

市场经济的本质是经济主体之间在多种选择和竞争环境中，由价格机制引导而自愿进行的契约式产权交易。产权制度安排是市场交易的基本前提，构成市场经济运行的基础。

2. 科斯定理。科斯定理是关于产权安排与资源配置之间关系的思想的集中体现，也是产权理论的核心内容。科斯定理主要源于对美国芝加哥大学教授科斯的两篇论文《企业的性质》、《社会成本问题》中的产权思想及其对产权的其他相关论述的总结和概括。科斯定理是由相互联系的三个定理，或者三个层次组成的。在第一层次中，假设交易费用为零，不管权利初始安排如何，当事人之间的谈判都会导致那些财富最大化的安排，即市场机制会自动使资源配置达到最优，安排和选择都变得毫无意义。但科斯作为交易费用理论的发现者与创立者，是不会接受"交易费用为零"的假设的。在其第二层次的阐述中认为，在交易费用大于零的世界里，不同的权利界定，会带来不同效率的资源配置。也就是说，交易是有成本的，不同的产权制度下，交易的成本不同，从而对资源配置的效率有不同的影响，所以为了优化资源配置，产权制度的选择是必要的。在第二层次中的交易成本是指在不同的产权制度下的交易活动的成本，那么产权制度本身是否有成本呢？这又引发了第三层次的论述：由于制度本身的设计、制定、实施与改革等也是有成本的，所以，对不同的制度，一种制度的不同设计，要不要建立相应的制度，要不要变革以及如何变革制度，同样存在着选择的必要。选择的标准就是制度成本最低化。

根据科斯定理，要解决共有资源使用的外部不经济问题，提高资源配置效益，可通过产权制度变革，达到产权归属明晰，使经济当事人承担他本该承担的费用。

三、资源与环境产权制度与可持续发展的关系

（一）共有资源与"公地的悲剧"

经济学领域对物品的分类方法有多种，其中之一是根据物品有无排他性与竞争性将物品分为私人物品、公共物品和共有资源。所谓私人物品是既有排他性（即消费者付费才能使用），又有竞争性（一个人享用会影响他人享用的质量），它们由市场进行配置。所谓公共物品是既无排他性（人们不用付费就可直接使用）又无竞争性（一个人享用不会降低其他人享用的数量和质量）。所谓共有资源是指有竞争性（一个人使用会影响他人使用）而无排他性（人们可免费获得）的产品。

	竞争性 是	竞争性 否
排他性 是	私人物品： 粮食 衣服	自然垄断物品： 消防 电视
排他性 否	共有资源： 公海的鱼 环境	公共物品： 国防 基础科学知识

图 4-2　经济学对物品的分类

对于环境资源这类共有资源来说，其免费使用的特点往往被过度使用，并使用过后导致质量下降。其结局类似哈丁（1968）在

《公地的悲剧》中创设的情境：一些牧民一同在一块公共草场放牧。每个人从一己私利出发，尽量地多养 1 只羊，增加个人的收益，而草场退化的代价则由大家负担。结果悲剧也就上演了——草场持续退化，直到无法再养羊，而所有的牧民也将面临破产。

其实，这样的"公地悲剧"已经在中国上演多时了。

众所周知，沙尘暴是中国人新世纪面临的最大环境问题。大半个中国都在沙尘暴的威胁之下，每年因沙尘而造成的直接经济损失高达 540 亿元。而它的背后则是日益严重的土地沙化，每年要损失一个中等县的土地面积。在土地沙化的具体原因中，以草原过度农垦为主的占 25.4%，以草原过度放牧为主的占 28.3%，以过度采樵为主的占 31.8%，因水资源的利用不当而造成沙漠化的占 8.3%，因工矿交通和城市建设植被破坏导致沙漠化的占 0.7%，只有 5.5% 是由于自然风力作用而造成沙丘前移而导致农田和草场沙漠化。如果对草原、森林和水流等公用资源不存在恰当的制度安排，就会成为看似免费的资源，使用者必然要对这些资源过度利用，从而付出无形而巨大的代价，形成了"公地悲剧"。以内蒙古牧场为例，牧民在 20 世纪 80 年代初获得了个人自由放牧的权利，但草场仍作为国家或集体所有的资源，牧民可以免费加以使用，从而导致牧场被过度利用，牧场过度使用则必然引致土地沙化的加速，进而造成沙尘暴的加剧和频发。

（二）"公地的悲剧"与外部性

外部性是指一个经济主体的行为对另外一个经济主体的福利所产生的影响，其损益无法通过市场交易得到补偿或者付费。无论是正的外部性还是负的外部性，都会影响到资源优化配置。因为实现帕累托最优要求私人边际净收益等于社会边际净收益，但是外部性的存在，意味着私人边际净收益与社会边际净收益之间存在差异，因而不能获得资源配置最优效率。"公地的悲剧"的悲剧性在于：每个理性牧民在追求自身利益最大化的驱动下，不断地在公共草场上增加放牧，每增加一个放牧单位，牧者就会获得由此带来的所有好处，但同时，无限制地增加放牧单位也会带来草场退化等外部负效应。然而，由于公地的性质，这部分成本要由所有的牧民共同承担，如果公地是国家的，这部分成本则由政府或整个社会支付。因此，所有的理性牧民都有过度放牧倾向，于是在公共草场的舞台上便不断地上演着"草场荒漠化的悲剧"。

外部性是经济学中一个重要而常用的概念，事实上，外部性与制度的关系非常密切，在考虑了制度因素之后，我们甚至可以这样表述外部性：即指在现有的制度安排之下有些成本或收益对于决策单位是外在的一种事实。由于决策单位在做出行为决策时，总是基于自身利益的考虑，而存在外部性时，决策单位的利益与社会利益之间出现了偏差，其结果必将是社会利益的损失。这些损失常被称为"外部利润"，即在现有的制度安排状态给定的情况下社会所无法获得的那部分利润。

环境问题之所以产生并愈演愈烈，其根本的原因就在于在现有的制度安排下，环境资源使用存在着强烈的外部性。环境污染者及破坏者所承担的成本远小于社会承担的成本，受自身成本约束的污染者及破坏者终将会使环境污染与破坏超出社会最优量，即超过环

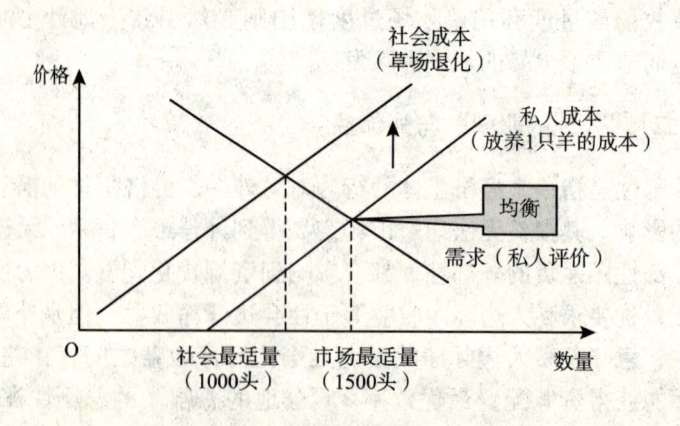

图4-3 环境资源使用的外部性

境的耐受值。而环境保护则具有很强的正外部性，保护者所获得的利益小于社会的收益，受自身利益激励的保护者不会有足够的动力去提供社会所需要的环境保护。如是在环境污染与破坏泛滥，环境保护严重不足的情况下，不出现环境问题倒是怪事了。

（三）外部性与产权制度

"公地的悲剧"产生的根源在于共有资源在产权上是非排他性的。由此造成资源的浪费和不可持续的供给。"公地的悲剧"的发生可一般地描述为：(1) 多个经济单位乃至整个社会共同占有某一稀缺的公共资源，具有经营权的经济主体及具有支配权的个体，可以从公共资源的利用中获得收益，但却不必支付相应的成本，由此导致每个理性经济人都有足够的动力来无限使用相对稀缺的公共资源，直至该公共资源快速枯竭，或通过利用公共资源、损害公共资源获取个人好处，最终使整个社会蒙受损失。(2) 公共资源的产权往往在法律规定上是明晰的，但在实际使用中却是模糊的，使得公共资源常常处于一种无人为之负责同时又任人攫取的悲惨境地。

在历史上，生态环境资源一直作为一种非经济性的自由取用物品而成为人类社会经济活动必要的生产和生活条件，不具有排他性的产权，因此市场不能完成环境资源的优化配置，也导致了人类生产和消费结构的扭曲。如环境作为生产和生活废弃物的接受者的功能，长期以来一直作为公有资源被无偿使用，结果导致过度使用，环境污染严重，环境不断退化，同时也造成经济偏好于污染密集型的部门结构。

随着人类社会生产力的迅速发展，尤其人口的膨胀和产业技术的进步，一方面，对生态环境资源的需求增加，使生态环境资源由免费物品转变成稀缺的经济资源；另一方面，负荷过重和遭到污染的生态环境资源的供给能力相对缩小，使生态环境资源的稀缺度随着人类需求的发展愈来愈大。

因此，要避免"公地的悲剧"，关键是建立可持续发展的产权制度，使共有资源由非排他性产权转向排他性产权。

第二节　资源与环境产权制度的实现途径

一、产权制度与资源环境关系的演变

在人类历史上，人类不是第一次遇到资源短缺的问题。在采集狩猎阶段，不论是猎取的动物还是采集的植物，都是共有资源，所有人都可以自由使用。随着人口增加，无限制地使用资源导致资源生产能力和人口的矛盾，人类第一次遇到生存资料短缺的问题，导致了以部落为单位的排他性产权制度的建立。有了产权的保护，人们乐于投入较多的人力、物力去经营农业和牧业，而不是陷入无休止的争夺资源的战争。排他性产权制度的建立，保护和激励了早期农业和牧业技术的产生和发展，解决了人类可持续发展的问题。进入农业社会，人口的进一步增加使人类再次遇到资源短缺的问题，土地私有制度保护了中国早期精耕细作技术的发展，对于缓解当时的资源短缺发挥了重要作用。在现代社会，当人类再一次面临资源与环境问题时，产权制度创新是实现可持续发展的关键条件之一。

二、产权制度推进环境资源保护与可持续发展的途径

1. 不存在交易费用的情形。根据科斯第一定理，假定有关环境的排他性产权能够被清晰界定，他们可以自由交易，且没有任何交易成本，同时假定个人都是利己的，追求个人效用最大化，则环境的不同使用者之间讨价还价，将导致自然环境配置的帕累托最

第四章 可持续发展与环境资源产权

优。优化配置的结果与产权的初始配置无关。以污染治理为例,假定存在两个人的经济,一个是污染者;一个是受污染者。

如果受污染者拥有产权,他有权不受污染。但是,如果他受到的损害能够得到补偿,他也可以忍受一定程度的污染,只要边际补偿额高于他受到的边际损害。对他来说,单位污染物的损害如曲线 OD 所示,即随着环境中污染物数量的增加,则单位污染物产生的边际损害增加。因此,他和污染者谈判的位置沿着 OD 曲线,由 O 向 D 移动。另一方面,污染者愿意为使用环境提供补偿,只要单位污染物的补偿低于他的边际削减成本。污染者的谈判位置沿着污染边际削减成本曲线 CS 由 C 向 S 移动。双方讨价还价的结果在 W 点达到均衡。环境资源优化配置时,环境污染物的数量为 OS_1,S_1S 为污染削减量。

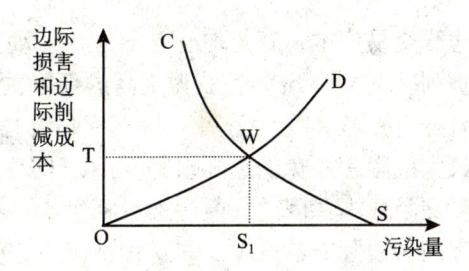

图 4-4 最优环境质量水平的决定

如果污染者拥有产权,他有权污染。在这种情况下,受污染者不得不支付补偿费给污染者,以使他减少污染排放。受污染者的支付意愿取决于他所能够减少的边际损害,因此他讨价还价的位置将沿着边际损害曲线 OD 从 D 向 O 移动。而污染者只有在得到的补偿大于边际削减成本时,才愿意减少污染。污染物的边际削减成本曲线为 SC,污染者的讨价还价的位置沿着污染边际削减成本曲线 SC 由 S 向 C 移动。双方讨价还价的结果同样在 W 点达到均衡。环境资源优化配置时,环境污染物的数量也是 OS_1。

2. 存在交易费用的情形。现实世界中是存在交易费用的，当交易费用不为零时，根据科斯第二定理，产权的界定与明晰，产权结构的适当安排将外部性的内部化，也能够提高资源配置效率，达到帕累托最优状态。因为只要产权界定清晰，交易各方就会力求降低交易费用，优化资源配置。所以，外部性是能够通过私人之间的谈判和达成的契约解决的。继续沿用上例说明。

如果受污染者拥有产权，污染者愿意按照污染边际削减成本曲线 CS 补偿受污染者。在这种情况下，污染者不得不承担边际交易成本。拥有产权的受污染者得到的净交易额，取决于污染者边际削减成本与边际交易成本之差。与没有边际交易成本相比，受污染者得到的补偿减少了。污染者讨价还价的位置从 SC 下移至 TY，二者的垂直距离为边际交易成本，这里假定边际交易成本是常数，故曲线是平行移动的。

由于存在边际交易成本，新的均衡点不是 S_1，而是 V，意味着更多的污染物被削减（VS > S_1S），获得更高的环境质量水平。

如果污染者拥有产权，受污染者不得不支付补偿费给污染者，其支付补偿的最大极限是避免的边际损害（曲线 OD）。但是，他也不得不承担边际交易成本。因此，受污染者补偿给污染者的费用是避免的边际损害减去边际交易成本。在这种情况下，受污染者的曲

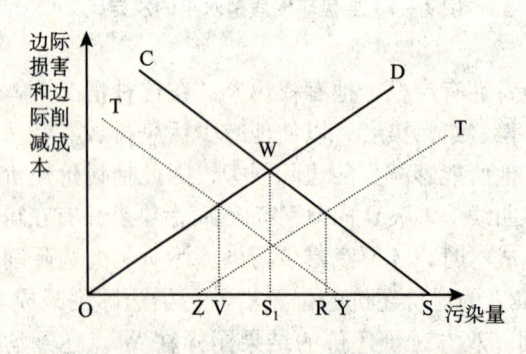

图 4-5 存在交易成本的科斯解决方案

线位置从 OD 下移至 ZT，意味着削减污染物的激励变小（RS < S₁S），因为他得到较少的来自受污染者支付的补偿，环境质量将下降。

3. 技术创新与进步的情形。从技术创新与进步的情形来考察，现代社会产权制度推进可持续发展的途径可简要表达为：资源稀缺程度提高——对提高资源利用效率的技术创新的需求——对保护技术创新的产权制度安排的需求——国家确立产权——导致市场交易——形成价格——产生规模经济——诱发技术创新——引导生产消费——扩大资源基础存量——缓解资源短缺压力。

例如，在环境方面，大气中 CO_2 浓度提高，全球气候变暖和臭氧层的破坏，显示出环境容量资源稀缺程度提高。但是在技术不变的情况下，排污量与生产量是成正比的，人口增长和经济发展必将导致更多的产品需求，因此，通过限制生产量来达到减排的目的是不现实的，要缓解环境容量资源稀缺性不断提高带给人类的生存压力，就必须寻求更有效的治理污染的技术。

但是，技术创新依赖于有效的产权制度的激励和保护。大气、全球气候和臭氧层是共有财产，每个人和企业都可以以零价格消费使用，因此，没有人有动力进行污染治理，因为治理污染总是要花费成本的。此时，即使有污染治理的技术发明，个人和企业也没有积极性去使用，因为使用新技术的收益无法被使用新技术的个人和企业所获取，导致收益外溢。但是当环境容量的产权明晰，环境容量的使用不再是零价格，而是必须付出与环境容量相对价格相符的市场价格时，此时，环境容量的稀缺程度就通过市场价格得以体现。当人们必须付出较高价格来获得排污权时，人们就会努力寻求污染治理的技术。由于污染治理的技术不同，导致不同的排污者之间在污染治理成本上的差别，污染治理成本低的企业可以凭借其较先进的技术在市场中获取较大利润。因此，在环境容量产权明晰的情况下，个人和企业追求利润最大化的目的会推动污染治理技术的不断提高，污染治理成本持续下降，这将促进污染治理技术的普及和推广。

另一方面，环境容量产权明晰也需要一定的技术手段支持，如环境质量监测技术、排污监测技术、信息传递技术。只有能准确地监测环境质量，才能根据环境质量要求来确定环境容量；只有能准确地对企业排污情况进行监测，才能了解企业排污情况；只有建立环境信息系统，才能了解环境质量的改变、掌握企业的排放信息。随着环境容量产权明晰，排污权市场的形成，排污交易的顺利进行，企业会尽可能地寻求更先进的污染治理技术，主动实施超量减排，然后出售排污权以换取更多利润。为了公平交易，也为了保护自己的利益，参加交易的企业会主动提高监测能力，同时也要求其他企业排放信息的准确和可核查，管理部门同样也需要这方面的技术和信息系统进行管理。所以这些技术创新与发明降低了环境容量产权明晰的成本，增加了产权制度创新带来的收益，会大大推动产权制度的演进。

三、产权制度与环境资源市场配置

（一）解决环境资源配置市场失灵的庇古思路

市场调节和政府干预是资源配置的两大手段。过去，人们将环境资源配置效率低所导致的环境责任归于环境资源市场中外部性问题及其产生的市场失灵，因此根据庇古理论，政府定价、政府干预成为环境资源市场资源配置的主要手段。

无论是政府干预还是市场机制，要实现资源的合理配置就必须建立起资源的稀缺性与资源价格之间的联系，只有当资源的现实价格等于其相对价格时，稀缺的资源才能够得到有效的配置。在庇古时代，由于传统价格理论模型中没有发现产权的作用，因此，当价格发生扭曲时，他们归结为外部性所导致的市场失灵。庇古对环境污染提出著名的修正性税收方案，即污染者必须对每单位的污染活

第四章 可持续发展与环境资源产权

动支付税收。税额等于负的外部性活动对其他经济行为者造成的外部边际成本（见图 4-6）。图中 MNPB 为企业的私人边际净收益，MEC 为外部边际成本，T 为税收，Q_M 和 Q_S 分别为征收庇古税前后的最优产量水平，W_M 和 W_S 是对应 Q_M 和 Q_S 的污染水平。通过排污收税（费）制度，污染者（或资源浪费者）将负的外部效应内在化，从而恢复帕累托最优。显然，这是一种政府为环境资源定价的方式。尽管它是一种经济手段，但由于是政府定价，因此，它是一种政府干预实现环境资源配置的方式。

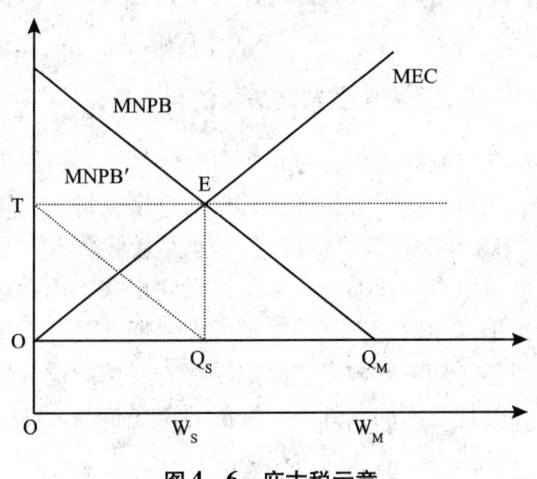

图 4-6 庇古税示意

排污收费是由政府给污染物的排放确定价格，然后根据企业排放数量和质量征收费用。最优庇古税的征收标准是：当污染物的排放量达到最优污染水平时，政府征收的排污费正好等于厂商的边际私人纯收益。但最优庇古税的规定，需要了解企业的边际外部成本曲线和边际私人纯收益曲线，政府往往难以得到企业的这类信息。首先，边际外部成本是一个从污染的物理性损害转换为人们对这种损害的反应和感受，并用货币价值来计量的过程。这一过程至少包括以下几个环节的转换：企业生产产品——生产排放一定剂量的污染物——污染物长期在环境中集聚——污染物对人们的损害——人们对污染物的反应——这些危害的货币成本。这些环节的转换不仅复杂，而且涉及不同利益集团的不同观点，因此企业外部边际成本难以准确确定。另外，企业没有激励向政府部门提供私人边际曲线的信息，面对众多企业，政府要收集每一个企业的净收益信息所耗费的成本是难以想像的，因此由于信息不对称，政府很难确定最优的排污收费标准。

但是，无论政府给环境资源定的价格是否合理，有价格比零价格是一种进步。

（二）解决环境资源配置市场失灵的科斯思路

科斯理论在批判庇古理论过程中对市场理论进行了完善，通过将产权变量引入市场价格分析体系，更加严密精辟地论证了市场配置资源的合理性和有效性。传统经济学认为，稀缺资源进入市场后，其稀缺性可以自动地通过市场价格反映出来。因此在传统经济学中，市场价格与相对价格是同义词。而科斯认为，在市场中交换的是资源的产权，如果资源产权界定不清，必然影响到资源的市场价格。只有在产权清晰的条件下，资源的市场价格才能有效地反映其稀缺程度，才能等于其相对价格。

排污权交易是科斯理论在环境经济领域的实际应用。

排污权交易的主要思想是：建立合法的污染排放权利，这种权利通常以排污许可证的形式出现，并允许这种权利像商品那样进行买卖，以此来进行污染物的排放控制。具体操作是：先由政府部门确定出一定区域的环境质量目标，据此评估该区域的环境容量以及污染物的最大允许排放量；然后通过发放许可证的办法实现排放量在不同污染源之间的分配；再建立污染权交易市场，使这种由许可证代表的排污权能合理的买卖。在污染源之间存在治理成本差异的情况下，治理成本较低的企业可以削减更多的污染物，将剩余的排污权卖给治理污染成本较高的企业；治理污染成本较高的企业则通过购买排污权实现少治理，多排放。市场交易使排污权从治理成本低的污染企业流向治理成本高的污染企业。

排污权是市场定价制度，而市场确定价格的过程就是资源优化配置的过程。由于市场交易的主体是排污权的所有者，他们交易的动机是利益最大化。在竞争的市场上有许多的买者和卖者，买者的报价和卖者的出价在多次重复博弈后逐渐向相对价格靠近，正是在重复多次的选择中，稀缺的环境容量在市场经济机制下得到优化配置。

根据比较优势理论，通过市场生产和出售自己具有比较优势的产品或劳务，购买自己不具有比较优势的产品或劳务，买卖双方都获益。在排污权交易中，比较优势来源于对控污技术的创新和运用。技术的发展需要规模经济，因为污染控制投资在技术上往往是具有整体性和不可分割性。要减少一个单位的污染，往往需要增加一笔大的投资；控污设备一旦投入使用，不仅可以处理增加的单位污染，而且可以处理很多单位的污染，直至达到该设备的极限。因此污染控制投资收益的保证是需要一定污染处理规模的。达不到一定规模，就会因污染控制成本过高而无利可图。当排污权不可交易时，潜在的控污需求是分散的，很多企业在达不到既定规模的情况下，宁愿付排污费而不愿控污。然而一旦排污权可以交易，就意味着潜在的控污需求可以通过排污权交易而集中。大规模市场需求的形成是激励技术创新的重要因素，同时技术创新又将导致边际污染治理成本的持续下降，进而将导致市场需求规模的进一步扩大，这将进一步刺激技术创新。这种技术创新与规模扩大的互动循环，将导致边际污染治理成本越来越低，意味着环境资源供给的增加。目前我国逐渐出现的许多专业脱硫环保公司，就是实行排污权交易的结果。

第三节 资源与环境产权制度模式与创新

一、自然资源与环境产权制度模式

(一) 产权制度结构

产权制度结构可大致分为：正式的制度安排，非正式的制度安排和产权制度实施机制。

在自然资源产权上，最初只存在非正式的产权界定，也是公共产权的界定。但是随着公共财产使用价值的增加，个人会采取各种办法去获取使用公共财产产生的利益，造成公共财产的过度使用，使个人的收益率与社会收益率不一致。这时需要建立正式的产权制度以弥补非正式产权制度的不足。有效率的资源环境产权是一束权利集，是一套科学可行的权利组合。因此国家的资源与环境的产权制度不可能是单一结构与安排。

自然资源产权包括所有权和开发使用权。其中资源所有权直接反映了一个国家自然资源所有制形式，最集中体现自然资源产权的价值倾向和产权安排效率，是国家资源产权制度的核心内容，决定自然资源可否交易、交易范围与程度、交易成本大小等。自然资源的公共所有权制度在世界各国资源产权制度中具有一定地位。一般来说，自由资源公共产权的保有量与一国自然资源禀赋、价值观念和政治理念关系密切。但是，由于自然资源作为共有资源在消费上的非排他性和竞争性，容易带来过度使用和浪费。这一点已经被实践反复证明。为了实现自然资源有效率的开发，国家一般将部分自然资源开发使用权卖给厂商，将公共产权转变为可交易产权，如在土地的所有权与使用权分开基础上进行土地使用权的交易。

市场运营是产权的实现方式。市场经济的制度安排实质上是产权制度安排。市场经济主要是通过资源商品化、市场定价、市场交易使资源产权得以体现。资源作为商品由市场定价，上市交易，交易的对象不仅仅是资源商品，而是其背后的权利，是产权的交易。

（二）自然资源与环境产权制度模式

研究各国的资源产权制度，自然资源的产权有以下几种模式：

1. 英国模式——自然资源属于国家或国王所有，由私人以多种形式使用，且使用期最长的达几百年。这种模式的特点是私人获得的使用权期限较长，一般在50年以上。

2. 俄罗斯模式——大部分自然资源属于国家所有，但是允许地方政府和私人拥有少量自然资源。

3. 德国模式——除了水资源、森林资源等因资源自身特点实行以公有产权制度之外，大部分自然资源以私有产权为主，同时国家对私有产权人行使产权行为实行严格的限制。

环境与资源不同，资源可以是私人物品，厂商对其进行投资可带来直接的资本增加和利润增殖。环境则是公共物品，难以直接刺激厂商投资。在市场经济下，资源产权市场容易建立，环境产权市场却不易建立。所谓环境产权是指环境权和污染权的需求和供给，可以采取政府公共产权与厂商交易产权相结合的双重结构，公共产权实现环境的供给和生产，交易产权实现环境的消费，建立产权交易市场，形成对厂商的刺激。环境产权市场一般分为两个层次，第一层次是环境权与污染权的交易层，这是作为公共物品所有权代表的政府或政府托管人与污染者厂商之间进行的付费许可污染权的交易。第二层次是污染权与污染权的交易层。这是污染权人之间进行的产权交易。

二、我国自然资源与环境产权制度创新

（一）我国自然资源与环境产权制度的现状

对排污权交易结果的考察说明，只要对产生外部性的权利明确界定，市场交易就能解决外部性问题。

产权是指由物的存在及关于它们的使用所引起的人们之间相互认可的行为关系，是市场制度的核心与灵魂，其重要性在于它们能帮助一个人形成他与其他人进行交易时的合理预期，从而塑造一个人的行为。但是，产权有效发挥作用的前提是其本身必须是确定的和完整的。产权约束的两个重要成分是产权的排他性和可让渡性。排他性是决定谁拥有在一种特定方式下使用一种稀缺资源的权利，它给人们提供了自我效用最大化的激励；可让渡性则是产权主体将产权再度安排给其他人的权利，使得将产权配置到最有价值的地方成为可能。产权的模糊及不完整会导致产权作用的削弱，会影响所有者使用资产的预期，也会影响资产对所有者及其他人的价值以及产权的交易形成，从而影响整个社会的资源配置效率。然而我国的资源产权制度与环境产权制度，却存在严重的模糊与不完整。这些具体表现在：

1. 我国自然资源产权制度现状。我国的自然资源产权制度创设于20世纪80年代，当时我国经济体制仍处于计划经济的羁绊之下，作为那个时代的自然资源法律也仅仅是对计划经济时代自然资源行政化管理的法制化而已。在今天社会主义市场经济条件下，产权的排他性与可让渡性暴露出如下严重的缺陷：（1）资源产权的非排他性。根据我国宪法及自然资源法律的规定，所有自然资源均归国家及集体所有。从理论上讲，这种公有产权也具有排他性。但由于缺乏具体的资源产权主体代表，在制度上没有明确中央政府、地方政府、部门以及所在地居民的权利义务，因此，在实际上国家和

集体的所有权已被部门所有、地方所有、社会所有和个人所有这样一种非正规的资源所有权体系所取代。结果形成了众多资源利用利益分配上的矛盾，导致各种开发者，包括部门、地方、团体及个人，为争夺资源开发权益而不顾自然资源持续利用的掠夺式开发局面，导致了严重的资源浪费及生态破坏。(2) 在资源产权让渡方面的弊端。由于资源的公有性及所有权与使用权的分离，资源使用权的初次分配掌握在行政管理部门手中，成了行政权的附庸，丧失了产权应有的激励作用，沦为某些行政部门设租和寻租的工具，严重扭曲了资源的配置。我国的资源使用权大多被限制或禁止流转，从而封锁了一条通向资源有效利用的道路。少数可以让渡的产权（如土地使用权、探矿权、采矿权）又由于缺乏相应的保障措施及不合理的价格体系，而导致了资源的滥用和过度开采，引发了众多的生态问题。

2. 我国的环境产权状况。随着经济的高度发展及环境的经济价值的提高，环境的净化能力及优美的环境已成了一种稀缺的资源，需要相应的产权制度来约束和引导人们的相关行为，以促进环境资源的有效利用。但我国至今还没有国家一级的环境产权立法。环境在我国是一种共有物，任何人都可以任意地取用，不具有排他性。在人们贪婪的逐利心理的驱使下，出现了环境版的"公地悲剧"，环境为短视的人类所践踏，蓝天白云，碧水青山，逐渐淡出人们的视线。

（二）我国自然资源与环境产权制度的构建

我国自然资源与环境产权制度的构建的主要目标是在可持续发展思想的指导下，以完善的产权制度、价格机制及交易规则，将环境的外部性合理地内部化，降低交易成本，使市场机制对人们的行为能形成合理的激励，引导人们合理地使用有限的资源及环境。

实现上述目标的第一步是强化产权约束，因为完善的产权制度是市场良性运作的前提。遵循这个思路完善我国的资源及环境产权，首先，要完善自然资源所有权的排他性。我国的自然资源所有权是公有的，公有资源产权的主要问题在于它的非排他性，即所有者及其代理人之间的权责不明。我们所应努力的方向是明晰和强化资源的所有者及其各级代理人之间的权利与义务，以使他们各司其职，避免所有权主体的虚设。其次，要完善资源使用权的初次分配。公有资源产权的另一个主要问题在于它的不可让渡性。在资源产权不可让渡的情况下，可以通过资源使用权的让渡，打开通向资源有效配置之门。据科斯定理，在不考虑交易费用及收入效应的情况下，只要可以自由交易，产权的初始分配并不影响资源的配置效率。但我国资源交易管制较严，交易费用高昂，产权的初始配置对资源的配置效率具有很大的影响。为此，我们应尽快建立和完善资源使用权的初级配置市场，严格按市场化运作，将资源产权从资源管理部门行政权的束缚中解放出来，恢复其经济激励作用，以使资源达到优化配置。再次，要完善资源的使用权制度。我国资源使用权制度的主要缺陷在于缺乏让渡性，许多资源的使用权是不可转让的，少数可转让的使用权又多有"不得以谋利为目的"等限制，这显然有违产权制度的创设初衷。产权创设的初衷是为了促进物的有效利用及流转，而不是仅仅为了规定物的归属。使用权作为用益物权更是为了物尽其用而设的，而物找到其最佳位置的前提便是产权的可让渡性。为此，我们必须开放和完善资源的二级市场，解除资源产权流转的限制，让资源在自由的市场上找寻自己的最佳位置。最后，要尽快创设、完善环境产权制度。我国目前国家一级的环境产权立法仍是一片空白，而环境的稀缺性越来越大，供需严重失衡，急需相应的产权制度来引导人们的行为。环境产权主要有两类，一是环境容量的使用权，即排污权；二是享受优美环境的权利。我国虽然普遍实行排污收费制度，却没有建立真正意义上的排污权交易制度，只有少数地方，如上海用地方法规的形式确定了这种制度。排污权是与总量控制、区域治理相联系的一套制度，其表现形式一般是可转让的排污许可证。同时，也应尽快从法律上确认公民的环境权，使环境保护工作具有深厚的民众基础及动力。权利是历史发展的产物，在优美的环境日益稀缺的今天，基于人的尊严及福利之考虑，对公民环境权的确认已属必要。

第五章

可持续发展与环境资源定价

第一节 环境资源定价与可持续发展的关系

一、我国目前资源、环境价格格局及其弊端

我国目前资源、环境价格格局可以这样加以概括:"产品高价,资源低价,环境无价"。这种不合理的价格格局很大程度上是现行制度安排的结果,产权的模糊及后面将论及的市场的缺位都是其重要成因,此外还有一些更直接的原因:(1)资源低价的原因。价格的基础是价值,要为自然资源确定恰当的价格,必须认清其价值构成。资源在人类社会中以两种方式发生着作用,一是作为直接的生产、生活资料,二是维系人类活动的必要外部条件——环境的构成要素。故资源的价值包括两部分,即经济价值和生态价值。作为以价值为基础的价格必须全面反映资源的这两部分价值,才能使自然资源的配置达到帕累托最优状态。自然资源的经济价值包括两个部分,一是自然资源自身的经济价值,二是自然资源的开采成本。而我国的价格制度只承认自然资源的开发、利用成本,不承认自然资

源天然的自身经济价值及生态价值。这是我国资源低价的最直接原因。
(2) 排污收费制的局限。由于长期以来,在人们的认识中环境始终是无价的,只是由于排污收费制的存在,客观上使环境具有了一定的价格。但是,排污收费制创设的初衷并不是出于对环境生态价值的承认,而是为了补偿治污资金的需要。同时,尽管排污收费制度对污染防治工作做出了巨大的贡献,但其众多的局限仍是我们所不能忽视的。首先,排污收费实行的是欠量的环境补偿形式,无法将外部性完全内在化。其次,排污费实行补助原则,环保部门征收的排污费的 80% 要返回原企业治理污染,但由于没有相应的约束机制,排污费被挪作他用的问题时有发生。最后,造成污染的原因有生产方面的,也有消费方面的,而排污收费制忽视了消费活动对环境的污染。

综上所述,无论是资源的价格还是环境的价格都大大低于应达到的水平,无法将外部性完全内在化,使价格这一社会财富配置导航器偏离了其正确的方向。

二、资源环境定价的意义

作为国民财富组成部分的人造资本、自然资本、人力资本是人类社会经济系统运行必不可少的资源,由于它们的稀缺性,必须使之得到合理的配置,并对其消耗实现必要的补偿,这是保证人类经济社会可持续发展的基础。在市场经济条件下,资源消耗的衡量与补偿是通过市场与市场价格实现的,也就是通过资源市场定价和价值的交换来实现。事实上,在商品价格的链条上,自然资源和人力资本的价格决定了人造商品的价格,并由此影响人类的生产、消费和交换等一系列活动。

可见,正确地进行环境与资源定价,可以正确地引导人类经济活动,在保证资源的可持续供给,实现可持续发展方面具有重大作用,主要表现在:

1. 正确地进行环境与资源定价是进行环境保护措施费用效益分析和建设项目环境影响评价的基础。过去，环保措施的费用效益分析，大多不考虑环境质量价值损失和增值，其结果是不完全的。现在，应该在费用项中加入环境质量损失，而在效益项中加入因采取环保措施而避免了的环境污染损失（因为避免了的损失就相当于获得的效益）。

2. 正确地进行环境与资源定价是环境资产计量和评估的基础。环境资源作为一种自然资产和财富，已日益为人们所认识，国家资产管理部门已将自然资源作为一种资源资产纳入管理范围，国民财富的核算也将从只核算固定资产和流动资产而新增加一项资源资产或环境资产。随着社会主义市场经济体制的逐步建立，环境资源资产的出租、转让等交易活动会越来越多。因此，充分考虑和科学计量环境资产价值，将会成为一项非常受欢迎的业务。

3. 正确地进行环境与资源定价是环境管理工作的基础。在环境管理工作中，环境价值具有重要作用。在市场经济下，环境保护的公益性与市场经济利益主体多元化和企业追求自身利益最大化的倾向有一定的矛盾，市场经济对环境保护有有利的一面，也有不利的一面。市场机制主要包括价值决定机制，利益激励机制，供求调节机制和竞争淘汰机制，应该充分发挥这些机制的积极作用，避免它们的消极影响，关键是在运用这些机制时要充分考虑环境价值的因素。环境管理作为政府职能，也要更多地通过经济手段和法律手段加以实现，这就要求价格和定价政策以及确定环境税费的标准要考虑环境价值的因素。

4. 正确地进行环境与资源定价是科学制定环境保护计划的基础。现在，我国的环保计划主要是通过一些环保项目及投资列入国家的经济和社会发展计划，而列入计划的一些环保目标仅是实物的绝对量指标和相对量指标，除投资外没有价值量指标，严格地说，环境与经济仍然处于"两张皮"的脱节状态，很不利于环境与经济的协调、持续发展。

5. 正确地进行环境与资源定价是将环境核算纳入国民经济核算体系的基础，是实施可持续发展战略的重大措施。这个问题在国际社会已形成共识，并列入许多重要文件之中。《中国 21 世纪议程》和《中国环境保护 21 世纪议程》也将其列为重要内容和优先项目。要进行环境核算，最重要的是在实物量核算的基础上进行价值量核算，包括有形的资源价值量和无形的生态价值量的核算。

6. 正确地进行环境与资源定价有助于建立环境保护的信息支持系统。环境污染、生态破坏和资源耗竭等问题，都可以通过其价值量的形式，在国民经济总量指标中得到反映。这就要求环境保护的信息支持系统，在污染系统、生态系统和资源系统增设基层、中层和高层及与国民经济接口的环境价值量指标，并给出每项具体指标的测算方法，以利实际操作。

7. 正确地进行环境与资源定价有利于深化我国价格改革。随着我国加入世界贸易组织，国内市场价格需要逐步和国际市场价格接轨。国际市场价格的形成越来越多地考虑环境因素，所以，我国也应尽早考虑按照资源产品即原料的价格，等于其边际机会成本，或等于其边际生产成本加边际耗竭成本再加边际环境成本的思路，对价格形成机制进行调整。

然而，正确地进行资源与环境定价的前提是资源环境的价值研究。只有通过研究，揭示资源环境的价值内涵和基础，才能为资源环境的科学定价提供基础和依据。

第二节　资源与环境的价值内涵与构成

一、资源与环境的价值内涵

1. 价值哲学视角的资源环境价值。从本质上说，价值是一个哲学范畴。以哲学观点看待价值，它是指客体与主体之间需要与满足需要的关系，即主体有某种需要，而客体能够满足这种需要，那么，对主体来说，这个客体就是有价值的。而主体需要的满足就是客体价值的实现。所以，价值是客体对主体的效应。那么，根据价值哲学的思维方式，毫无疑问，自然资源与环境是具有价值的。

首先，根据价值哲学中的价值概念即客体对主体所具有的意义，这种意义主要表现为客体能够满足主体需要的某种功能或效用。满足的程度越高，价值就越高。对资源环境与人的关系而言，环境资源是客体，人类是主体，环境资源具有满足人类生存、发展和享受需要的功效。因此，对人类来说，它是有价值的，值得指出的是，环境资源的这种功效既可以通过生产过程而获得，也可以直接进入消费过程而产生。

其次，环境资源是社会发展的物质基础，能够给人类带来收益，同时，它又是污染物的受纳体，通过净化、再生，不断为人类提供适宜的生产、生活场所。既具有经济价值，又具有生态价值。所以，对于人类社会整体而言，环境资源是真实财富的一部分。值得指出的是，传统上常把环境资源理解为人类所需的生产资料和生活资料，而忽视了环境资源的后一种价值。随着废弃物的无节制排放，环境资源的价值正在不断受到损害，甚至丧失。对此，人们不应该再熟视无睹了。

第三，环境资源是有限的，即稀缺性，因此必须实行有偿使用。正因为环境资源的有用性、有益性和稀缺性，使其具备了参与市场交换的必要性和可能性。随着环境资源的不断消耗，环境资源的稀缺性表现得越来越突出，因而在其开发利用过程中所消耗的人力、物力和财力亦越来越多，其价值也必将越来越大。这里需要指出的是，人类不仅应从当代人利益角度而且应从后代人的长远利益角度考虑环境资源的价值。有些环境资源在当代可能不表现出稀缺性，但从长远来看则可能会成为稀缺性的东西，因此在制定这些环境资源的价格时应给予充分的可持续性意义上的权重。

由此可见，从功效论、财富论和稀缺性理论的角度完全可以说明价值哲学中的环境资源是有价值的。价值取决于它的有用性、有益性和稀缺性，对这一点的充分理解，将有助于在当前的市场经济条件下更好地运用价值规律管理环境资源，从而实现持续利用之目的。

2. 环境哲学视角中的环境价值。以上的讨论，虽然比传统的价值观念前进了一步，但所谓的"环境价值"，毕竟只是从人类的立场、角度和功利出发提出来的问题，表明的只是环境与人类之间的一种关系。从环境哲学的视角看，这样的讨论显然是有缺陷的，是狭隘的，反映的只是人类中心主义的价值观点。环境哲学主张，为了更加全面地认识、评价环境的价值，必须放弃任何"只顾人类"的哲学，改变人类中心主义价值观，以地球生物圈或地球生命支持系统的健康和完善为参照系，评价人类与其他生物的相互关系，其中包括价值关系，是环境哲学的理论内容之一。换言之，环境哲学要改变以往以人的利益为参考系的原点，使价值的概念扩展到其他生物和整个自然界。因而在环境哲学的视野中，凡是满足人类和其他生物生存与发展以及保持生物圈的完善和健康的显在和潜在的事物，都是有价值的。尽管环境哲学不否认环境资源的经济价值，但更侧重于揭示它多样的内在价值。例如，自然的科学价值、美学价值、基因多样性价值、历史价值、文化符号价值、生命价值、哲学和宗教价值等。

二、资源与环境价值的构成

资源环境总价值（TEV）分为：使用价值（UV）、非使用价值（NUV）。使用价值又分为：直接使用价值（DUV）、间接使用价值（IUV）和选择价值（OV）；非使用价值又分为存在价值（EV）和遗传价值（BV）。公式表达式为：TEV = UV + NUV = (DUV + IUV + OV) + (EV + BV)。其中：

1. 直接使用价值——自然资源可以直接用于生产和消费过程

的经济价值。其中有的可以通过市场直接测算。如木材、干果等的市场价格；有的不易测算，如药用植物。其市场收购价可以作为一个参考值，但是其价值可能超出市场收购价，一般通过市场或调查手段，直接使用价值可以测算出来，尽管不十分精确。

2. 间接使用价值——由于环境所具有的调节功能、载体功能和信息功能而形成的潜在价值，体现为间接使用价值。例如，森林所提供的防护、减灾、净化、涵养水源等生态价值。森林的这种功能对人类都是不可缺少的效用，但是它不是直接参与生产过程或消费过程，不直接在市场上交换，其价值是间接地表现出来。

3. 选择价值——人们为了保存或保护某一自然资源，以便将来做各种用途所表现的价值。它所衡量的是未来的直接与间接的使用价值。例如，一片森林一旦被毁掉开发为城市或工矿用地，那么，它在将来就不能用于其他用途了，在这一意义上说，选择价值类似于保险溢价，确保在未来不确定的情况下森林的供给。虽然人们很难确切地知道，开发这片森林的选择价值大于零，但是这种可能性是存在的，尤其是现代社会，人们对环境质量的需求不断增加，而其供给却受到毁林的影响。因此选择价值的特点在于一种资源不是现在使用，而是留在将来使用，它类似为保证一种资源的供应和使用所支付的保险金。

4. 遗传价值——为后代保留自然资源使用价值和非使用价值的价值。是当代人为使某种资源能够保留给子孙后代而自愿支付的价值。体现了当代人希望他们的子女或后代可从某种资源的存在中得到利益。该价值反映了代际公平的思想，考虑了子孙后代对自然资源拥有的使用权。由于遗传价值涉及后代人的使用，因此有人认为应归于选择价值。

5. 存在价值——独立于人之需要的生存权利，是与人们对资源的利用无关的价值，也是人们为某一环境资源的存在而愿意支付的价值。人类倾向根据自己的处境和需要从人类利益角度解释环境的存在价值。如人类中心主义就主张，我们对自然界的道德义务，归根于人类各成员和相互间应承担的义务,也即源于人类利益,源于环境对人类的直接、间接的使用价值和潜在价值。与此相反,自然中心主义则认为,人类对自然尽道义上的责任和义务,不是为了人类,而是为了自然自身的、与人类不相干的存在价值。

表 5-1　　　　　　　　热带雨林的总价值

总价值	使用价值	直接使用价值	木材、果产品、药材、旅游、植物基因、教育、人类生境
		间接使用价值	养分循环、水分涵养、吸收 CO_2、森林微气候
		选择价值	未来直接间接的用途
	非使用价值	遗传价值	子女或后代可从资源的存在中得到利益
		存在价值	天赋的独立于人之需要而存在的权利

三、资源与环境定价的方法论

(一)实物型自然资源定价方法

1. 收益现值法。收益现值法是针对地下资源等自然资产进行估价的方法之一。其思路是:给定的地下资源是其所有者的一笔资产,如果开采利用,其所有者便将这笔资产在市场上转化为资本;如果现在不开采利用而留待若干年后开采,只要资源价格的市场变化率和市场利率相同,那么,这些地下资源的市场增值率和在市场上转化为资产的市场增值率是一样的。所以,地下资源的价值应该是其未来开采利用,在市场上转化为资产的价值的各年的现值总和。估价模型为:

$$V = \sum_{t=0}^{T} \frac{S_t - C_t - R_t}{(1+r)^t} \qquad (5-1)$$

其中,V 为资源资产价值;T 为预计开采年限;St 为第 t 年销售额;Ct 为第 t 年的预期生产成本;Rt 为第 t 年投资资本的正常回报;r 为适用收益率或折现率。

2. 净价格法。净价格法也是对地下资源等实物供给型资源估价的方法之一。它对于资源价值的界定与现值法相同,不同之处在于,这种方法认为,已经探明的矿产资源,无论是当年开采,还是未来开采,都应该具有相同的内在价值。不能因为人为开采能力的限制,或者对产量的限制,而影响矿产资源的价值。因此,不需要对未来开采的矿产资源价值进行贴现。估价模型为:

$$V = \frac{S_t - C_t - R_t}{Q_t} \sum Q_t \qquad (5-2)$$

其中,S_t、C_t、R_t 分别表示资源资产在 t 期的销售收入、生产成本、投资资本的正常利润及风险收益;Q_t 为 t 期资源开采量;$\sum Q_t$ 为核算范围内资源预计开采总量。

3. 影子价格法。影子价格是针对现行市场价格存在的缺陷,为了实现合理分配稀缺资源而提出的一种理论价格。在西方称为"效率价格",是 20 世纪 50 年代,由荷兰数理经济学家、计量经济学家詹恩·丁伯根提出的。他认为,影子价格是以资源有限性为出发点,以资源充分合理分配并有效利用作为核心,以最大经济效益为目标的一种测算价格。其定价原则是,综合反映产品价值,反映市场供求状况,反映资源稀缺程度;使资源配置朝着优化的方向发展。其本质是有限资源在最优分配、合理利用下,对社会目标的边际贡献。所以,影子价格可以理解为边际价格,反映资源利用边际产出的经济效果,从市场角度看,其表现为供求价格。根据上述分析,在完全竞争的市场条件下,商品的影子价格等于市场价格。

影子价格的获得有多种途径,最常用的方法有:①求解线性规划。资源的最优配置可以转化为一个线性规划问题。其对偶规划的最优解就是影子价格。②以国内市场价格为基础进行调整。主要剔除的是价格偏离价值的各种因素。③以国际市场价格为基础进行确定。国际市场一般比较接近完全竞争的市场,其价格主要是在市场竞争中形成的,可以较好地反映商品价值。

4. 机会成本法。所谓机会成本(MOC),是指在其他条件相同,把一种资源用于某种用途时所放弃的另一种用途可能获得的收入。用机会成本来确定自然资源价格，包括了两方面的含义：一方面，它意味着将一部分利润（至少是生产者从生产中——无论何种类型——得到的正常利润）计入成本中；另一方面，由于自然资源（特别是质量和开采条件都比较好的自然资源）具有实物意义上的稀缺性，某一经济当事人使用了某一资源，其他经济当事人就丧失了利用同一资源获取纯收益的机会，现在使用了某一资源，就意味着丧失了今后利用同一资源获取纯收益的机会，所以，机会成本也意味着必须将所放弃的机会可能带来的纯收益计入成本中。

所谓边际是指数学中的增量比。边际分析研究的是自变量发生单位变动时，因变量相应的变动。任何商品和劳务的机会成本都不是一个常量。就自然资源而论，其机会成本不仅随着产量的变化而变化，而且还随着自然资源稀缺程度的变化而变化。随着时间的推移，自然资源的单位机会成本通常是逐步增加的。因此，自然资源的价格不是由其平均机会成本，而是由其边际机会成本来决定。

有关边际机会成本的说明和解释表明，对于自然资源来说，其边际机会成本不仅包括了生产者收获自然资源所花费的财务成本，而且还包括了生产者从事生产所应该得到的利润，包括了因收获自然资源对他人、社会和未来造成的损失，并反映了自然资源稀缺程度变化的影响。换句话说，自然资源的边际机会成本从理论上反映了收获一单位自然资源时全社会（包括生产者）所付出的全部代价。正是因为如此，所以，自然资源的价格应该等于其边际机会成本。

边际机会成本由边际生产成本（MPC）、边际使用成本（MUC）和边际外部成本（MEC）三部分组成。根据边际成本理论，自然资源的价格应该等于边际成本（MOC）。用公式表示：

$$P = MOC = MPC + MUC + MEC$$

边际生产成本是指收获自然资源的培育、勘探、开采成本。边际生产成本可以分成短期边际生产成本和长期边际生产成本。短期边际生产成本只包括可变成本,长期边际生产成本涉及全部成本。

边际使用成本是指以某种方式使用一种自然资源所放弃的以其他方式利用该种资源可能获得的最大收益。同时,由于自然资源是有限的,由于今天的使用,使未来其他使用者无法使用所造成的损失。在历史上,边际使用者成本也被称做矿区使用费、租金或资源租金、资源耗用费等。

边际外部成本是指使用资源对环境生态所造成的损失。边际外部成本的高低,不仅取决于受害者受到的损失的大小,还取决于受害者对这些损失的评价。一般利用消费者的支付意愿和接受补偿的意愿计算边际外部成本。

(二)生态型自然资源估价方法

生态型自然资源是指自然资源具有保护生态环境、防治生态环境恶化方面的功能。

在市场经济中,价值通过价格表现出来,价值是价格的内在实体。在现实世界中,自然资源的功能属性还未能全部进入市场,不是所有自然资源与环境因素的价值都有市场价格表现。因此自然资源与环境因素被分为两部分:一部分是可以通过市场交换表现为价格的;另一部分则是还不能用市场价格加以表现的。面对这种现实,在为自然资源定价时必须采用不同的方法。

对于可以直接通过市场交换表现为价格的资源与环境要素,可以采用直接市场估价法定价,如直接利用自然资源的市场价格,或用恢复费用法(又称重置成本法)和影子项目法。这类方法被称为直接市场评价法。

对于没有进入市场,还不能用市场价格加以表现的资源和环境因素,如环境容量(指自然环境容纳、储存和净化生产和生活中产生的固体、液体和气体废弃物的功能)的定价,可采用间接的方法,这就是隐含市场估价法和假想市场估价法,也被称为揭示偏好法和陈述偏好法。

第五章 可持续发展与环境资源定价

隐含市场估价法或揭示偏好法的思路是：除资源环境以外的其他商品或服务市场是较为完善的。在这些商品和服务的价格中，间接包含着生产者和消费者对相应的自然资源的评价，相当于在其他商品和服务市场隐含着一个自然资源市场，因此，可以利用它们的价格来间接地反映自然资源的价值。但是由于这些商品和服务的价格是由包括自然资源在内的许多因素共同确定的，因此在实际测算中，一个主要的困难是如何排除其他因素干扰。除此之外，如果其他商品或服务的价格对环境因素不敏感，则据此方法衡量出的自然资源价值也会偏低。

对那些难以用市场价格来直接衡量，甚至连隐性市场也难以找到，既无法用直接市场法估价，又无法用间接市场法估价的自然资源，可采用假想市场估价法或陈述偏好法定价，即通过人为虚拟市场来衡量自然资源的价值，阳光、清洁的空气、动植物的保护等，就是以此方法定价。其主要途径是对消费者进行直接调查，估计消费者对自然资源的支付意愿或者对预计的自然资源耗减接受赔偿的意愿来度量自然资源的价值。这类方法应用的范围较广，凡是不能通过其他方法进行定价的自然资源，都可以采用该方法。这类方法的主要问题是，其虚拟性会出现策略性偏倚、资料偏倚、手段偏倚和假想偏倚等。此外，这种方法的实施需要花费的时间、金钱和人力较多，影响其普遍应用。

但是，必须指出，即使我们认识到并承认自然资源是有价值的，而且发展出一系列方法对自然资源进行定价，对自然资源及环境因素进行估价还是有许多困难的，主要是：

首先，我们仍然无法避免自然资源市场的不完善。自然资源市场不完善使自然资源供求双方所获得的信息都是不完全、不准确的，供求平衡点所确定的自然资源价格往往不能正确反映自然资源的真实价值。

其次，一种自然资源往往同时提供几种有价值的功能，这些功能或互相促进或互相排斥。这与普通市场商品价值内容的单一性有本质区别，给人们对自然资源价值的衡量造成困难。

最后，自然资源与经济之间关系是复杂的，人们自身经济活动给自然带来的影响的认识需要一个过程，自然资源环境变化具有不可逆转性，造成自然资源价值的未来不确定性，也是自然资源估价的一个困难。

因此，对自然资源与环境要素的估价方法并不完善，需要在实践中不断探索、修正。

第三节 环境损害与效益的价值评估方法

一、直接市场评价法

直接市场评价法把环境质量看做是一个生产要素。环境质量的变化会进而导致生产率和生产成本的变化，从而导致产品价格和产出水平的变化，而价格和产出的变化是可以观察到并且是可测量的。市场评价法利用市场价格（如果市场价格不能准确反映产品或服务的稀缺特征，则要通过影子价格进行调整），赋予环境损害（环境成本）以价值或评价环境改善所带来的效益。

直接市场法主要利用下面的方法对环境损害或效益进行价值评估。

1. 剂量—反应方法。剂量—反应法（Dose-Response Technique）是通过一定的手段评估环境变化给受者造成影响的物理效果。例如，空气污染造成的材料腐蚀，酸雨带来的农作物产量的变化，水和空气污染对人体健康的影响等。剂量—反应法的目的在于建立环境损害（反应）和造成损害的原因之间的关系，评价在一定的污染水平下，产品或服务产出的变化，并进而通过市场价格（或影子价格）对这种产出的变化进行价值评估。剂量—反应法为其他的直接市场评价法提供信息和数据基础,特别是它将提供环境质量的边际变化与受影响的产品或服务产出的边际变化之间的关系。

我们可以从多个渠道获得环境变化所造成的物理效果的有关数据:

①实验室或实地研究。例如,观察水污染对种植业的影响,过度捕鱼对鱼类种群的影响,空气污染对农作物的影响以及对材料的腐蚀程度。

②受控试验。在这类实验中,故意造成有关的剂量—反应关系。例如,在侵蚀程度不同的土地上进行农学实验,定量估计侵蚀对谷物产量的影响;将动物暴露于空气污染中,观察对动物的影响;通过将控制组群作为基准,观察受到影响与未受到影响的受体之间的差异等。

③由于直接对人进行实验会招致各种反对意见,因此,通常采用统计回归技术试图将某种影响与其他影响分离开,这在健康影响研究中较为常见。

④根据实际生活中大量的信息,建立各种关系模型。例如,根据坡度、降雨量、土壤类型以及管理方式和作物种类等建立土壤侵蚀方程,预测土壤侵蚀的影响。通常可以采用土壤侵蚀方程中的一些变量,进一步建立土壤侵蚀与产量之间的关系。

这种方法主要用于评估环境变化对市场产品或服务的影响,因此,它不适用于对非使用价值的评估。

2. 生产率变动法。生产率变动法(Changes In Productivity Approach)或称生产效应法(Effect On Production Approach),主要是通过环境变化引起的产量、成本和利润的变化来评估环境变化的价值。

生产率变动法的基本步骤是:

(1)估计环境变化对受者(财产、机器设备或者人等)造成影响的物理效果和范围:例如,SO_2 的大量排放所造成的后果之一是导致酸雨频发,受影响的区域有 $100hm^2$。

(2) 估计该影响对成本或产量造成的变化：例如，酸性降雨会导致玉米产量减少2%，假设未受影响前，产量为7500kg/hm^2，则产量损失为150kg/hm^2。

(3) 估计产出或者成本变化的市场价值：例如，假设玉米的收成将因为酸雨减少150kg/hm^2，受影响的范围为100hm^2，玉米的市场价格为1.0元/kg，则因酸雨造成的该类损失为150kg/hm^2 × 100hm^2 × 1.0元/kg = 15000元。

环境影响的范围往往十分广泛，受影响的地区和产品比较多，当产量变化较大时，市场价格也会发生变化。必须同时考虑所有产品的产量、价格和成本方面的影响，以总利润或者净产值的变化衡量环境变化的经济价值。环境变化所带来的经济影响（E）可以用下面的公式表示：

$$E = \left(\sum_{i=1}^{k} p_i q_i - \sum_{j=1}^{k} c_j q_j\right)_x - \left(\sum_{i=1}^{k} p_i q_i - \sum_{j=1}^{k} c_j q_j\right)_y$$

(5 - 3)

其中，p——产品的价格；c——产品的成本；q——产品的数量。

式中共有 i = 1, 2, …, k 种产品和 j = 1, 2, …, k 种投入，环境变化前后情况分别用下标 x、y 表示。

3. 疾病成本法和人力资本法。由于环境污染将会对人体健康产生很大影响，表现为因劳动者发病率与死亡率增加而给生产造成的直接损失（这种损失可以用上面的生产率变动法进行估算），而且还表现为因环境质量恶化而导致的医疗费开支的增加，以及因为生病或早逝而造成的收入损失等。疾病成本法（Cost of Illness Approach）和人力资本方法（Human Capital Approach）就是用于估算环境变化造成的健康损失成本的主要方法。前者计算因环境质量变化导致人的健康恶化而造成的损失，如增加医疗费用开支、病休收入损失、精神和心理代价等；后者将个人收入看成是人力资本投资的一种回报，计算环境质量变化对劳动者预期寿命、工作年限和劳动者预期收入的影响。这两种方法通过流行病学研究、受控试验以及观察环境质量对人体健康的可能影响,寻找可用的信息和证据。

疾病成本法的基本步骤如下:

(1) 识别环境中可致病的特征因素。如总悬浮颗粒物中粒径小于 10 微米的部分(PM_{10}),是具有肺动力学活性的组分。其来源包括直接排放的烟尘和 SO_2、NO_x 生成的二次污染物。对人体健康的损害主要是呼吸系统疾病,并造成过早死亡。

(2) 确定致病动因与疾病发生率和过早死亡率之间的关系。主要通过建立在病例分析、实验室实验和流行病数据资料分析的基础上。在许多情况下,致病动因在环境中的临界水平是不确定的。

(3) 评价处于环境风险中的人口规模。通过建立污染(在空气与水污染情况下)扩散模式,定义致病动因的影响区域和总人口,尤其是总暴露人口中对风险特别敏感的人群(如孕妇、幼儿、老人、气喘病患者等)。

(4) 估算由于疾病导致缺勤所引起的医疗费用和收入损失。计算公式是:

$$I_c = \sum_{i=1}^{k} (L_i + M_i) \qquad (5-4)$$

其中,I_c——由于环境质量变化所导致的疾病损失成本;L_i——i 类人由于生病不能工作所带来的平均工资损失;M_i——i 类人的医疗费用(包括门诊费、医药费、治疗费等)。

(5) 利用人力资本法来计算由于过早死亡所带来的损失。假设年龄为 t 的人的正常情况下的寿命为 t+i,由于环境变化而过早死亡的经济损失等于他在余下的正常寿命期间的收入损失的现值,计算公式是:

$$\text{Value} = \sum_{i=1}^{T-t} \frac{\pi_{t+i} \cdot E_{t+i}}{(1+r)^i} \qquad (5-5)$$

其中,π_{t+i}——年龄为 t 的人活到 t+i 年的概率;E_{t+i}——在年龄为 t+i 时的预期收入;r——贴现率;T——从劳动力市场上退休的年龄。

使用这两种方法需要注意的是：①一些致病环境动因难于辨认；致病动因在环境中作用强度的确定十分复杂；发病率结果由多种因素导致，难于区分；处于风险中人群的影响受到个体差异的干扰；②这两种方法都建立在把人作为生产要素的基础上，从而引发如何评价那些没有生产能力或不参加生产活动的人，如儿童、家庭妇女、退休和残疾人的损失问题。③用劳动者的收入来衡量其生命的价值，隐含的推论是收入小于支出的人的死亡对社会有利，因而会引发伦理学上的争论；④医疗服务和药品价格扭曲的现象也是一个普遍存在的问题。

4. 机会成本法。机会成本法适用于对自然保护区或具有惟一性特征的自然资源的开发项目的评估。对于某些具有惟一性特征的自然资源而言，某些开发方案与自然系统的延续性是有矛盾的，其后果是不可逆的，比如湿地。开发工程可能使该地区发生巨大变化，以至于破坏了它原有的湿地资源，并且使这个自然系统不能重新建立和恢复。在这种情况下，开发工程的机会成本是在未来一段时期内保护自然系统得到的净效益的现值。由于自然资源无市场价格特征，这些效益很难计量。但反过来，保护湿地的机会成本可以看做是失去的开发湿地效益的现值。一般情况下，人们都是估算资源保护的机会成本，然后让决策者或公众来决定自然资源是否具有这样的价值或是否值得为保护该资源而放弃这些收益。

机会成本法也可用于计算由于环境污染引起的经济损失。当某一项目的开发或建设导致严重的环境污染，人们可以同时设计另一个作为原有环境质量替代品的补充项目，以便使环境质量对经济发展和人民生活水平的影响保持不变。同一个项目（包括补充项目）通常有若干个方案，这些可供选择但不可能同时都实施的项目方案都可以看做是其他项目方案的机会成本。当难于直接评估环境污染造成的损失时，人们常常用这种能够保持经济发展和人民生活不受环境污染影响的项目的费用来估算环境质量变动的货币价值。

二、揭示偏好法

揭示偏好法（Revealed Preference Approach）是通过考察人们与市场相关的行为，间接推断出人们对环境的偏好，以此来估算环境质量变化的经济价值。其理论基础是消费者理性和消费者主权。作为一个理性的消费者，他始终知道自己的需要和偏好，其偏好的标准是效用。在一系列商品和服务的组合中，他能够根据自己的偏好程度进行次序排列，做出使自己获得最大效用的选择。以这种理性选择为基础，可以对环境变化的经济价值进行评估。如果人们觉得环境变化使之获益，就会愿意支付金钱以促进类似的环境改善；这种支付意愿反映了人们对环境改善的经济评价；反之，如果环境变化的结果使之受损，倘若能够得到补偿，人们也会愿意接受补偿而忍受一定程度的环境质量下降。人们同意接受补偿的数额可视为人们对环境恶化所遭受损失的价值评估。揭示偏好法就是根据上述原理，从估计人们对于环境改善的支付意愿（Willingness To Pay, WTP），或是忍受环境损失接受赔偿的意愿（Willingness To Accept, WTA）入手，进行环境经济评价的方法。

揭示偏好价值评估法主要包括下面几种主要的方法。

1. 内涵资产定价法。内涵资产定价法（Hedonic Property Pricing）又称内涵价格法（Hedonic Price Method），它是根据人们购买的具有环境属性的商品的价格推断人们赋予环境的价值。商品的价值往往是它所包含的各种特性价值的组合，价格体现着人们对它的各种特性价值的综合评价，其中包括环境质量评价。因此，我们就可以根据这些价格信息，去获得其所隐含的环境价值。以房地产市场为例。房地产的价格既反映了房产本身的特性，也反映了房产所在地区的生活条件，还反映了房产周围的环境质量。在其他条件一致的条件下，环境质量的差异将影响到消费者的支付意愿，进而影响到这些房产的价格，所以，当其他条件相同时，可以用因周围环境质量的不同而导致的同类房产的价格差异,来衡量环境质量变动的货币价值。

内涵资产定价法的步骤与方法如下:

(1) 建立内涵价格与各种特性的函数关系式:

$$Ph = f(h_1, h_2, \cdots, h_k)$$

其中,Ph——房产价格;h_1——住房的各种内部特性(面积、格局、朝向……),h_2——住房周边的社会环境特性(生活便利程度、治安状况……);h_k——住房附近的环境质量。

假定这个函数是线性的,则:

$$Ph = \alpha_0 + \alpha_1 h_1 + \alpha_2 h_2 + \cdots + \alpha_k h_k$$

如果是非线性关系,如采用 log-linear 的形式,则函数关系为:

$$Logph = \alpha_0 + \alpha_1 logh_1 + \alpha_2 logh_2 + \cdots + \alpha_k logh_k$$

函数类型的选择影响到环境资源价值的估算,精确确定函数形式可以通过统计分析得到。

(2) 求出边际隐价格:把房产价格函数对特定的使用特性求导,可以求得每种特性的边际隐价格。边际隐价格表示在其他特性不变的情况下,特性 i 增加 1 单位,房产价格的变动幅度,可以理解为提高房屋环境质量的边际成本。

$$ph_i = \frac{\partial ph}{\partial h_i} \tag{5-6}$$

对于线性函数,边际隐价格为常数,$ph_k = \alpha_k$,即房产特征的每一边际增加,隐价格固定不变。如果采用 log-linear 形式时,$ph_k = \alpha_k \cdot ph/h_k$,此时边际隐价格是变化的。如果房地产市场处于均衡状态,边际成本等于边际收益,边际隐价格可以解释为环境质量改善的边际收益,也代表消费者边际支付意愿。

$$\alpha_k = \frac{\partial ph}{\partial h_k}$$

(3) 估算环境改善效益:求得边际隐价格之后,对于环境质量的边际变化所带来的福利,可以直接计算。但对于非边际变化,则

第五章 可持续发展与环境资源定价

要估算环境特性的需求曲线。此时,要将隐含价格作为因变量,环境质量水平、其他社会经济变量作为自变量,进行回归分析,在需求曲线下两个环境质量水平之间进行积分,即可得到环境质量改善总收益。

内涵资产定价法在使用上存在的问题:

①变量的选择应包含所有相关变量。如果有一个相关变量被忽略,那么对评价结果就可能有偏差。

②函数的形式。每种属性暗含的价格可能取决于函数形式的选择。在内涵方程式中,一个线性关系暗含着每增加一个单位的环境影响,将使房价下降一个常数。而一个凸的(或凹的)函数关系,则暗示房价随着污染的增加将以渐减的速度下降。

内涵资产定价法已经被广泛地应用在住宅财产价格评估上。有些研究表明,每增加一个单位的交通噪声(用 L_{eq} 度量),将使房价下降 0.14~1.26 个百分点。另一些研究则表明,每增加一个百分点的悬浮颗粒(空气污染)将使房价下降 0.05~0.14 个百分点。该结果中的变化范围,一方面可能是由于统计方法的不同而导致的,另一方面也反映了各地不同的供求情况。

2. 防护支出法与重置成本法。防护费用是面对环境变化,人们会努力从各种途径保护自己不受环境质量变化的影响所花费的费用。防护支出法(Preventive Expenditure Approach)是根据人们为防止环境退化所准备支出的费用多少推断出人们对环境价值的估价,属于揭示偏好法。重置成本是为了迁出严重受污染的区域,或重新恢复受到环境损害的项目所发生的费用。而重置成本法(Replacement Cost Approach)则是通过环境被破坏后将其恢复原状所支出的费用来估算环境损害的成本价值,属于直接市场评价法。由于二者之间存着一定联系,因此经常将二者结合起来加以介绍。

防护费用和重置成本法的步骤:

(1)识别环境危害,把环境问题划分为首要的和次要的,并把针对主要环境问题的防护行为作为估算依据。

（2）界定受影响的人群：对于某个给定的环境危害，应该确定受到威胁的人群范围，并区分出受到重要影响的人群和受影响相对较小的人群。防护行为法研究的取样工作应该在第一类人群中进行。确定研究的目标人群时，应该实事求是地考虑环境危害，了解危害的发生方式。

防护支出法相对简单，可以利用观察到的行为和从各种经验素材中获得的数据资料，包括抽样调查和专家意见法。另一方面，防护支出有不可靠和难于说明的缺点。特别是防护支出法假定人们了解他们遇到的环境风险，并能够相应作出反应，以及人们不受条件（如，贫困和市场不完善等）的限制。当人们直接受到环境威胁，并且人们能够采取有效的保护措施时，防护支出法对评估环境资产的使用价值来说是很直接的方法。防护支出法适用于揭示人们对空气和水质量、噪声以及土地退化、肥力流失和土壤侵蚀、洪水和滑坡的风险、海岸侵蚀和污染等方面的支付意愿。把防护支出法同其他方法获得的数据进行比较，有助于进行诸如是采取措施预防环境损害还是让环境损害存在、是补偿受害者还是尽力恢复以前的环境质量等方面的决策。

3. 旅行费用法。旅行费用法（Travel Cost Approach）常常被用来评价那些没有市场价格的自然景观或者环境资源的价值。反映的是旅游者通过消费这些环境商品或服务所获得的效益，或者说是对这些旅游场所的支付意愿（旅游者对这些环境商品或服务的价值认同）。

旅行费用法的步骤与方法如下：

（1）以评价地点为中心，把地点周围的地区按距离远近分成 i 个区域。距离越远，旅行费用越高。

（2）统计 i 区域到评价地点的旅游者人次 V_i，并进行抽样调查，收集包括每个旅游者从 i 区域到评价地点的旅行费用 C_{Ti} 和收入 X_1、受教育水平 X_2 等社会经济特征 X_n。

（3）计算每一区域内到此地点旅游的旅游率 Q_i。

第五章 可持续发展与环境资源定价

$$Q_i = V_i / P_i \text{（i 区域的人口总数）}$$

（4）根据对旅游者调查的样本资料，用分析出的数据，对不同区域的旅游率和旅行费用以及各种社会经济变量进行回归，求出第一阶段的需求曲线，即求出旅行费用对旅游率的影响。

$$Q_i = f(C_{Ti}, X_1, X_2, \cdots, X_n) \text{（式中，} C_{Ti} \text{为旅行费用）}$$

例如，用游客的旅行费用和收入对旅游率进行简单地线性回归：

$$Q_i = \alpha_0 + \alpha_1 C_{Ti} + \alpha_2 X_i$$

上述回归方程确定的是一个所谓的"全经验"需求曲线，它是基于旅游率而不是基于在该场所的实际旅游者数目。利用这条需求曲线来估计不同区域中的旅游者的实际数量，以及这个数量将如何随着门票费的增加而发生的变化情况，来获得一条实际的需求曲线。

（5）根据第一步的信息，对每一个出发地区第一阶段的需求函数进行校正可求出每个区域旅游率与旅行费用的关系，确定对该场所的实际需求曲线。

$$C_{Ti} = \beta_{0i} + \beta_{1i} V_i$$

$$\beta_{0i} = -\frac{\alpha + \alpha_2 X_i}{\alpha_1}, \quad \beta_{1i} = \frac{1}{\alpha_1 P_i}, \quad i = 1, 2, \cdots, k \quad (5-7)$$

（6）计算各个区域的消费者剩余。假设评价景点的门票费为 0，则旅游者的实际支付就是他的旅行费用。进而通过门票的不断增加来确定旅游人数的变化就可以求得来自不同区域的旅游者的消费者剩余。首先，根据上述等式，计算出当门票费为 0 时，不同区域内的总的旅游人数。它确定的是当门票费为 0 时，对评价场所的最大需求数量。然后，逐步增加门票费的价格，来确定边际旅行费用增加对不同区域内旅游人数（旅游率）的影响，把每个区域内的旅游人数相加，就可以确定出相对于每一个单位旅行费用的变化对总旅游人数/年的影响。逐个进行这样的计算，就可以获得整个需求曲线。需求曲线下面的面积就是用户所享受的总的消费者剩余。

如果用数学方法来计算，就是根据实际的 C_{Ti} 值，预测该地区总旅游人数 V_i，然后把第二阶段需求函数从 0 到 V_i 积分，就可以获得不同区域的旅游者的消费者剩余。

（7）将每个区域的旅游费用及消费者剩余加总：得出总的支付愿望，即是评价景点的价值。

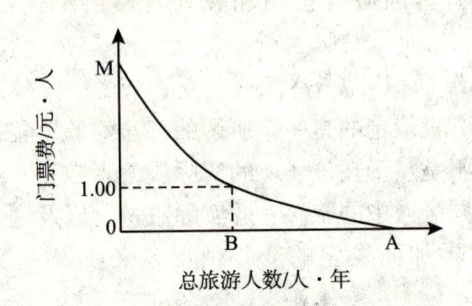

图 5-1　评价地点旅游需求曲线

旅行费用法是一个比较成熟的方法，主要用于估计对休闲设施的需求以及对休闲地的保护、改善所产生的效益。旅行费用法有助于制定某些政策。例如，可以为确定国家公园和休闲地的门票费提供基础；在不同地区分配国家景点（或自然保护区）的保护投资的预算；判断是否值得保护某个地方仅作为休闲之用，而不作为其他的用途等。

三、陈述偏好法

陈述偏好法的典型形式是意愿调查价值评估法（Contingent Valuation，简称 CV 法）。意愿调查评估法通过调查，推导出人们对环境资源的假想变化的评价。当缺乏真实的市场数据，甚至也无法通过间接地观察市场行为来赋予环境资源以价值时，只好依靠建立一个假想的市场来解决。意愿调查评估法试图通过直接向有关人群样本提问来发现人们是如何给一定的环境变化定价的。由于这些环境变化及其反映它们价值的市场都是假设的,故其又被称为假想评价法(Hypothetical Valuation Method)。

其理论基础也是消费者理性和消费者主权。意愿调查价值评估法就是根据这些原理,从估计人们对于环境改善的支付意愿(Willingness To Pay, WTP),或是忍受环境损失的接受赔偿意愿(Willingness To Accept, WTA)入手,进行环境的经济评价。为此,意愿调查价值评估通常将一些家庭或个人作为样本,询问他们对于一项环境改善措施或一项防止环境恶化措施的支付愿望,或者要求住户或个人给出一个对忍受环境恶化而接受赔偿的愿望。与直接市场评价法和揭示偏好法不同,意愿调查法不是基于可观察到的或间接的市场行为,而是基于调查对象的回答,直接询问调查对象的支付意愿或接受赔偿意愿是意愿调查法的特点。

常用的意愿调查法主要有投标博弈法、比较博弈法和无费用选择法。

1. 投标博弈法。投标博弈法(Bidding Game Approach)要求调查对象根据假设的情况,说出他对不同水平的环境物品或服务的支付意愿或接受赔偿意愿。该方法被广泛地应用于对公共物品的价值评估方面。

投标博弈方法又可分为单次投标博弈和收敛投标博弈。

在单次投标博弈中,调查者首先要向被调查者解释要估价的环境物品或服务的特征及其变动的影响,以及保护这些环境物品或服务的具体办法,然后询问被调查者,为了改善保护该环境产品与服务不受污染和破坏,他最多愿意支付多少钱,即最大的支付意愿,或者反过来询问被调查者,他最少需要多少钱才愿意接受该环境产品与服务被污染或破坏的事实,即最小接受赔偿意愿。

在收敛投标中,被调查者不必自行说出一个确定的支付意愿或接受赔偿意愿的数额,而是被问及是否愿意对某一物品或服务支付给定的金额,根据被调查者的回答,不断改变这一支付数额,直至得到最大支付意愿或最小的接受赔偿意愿。

通过上述调查得来的信息被用于建立总的支付意愿函数或接受赔偿意愿函数。

2. 比较博弈法。比较博弈法（Trade-Off Game）又称权衡博弈法，它要求被调查者在不同的物品与相应数量的货币之间进行选择。在环境资源的价值评估中，通常给出一定数额的货币和一定水平的环境商品或服务的不同组合。该组合中的货币值，实际上代表了一定量的环境物品或服务的价格。给定被调查者一组环境物品或服务以及相应价格的初始值，然后询问被调查者愿意选择哪一项。被调查者要对二者进行取舍。根据被调查者的反应，不断提高（或降低）价格水平，直至被调查者认为找不到更好的替代为止。此时，被调查者所选择的价格就表示他对给定量的环境物品或服务的支付意愿。此后，再给出另一组组合，比如环境质量提高了，价格也提高了，然后重复上述的步骤。经过几轮询问，根据被调查者对不同环境质量水平的选择情况，进行分析，就可以估算出他对边际环境质量变化的支付意愿。

3. 无费用选择法。无费用选择法（Costless Choice），顾名思义就是无需被调查者个人直接表达对环境物品与服务的支付意愿，或在给定的支付额中做出选择，而是要求被调查者在"是接受一定量的货币（也可能是某种物品），还是接受一定质量的环境物品"中做出选择。以此来估算环境物品或服务的价值。该法模拟市场上购买商品或服务的选择方式，给被调查者两个或多个方案，每一个方案都不用被调查者付钱，从这个意义上说，对被调查者而言，是无费用的。具体做法是：

在含有两个方案的调查中，需要被调查者在接受一笔赠款（或被调查者熟悉的商品）和一定数量的环境物品或服务之间作出选择。如果某个人选择了环境物品，那么该环境物品的价值至少等于被放弃的那笔赠款（或赠品）的数值，可以把放弃的赠款（或赠品）作为该环境物品的最低估价。如果改变上述的赠款数（或赠品），而环境质量不变，这个方法就变成一种投标博弈法了。但是，其主要区别在于被调查者不必支付任何东西。如果被调查者选择了接受赠款（或赠品），则表明被评价的环境物品或服务的价值低于设定的接受赠款额或赠品的价值。

在设计意愿调查方案时，需要特别注意三个统计方面的问题。

第一，样本数目。一般要求样本数要足够多，以便能反映出被调查区域的人群的情况。第二，通常情况下要把那些特别极端的答案从有效问卷中剔除，因为这些出价可能是不真实的或是对问题的错误回答。第三，把估计出的平均支付意愿（或接受赔偿意愿）乘以相关的人数，即可简单得出总支付意愿（或接受赔偿意愿）。然而，如果作为样本的人群不能代表总人群的情况，那么就要建立起对支付意愿（或接受赔偿意愿）的出价与一系列独立变量（诸如收入、教育程度等）之间的关系式，用以估算总人口的支付意愿值。

意愿调查价值评估法是一个很有用的方法，然而它需要精心设计。而且由于需要的数据信息多，严格的调查需要花费大量的时间和金钱，并要对这些调查结果进行专门的解释和研究。

意愿调查价值评估法可以用于解决其他许多方法无法解决的问题，这正是它应用得越来越广泛的原因。实际上，在空气和水质量问题、舒适性问题、资源保护问题以及环境存在价值等方面已经开展了大量的实证性研究工作。

意愿调查价值评估法的缺陷在于它依赖于人们的看法，而不是他们的市场行为。回答中会有大量的偏差，而这些偏差又不可避免。意愿调查价值评估法的评估结果还有赖于被调查者如何理解环境所处的危机以及这些危机对他们可能产生的影响。这里假设被调查者都受过一定程度的教育并具有一定水平的环境意识。因此，这种方法更适合于评估区域性的环境问题，而不适合于全球环境问题。

第六章

可持续发展与环境影响经济评价

第一节 环境影响经济评价的内涵及由来

一、环境影响评价的内涵与由来

所谓环境影响经济评价,是指在环境价值评估的基础上,采用费用——效益分析等方法,依据相关的标准和程序对经济、社会活动的环境影响所导致的环境损害和环境效益进行货币化计量、分析、评价的过程。

环境影响评价制度是 1969 年在美国建立起来的,此后,环境影响评价在全球迅速普及和发展起来。我国于 1979 年引入环境影响评价的概念,环境影响评价在以后的 20 多年中有了较大的发展,评价对象由带有工程性质的开发建设活动的单个建设项目发展到多成分、多项活动的影响评价,进而发展到对区域或行业的规划或计划、公共政策和发展战略的评价;评价的影响要素从水环境、大气环境、声环境扩大到生态环境、社会环境、经济以及人群健康;影响特征由常规、直接、一次性及局部的影响扩展到特殊的、间接的、诱导、潜在的、累积性及区域整体性影响；评价内容从污染物排放和环境质量达标扩展到经济损益分析、总量控制、清洁生产、生命周期以至于从可持续发展角度考虑的大范围、长期的环境问题。

二、环境影响评价的意义

对环境影响进行经济评价具有重要的理论意义和实践意义，这主要体现在：

1. 有利于可持续发展战略的实施。要使我国可持续发展战略付诸实践，必须使可持续发展战略具体化，将其纳入到各种开发活动的管理体系中考虑，具体而言，就是在项目投资、区域开发或政策制定中对其所造成的环境影响进行经济评价。以此进行综合的评估和判断，从而确定这些活动能否达到可持续发展的要求。

2. 有助于对传统的国民经济核算体系进行改造。目前的国民经济核算体系没有考虑到环境资源的作用，因此存在着重大的缺陷。要想真实地反映国民财富状况，就必须对现有的国民经济核算体系进行改造，将环境资源的变动状况综合地反映到国民经济核算体系中去。而只有通过对环境资源进行货币化估值，才有可能用货币价值这一共同的量度将环境资源与其他经济财富统一起来。对环境影响进行经济评价，将会有利于推进早日把环境核算纳入到我国国民经济核算体系之中。

3. 为环境资源的科学管理提供依据。一般来说，如果环境资源管理的目标是为了追求与使用环境和自然资源相联系的净经济效益的最大化，那么费用效益分析就可以成为一种最佳的管理规则。在这种情况下，有关环境管理的科学决策，也就变成了估算边际效益曲线和边际费用曲线并寻找两曲线交点的过程。而这也就提出了相应的信息需求——货币化的环境效益和环境费用，它们往往成为环境管理过程中政策分析的核心问题。

4. 提高环境影响评价的有效性。目前，我国建设项目或区域开发，一般是企业从自身的角度先进行财务分析和国民经济评价，然后由环评单位进行环境影响评价。这种以经济效益为主要目标，没有具体考虑环境影响所产生的费用和效益的评价模式，不可避免地存在诸多弊端，诸如未对环境价值进行系统分析、过分集中于建设项目而忽视了环境外部不经济性等。为了进一步提高目前环境影响评价的有效性，我们就必须将有关的经济学理论融入到传统的环境影响评价之中，使环境影响评价和国民经济评价有机结合起来，其结合点就是环境影响经济评价。

5. 为生态补偿提供明确的依据。环境保护需要补偿机制，需要以补偿为纽带，以利益为中心，建立利益驱动机制、激励机制和协调机制。生态补偿制度的建立和完善，已经成为重大的现实课题。要实行生态补偿，首先面临的一个难题就是如何确定生态补偿的数额。生态补偿金的最终确定必须要有明确的科学依据，其基础就是对环境影响进行经济评价，确定生态环境影响的货币化价值。

6. 有利于环境保护的公众参与。公众参与是环境影响评价制度的一项重要内容。为使公众真正了解拟建项目对环境影响范围、程度及危害和对经济社会的影响必须对环境影响进行经济评价，将环境影响的具体物理量转化为价值量，在市场经济体制下，这些货币化的指标必然更能引起人们的共识。因此，为了真正赋予公众参与环境与发展战略实施过程的监督管理权利，逐步建立起公众参与社会经济发展决策的机制，我们就必须加强环境影响经济评价工作，使公众能够真正了解环境影响的经济损益。

第二节　费用效益分析方法

一、费用效益分析的产生与发展

费用效益分析最初是作为国外评价公共事业部门投资的一种方法而发展起来的，后来这种方法被应用于评价各种项目方案以及政策的社会效益。费用效益分析结果可以证明某一项目或政策的总效益是否超过其成本，这其中也包括环境方面的效益和成本。

费用效益分析起源于 19 世纪。法国人杜波伊特（Jules Dupuit）在 1844 年撰写了一篇论文——《论公共工程效益的衡量》。在这篇著名的论文中，杜波伊特认同了"消费者剩余"的概念，并指出，公共工程的效益并不等同于公共工程本身所产生的直接收入，为费用效益分析奠定了理论基础。

把费用效益分析应用于项目评估，最初是因美国联邦水利部门为了评价水资源投资而发展起来的，使用这种方法的总目标是要评价与水利开发项目投资有关的费用和效益。20 世纪 60 年代以后，费用效益分析扩展到公路运输、城市规划和环境质量管理等领域。

最早把费用效益分析原理应用于污染控制研究的是哈曼德。他分析了水污染控制的费用与效益。而美国的未来资源研究所则为费用效益分析的理论和方法的不断发展作出了重大贡献，使费用效益分析得到了广泛应用和重视。卡特政府曾经规定所有对环境产生影响的项目，在环境影响评价中都必须进行费用效益分析。1973 年，美国颁布了《水和土地资源规划原则和标准》的文件，使得费用效益分析的重点放在了国民经济发展、环境质量、区域发展和社会福利等方面。1982 年 2 月，美国政府发布命令要求任何重大管理行动都要执行费用效益分析，这标志着经济分析有可能进入国家政策的决策过程。

自此，费用效益分析的应用范围已经超出了对开发项目的评价范围，并扩展到对发展计划和重大政策的评价。目前我国也在加强对社会经济活动的环境影响的费用效益分析，尽管已经取得了一些进展，但仍有需要不断完善之处。

二、费用效益分析的基本步骤

对项目进行费用效益分析，可以分解为下述三个步骤：

（一）识别项目的费用和效益

第一步，确定分析范围，识别主要的环境影响。无论是对一个开发建设项目、污染控制方案还是一项政策进行分析，都必须首先确定分析的对象以及分析的范围。分析的范围要足够大，以便能够包括最主要的可以识别的影响。从费用效益分析的观点看，分析范围越大则越能包括所有的外部影响。但分析范围的选择还要取决于其他因素，比如供分析用的人力、物力、财力等。因此，还必须同时识别最重要的环境影响是什么。

第二步，分析和确定重要环境影响的物理效果。即环境功能或环境质量的损害，以及由于环境质量变化而导致的经济损失，比如二氧化硫排放导致大气污染，对人体健康、农产品产量、建筑物等产生影响。还要分析这些影响的范围和程度，比如发病率和过早死亡率提高、农产品产量下降、建筑物受到腐蚀等。

第三步，通过价值评估技术（已在上一节介绍）对上述物理效果进行货币估值。

（二）对计算出的费用和效益进行贴现

由于现实生活中很多资源配置问题都涉及到在不同时间和不同世代之间进行选择。例如，项目的实施及运行通常要几年到几十年，污染物也会随时间而累积，而可耗竭资源一经开发就会随时间推移而减少。因此，必须把时间因素考虑进来，从而有可能对发生在不同时间的费用和效益进行对比。为了比较发生在不同时间的费用和效益，在项目评估中，通常都要通过一定的方式把发生在未来（或不同时间）的费用和效益转化为现值（Present Value，PV），以便进行比较，这种计算现值的方式就叫贴现。

计算已经识别出的费用和效益的现值，一般采用复利的方式。对于未来第 n 年获得的效益或费用的现值由以下公式确定：

$$PV_b = \frac{B_n}{(1+r)^n} \quad PV_c = \frac{C_n}{(1+r)^n} \quad (6-1)$$

其中，PV_b——效益现值；PV_c——费用现值；B_n、C_n——发生在第 n 年的效益、费用；r——社会贴现率。

如果从现在开始到未来的第 n 年中会发生一系列的效益和费用，则这些发生在不同年份的效益和费用的贴现公式分别为：

$$PV_b = \sum_{i=0}^{n} \frac{B_i}{(1+r)^i} \text{ 和 } PV_c = \sum_{i=0}^{n} \frac{C_i}{(1+r)^i} \quad (6-2)$$

其中，B_i 和 C_i——发生在第 i 年的效益或费用；n——计算期；r——社会贴现率。

通过上述公式将发生在不同时期的费用和效益进行了贴现，计算为现值，就可以进行下一步对费用和效益的比较了。

（三）比较贴现后的费用和效益：费用效益分析评价准则

在完成了上述两个步骤之后，就要把环境影响的费用和效益的现值与其他方面的费用和效益现值相加，求出总的费用现值和效益现值。然后通过下面的几个指标进行比较，并作出该项目（或政策）是否可行的结论。需要注意的是，计算总费用时，不仅要计算所发生的所有的直接成本还要计算间接成本，同时减去可能的成本节约；计算总效益时，不仅要计算发生的所有直接效益，还要计算间接效益。

1. 经济净现值。经济净现值（Economic Net Present Value，ENPV）是反映项目对国民经济所做净贡献的绝对指标。它是用社会贴现率将项目计算期内各年的净效益（等于效益减去费用）折算到建设起点（期初）的现值之和。其计算公式为：

$$ENPV = \sum_{i=0}^{n} \frac{B_{Ti} - C_{Ti}}{(1+r)^i} \tag{6-3}$$

其中，B_{Ti}、C_{Ti}——发生在第 i 年的总效益和总费用；n——计算期；r——社会贴现率。

一般来说，经济净现值大于或等于零的项目应被认为是可以考虑的项目。

2. 经济内部收益率。经济内部收益率（Economic Internal Rate of Return，EIRR）是反映项目对国民经济贡献的相对指标。它是使得项目计算期内的经济净现值累计等于零时的贴现率。其表达式为：

$$\sum_{i=0}^{n} \frac{B_{Ti} - C_{Ti}}{(1+EIRR)^i} = 0 \tag{6-4}$$

其中，B_{Ti}、C_{Ti}——发生在第 i 年的总效益和总费用；n——计算期；r——社会贴现率。

一般来说，经济内部收益率大于或等于社会贴现率的项目应被认为是可以考虑的项目。

3. 经济净现值率。经济净现值率（Economic Net Present Value Rate，ENPVR）是项目净现值与全部投资现值之比，即单位投资现值的净现值。它是反映单位投资对国民经济净贡献程度的指标。其计算公式如下：

$$ENPVR = \frac{ENPV}{I_p} \tag{6-5}$$

其中，I_p——投资的净现值；ENPV——经济净现值。

一般情况下，应该优先选择净现值率高的项目。

三、如何应用费用效益分析的评价指标

用于评估项目可行性的指标在应用中各有利弊,下表总结了它们在不同情况下的具体应用。

表 6-1　费用效益分析的几个主要指标的用途

用　　途	经济净现值	经济内部收益率	经济净现值率
项目评价 (项目方案入选)	ENPV≥0 时可接受	EIRR≥r[①] 时可接受	ENPVR≥0 时可接受
方案比较 (互斥方案[②]优选)	取 ENPV 较大者(投资不同时,结合 EN-PVR 一起考虑)。	不能直接用,可计算差额投资经济内部收益率(ΔEIRR)。当 ΔEIRR≥r 时,投资大的方案好,反之,投资小的方案好。	不能直接用
项目排队 (独立方案按优劣排序的最优组合)	不能直接用	不能直接用	按 ENPVR 大小排序

注:①表中 r 代表社会贴现率。②互斥方案是指彼此互相排斥的一组方案,只能选择其中一个方案进行投资。③在对互斥方案进行选择时,可以用甲方案的净现值减去乙方案的净现值,该差额净现值的经济内部收益率就是差额投资经济内部收益率。

四、社会贴现率

社会贴现率是指费用效益分析中用来作为基准的资金收益率。它是从动态和国民经济全局的角度评价项目经济效益的一个重要参数。当所评估的费用和效益随着时间的变化而发生变化时,就要用到贴现率。对发生在未来的费用和效益进行贴现是由于人们的时间偏好和资本的机会成本。

时间偏好指的是个人偏向于尽可能早地享用效益而尽可能晚地

承担费用，而不是采用相反的方式。一定数额的成本或者效益出现的时间越晚，它们的主观价值就会越小。这可能是由于人们急迫的需要得到满足。这种时间偏好适用于个体，也适用于政府。尽管政府代表它的公民，而且它的行动是富有理性和明智的，但也存在社会时间偏好问题。

资本的机会成本是指由于资本可以用于生产，所以当前一定数额的货币比未来同样数额的货币的价值要大。因此，把资金用于将来某个时间才有收益的项目，不如用于能够立即见效的项目。贴现率使我们有必要考虑资金的选择使用问题。当各种使用途径具有不同的时间特征时，贴现有助于在不同的使用途径之间进行资本的合理配置。

换句话说，无论人们进行何种经济活动都需要一定的时间，而且投入和产出在时间上往往不一致。经济活动中，厂商首先必须拥有或借贷到一笔资金，用于购买各种生产要素投入生产或经营活动，在经过一定时间后，投入才陆续转化为产出，使厂商能够收回原有资金并获得利润，即实现资金增值。正因为在经济活动中资金能够随时间变化而增值，所以资金具有时间价值。

资金的时间价值表明，一定数额的资金，在不同时间具有不同的价值。同样一笔资金，作为费用，早付出比晚付出要付出更多；作为效益，早得到比晚得到要得到更多。因此，在对厂商的经济活动进行分析时，无论是财务分析还是经济分析（费用效益分析），都不能将在不同时间内支付的费用和获得的效益简单相加，而必须消除因收支时间不同而导致的资金增值的差异，即按照一定的比率把费用和效益都折合到同一时点上的现值。

在费用效益分析中，上述的折合比率就是社会贴现率，又称为社会机会成本率。这是因为，首先，在确定某一项目方案时必须考虑资金的机会成本，即把一定数量的资金用于某一项目时而失去的用于其他可供选择的项目方案的最大净效益。如果某一项目方案的净效益比率（净效益和费用的比率）低于其机会成本率，那就应该

第六章 可持续发展与环境影响经济评价

放弃这一项目方案。其次，在对不同项目方案进行比较时，其出发点应该是整个社会而非单个厂商的机会成本。

应该指出的是，尽管社会贴现率有时又称为影子利率，但它涉及的是资金收益率而非利率。厂商作为资金的需求者，当然要考虑银行贷款利率的高低。在资金收益率高于贷款利率的前提下，两者之间差距越大，厂商就越有利可图，因而就越愿意投资。但从整个社会来看，资金收益率反映的是一个项目真正产生的效益，而利率反应的只是厂商和银行之间的转移支付，在进行费用效益分析时，应该考虑前者而不是后者。

社会贴现率是费用效益分析中对方案进行比较与选择的判别依据。在实际工作中，它由国家有关部门根据当前社会投资收益水平、资金机会成本、资金供求状况等因素，统一制定和发布。

第三节 环境影响经济评价

对环境影响进行价值计量，即进行环境影响经济评价，从而把环境影响纳入项目经济分析，成为目前项目经济分析的必备部分和项目可行性决策的重要依据。本节介绍的环境影响经济评价，旨在为这种全面的项目经济分析提供基础。它与其说是一种方法，不如说是一套程序，因为它提供了一套规范化的环境影响经济评价步骤，包括建立影响因子名录；建立影响名录；筛选和分析影响；影响的量化；影响的货币化；估算因素分析；把评估结果纳入项目经济分析。

一、建立影响因子名录

所谓环境影响因子是指在人类活动过程中能够改变环境介质（即空气、水体或土壤），而使人体健康、人类福利、环境资源或全球系统发生变化的物理、化学或生物的因素。建立影响因子名录是环境影响经济评价的第一步。目标是系统地确定和建设项目有关的所有实际的和潜在的环境影响因子。影响因子所产生的影响可能发生在项目的建设、运行或终止等全过程。相同的项目，其影响因子相同；不同的项目，也可能有相同的影响因子。根据经验，人们总结出一个备选的影响因子名录。表6-2为工业部门的影响因子名录。

参考影响因子名录对项目的影响因子进行选择后，我们应该以科学和事实为基础，根据影响因子与被评价的项目、项目所在地以及所在地周围区域的相关性，深入考察这些影响因子在项目中的具体情况，并注意发现和补充其他影响因子，建立项目的影响因子名录。

二、建立影响名录

所谓影响是指一个受体暴露给影响因子后，所发生的化学、生物或物理后果。影响可能是积极的或消极的；当地的或外地的；物质的、社会经济的或心理的；短期的或长期的；财务内部化的或外部化的；预期的或难以预期的。建立影响名录的目的是把单个影响因子与其影响联系起来。

影响分为人体健康、人类福利、环境资源和全球系统四个方面。在很多情况下，影响因子所带来的影响类别往往是跨项目领域的。例如，在电力部门以煤为燃料的集中供热项目和工业部门的纸浆和造纸项目中，SO_2影响因子都会对人类健康和人类福利产生影响，但影响的程度常常是不同的。影响的程度通常可以通过剂量—反应关系量化。当需要评价的活动不止一个时，就存在潜在的、累积的影响。影响一般是随着影响因子的增加而增加，随着影响因子的减少而减少。表6-3为环境影响因子的影响名录。

影响因子名录与影响名录一样，都只是一个参考，不是一个绝对的标准。

第六章 可持续发展与环境影响经济评价

表 6-2　　　　　　　　　工业部门环境影响因子确定

环境影响因子		项目类别				
		金属（加工/制造）	纸浆造纸	化工/化肥	水泥	食品加工
影响空气质量的因子	非金属无机物					
	金属					
	CO					
	SO_2					
	NO_x					
	温室气体					
	颗粒物					
	电磁辐射					
	……					
影响水体质量的因子	非金属无机物					
	金属					
	有机物					
	农药					
	疾病/病原体					
	BOD/COD					
	外来物					
	酸/碱					
	肥料					
	废弃物					
	酸沉降					
	盐渍化					
	……					
影响土壤质量的因子	非金属无机物					
	金属					
	有机物					
	农药					
	酸/碱					
	盐渍化					
	肥料					
	废弃物					
	酸沉降					
	颗粒物/沉积					
	土壤侵蚀					
	……					

表 6-3　　　　　　　　环境影响因子的影响确定

环境影响因子		影响类别										
^	^	人类健康		人类福利			环境资源				全球系统
^	^	死亡率	发病率	材料	美学	资源利用	社会/文化	海岸/海洋生态系统	地下水	淡水生态系统	生物多样性/濒危物种	陆地生态系统	^
影响空气质量因子	非金属无机物												
^	金属												
^	有机物												
^	农药												
^	CO												
^	SO$_2$												
^	NOx												
^	……												
影响水体质量因子	非金属无机物												
^	金属												
^	有机物												
^	农药												
^	疾病/病原体												
^	BOD/COD												
^	……												
影响水体质量因子	废弃物												
^	酸沉降												
^	盐渍化												
^	颗粒物/沉积												
^	水源改变/采水												
^	水渠/蓄水												
^	……												
影响土壤质量因子	非金属无机物												
^	金属												
^	有机物												
^	农药												
^	酸/碱												
^	盐渍化												
^	肥料												
^	……												

三、影响的筛选分析

该步骤的目的是列表确定出将被评价的影响,即说明哪些需要定性描述,哪些可以量化和确定价值,不被评价的影响也要列出。对于表中确定的影响,应按下图的步骤,逐一进行筛选。并将结果填入表中。其中,对筛选结果栏应填入对筛选指标回答"是"的内容和解释。

第一步筛选:影响能否内部化或被控抑?(S1)

这一步主要考查两个问题,首先,该影响是否属于内部成本或效益,如果该影响是内部的,那么它就应该已经包括在项目的经济分析中,不应该在此重复计算。其次,该影响是否能够全部或大部分被控抑,如果影响可以被控抑,那么所发生的控抑成本(如,污染控制),就应该已经包括在项目的估算成本中,不需要进行环境影响评价。

待评影响如果对第一步筛选的问题回答"是",那么就不再考虑该影响货币化的问题,不过要在表中列出和描述这一影响,并阐明删除的理由。如果回答"否",则需进入下一步筛选。

第二步筛选:影响是否相对不重要?(S2)

这一步主要考虑该影响是否绝对小,或与别的影响相比不重要。对这个问题的判断对于后面的逻辑程序非常重要。如果对这个问题回答"是",那么就不需要考虑该影响的货币化问题,但是也应该在表中列出和描述这一影响,并标明删除的理由。如果回答"否"或"不确定",那么就继续进行下一步筛选。

第三步筛选:影响是否不确定或过于敏感而不能保证评价的客观性?(S3)

这一点筛选要考虑的问题是,是否会由于科学的不确定性、文化价值、政治考虑、法律要求等原因,无论取得什么结果,任何评价都是不可能的或是没有用的。在这种情况下,评价可能超出了经济学方法的领域,对于这个问题仅有经济评价可能是不够的或者是没有意义的。如果对这个问题回答"是",那么就只能定性描述评价影响,在可行范围内量化影响,并用证据说明不能货币化影响的理由。如果回答"否"或"不确定",就继续筛选。

第四步筛选:能否完成影响的定量评价?(S4)

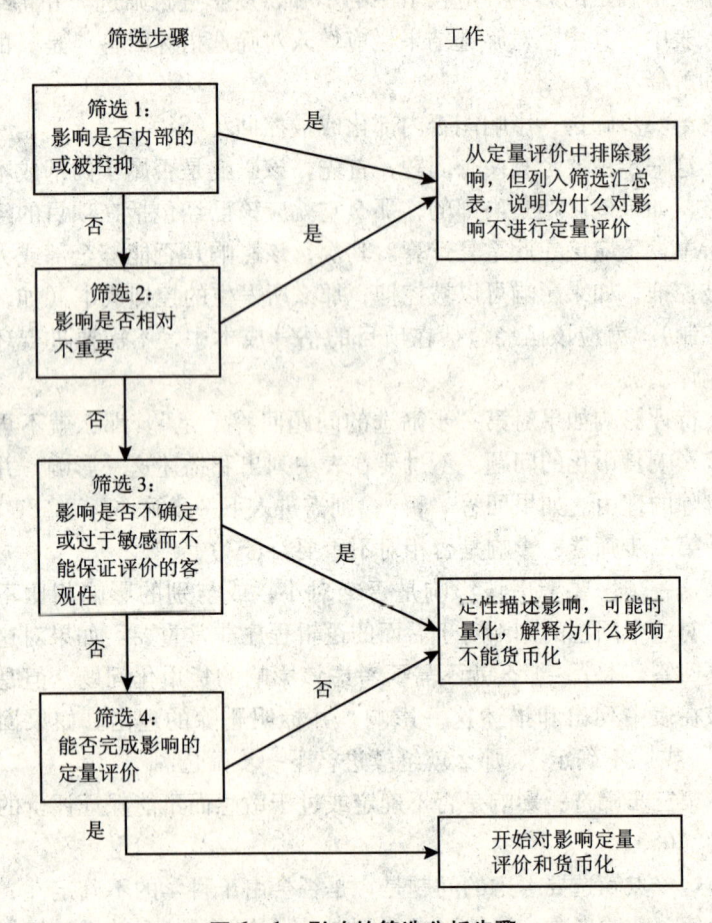

```
筛选步骤                        工作

筛选 1:
影响是否内部的      ──是──→  ┌─────────────┐
或被控抑                     │从定量评价中排除影响,│
    │                        │但列入筛选汇总       │
    否                       │表,说明为什么对影响 │
    ↓                        │不进行定量评价       │
筛选 2:            ──是──→  └─────────────┘
影响是否相对
不重要
    │
    否
    ↓
筛选 3:
影响是否不确定
或过于敏感而不    ──是──→   ┌─────────────┐
能保证评价的客               │定性描述影响,可能时 │
观性              ──否──→   │量化,解释为什么影响 │
    │                        │不能货币化           │
    否                       └─────────────┘
    ↓
筛选 4:
能否完成影响的
定量评价
    │
    是
    ↓
                            ┌─────────────┐
                            │开始对影响定量       │
                            │评价和货币化         │
                            └─────────────┘
```

图 6-1 影响的筛选分析步骤

第六章 可持续发展与环境影响经济评价

这一步筛选要考虑有没有足够的数据或其他信息支持对潜在影响进行定量评价。如果对这个问题回答"是"或"不确定",那么就要进行定量评价。如果回答"否",那么就要进行定性评价,即描述和定性评价影响,在可行范围内量化影响,并用证据说明不能货币化的理由。

例如,对"影响因子 SO_2 将引起人群发病率和死亡率上升"这一影响进行筛选分析,那么,在表中的影响因子一栏填入" SO_2 ";在影响一栏填入"人体健康:发病率、死亡率上升";在筛选结果一栏填入"影响可以被定量和赋值"。

表6-4 所确认的环境影响因子的影响及筛选分析结果

影响因子		影响	筛选结果*
影响空气质量的因子	SO_2	人体健康:发病率、死亡率上升	影响可以被定量和赋值(S4)
影响水体质量的因子			
影响土壤质量的因子			

注:*筛选结果是指所用的筛选标准和对使用此筛选标准的解释。

通过上述四步筛选,所确认的环境影响因子的影响大体有三类:即需要定量和赋值的影响;需要定性评价的影响;不必再分析的影响。将三类影响进行汇总,编制出筛选分析汇总表。

表6-5 筛选分析汇总表

进行全面或部分经济评估的影响(对S4回答"是")
○ _____
○ _____
○ _____
○ _____
○ _____
○ _____
○ _____

165

续表

要求定性评估的影响（对S3回答"是"）
( ) _____
( ) _____
( ) _____
( ) _____
( ) _____
( ) _____
( ) _____

不必进一步分析（对S1或S2回答"是"）可完全控抑的影响：
○ _____
○ _____
○ _____
○ _____
○ _____
○ _____
○ _____
○ _____

可能相对较小的影响：
○ _____
○ _____
○ _____
○ _____
○ _____
○ _____
○ _____

注：要求定性评估的影响前面的（ ）中填"+"或"-"号，表明正面或负面影响；也可以是"+/-"号，表明可能为正面影响，也可能为负面影响。

四、影响的量化

量化影响，即用一个合理的物理量化单位来表述每一种影响的大小。在环境预评估或环境影响评价中，应将环境影响采用剂量—反应函数予以量化，将环境污染物的预期剂量与受体的量化影响联系起来。根据影响的定义，影响分为人体健康、人类福利、环境资源和全球系统四方面。这四方面影响量化的方法有共同的部分，又各有其特殊性，涉及到多学科的知识，它们之间共同的原则性的步骤如下：

第一步：在影响筛选分析汇总表中，查找出需要进行全面或部分经济评估的影响及与这些影响相对应的环境影响因子。

第二步：确定这些环境影响因子的量纲和数量。

第三步：确定受体以及影响因子对受体的传播途径。

第四步：确定描述受体所受影响的指标及其量纲。

第五步：量化影响。一个影响因子所产生的影响可能是一种，也可能是多种。那么，一个影响因子的影响应该是其各种影响的合计。就某类影响因子所产生的某种影响来说，影响是影响因子的数量、影响的地理范围、时间和受影响地区人口密度的函数。各种影响因子与受体之间的数量关系，可以采用剂量—反应函数来反映。

五、影响的货币化

影响的货币化主要有两种方法，即基本经济评估法和辅助评估法。基本经济评估法是辅助评估法的基础，前面已有介绍。辅助评估法主要是成果参照法，即从已有的大量相关研究文献中，筛选在环境变化中的程度与类别、人口和区位、社会文化、技术水平等方面与所评估的项目相似的案例，经过价值和计算单位时间的单位价值的调整，得到环境影响损失与收益的估算值。典型的成果参照法包含四个步骤：文献筛选→价值调整→计算单位时间的单位价值→计算总贴现值。成果参照法选择标准的优缺点列于下表：

表6-6　　成果参照法筛选文献的选择标准及优缺点

选择标准	优　点	缺　点
相近的环境影响程度与类别	由于与较大变化联系在一起的价值不可以用于较小的变化，环境影响的移置较为可信	对于缺乏科学基础的人来说，可能难于找到真正相似的环境影响

续表

选择标准	优　点	缺　点
包括人口社会经济特征的基本评价方法研究	容易将基本评价方法研究地区的情况调整使之适应于受所评估项目地区影响的人口	当基本评价方法研究作者仅因为没有报告社会经济特征，可能排除非常好的基本评价方法的研究结果
在人口数量与构成、地理及环境特征上相似的地区	环境影响及受影响的人口可能接近，使得调整容易进行	假定价值的主要决定因子是相近的，而实际情况可能与假定不符
高水平的近期研究	经济价值的移置性强，近期研究很可能包括当前经济条件；可以采用现有技术	所涉及的问题可能太具体、范围太窄而难以利用，难于理解。由于近期研究可能尚未发表，因而有关资料难于得到

六、估算因素分析

1. 省略、偏差和不确定性。有关环境影响经济评价的各种方法，无论是基本研究方法还是成果参照法，均包含有一定程度的估算成分。环境影响的货币价值估算，只是真实价值的近似值，其中包括有省略（有关环境影响的一些信息在环境预评估或环境影响预评价中被忽略、在经济评价中被省略）、偏差（能够引起收益或成本的定量估算值高于或低于其实际值的情况）和不确定性因素（评估涉及对自然和社会经济关系变化的估算或预测）。所采用的贴现率及其他因子也影响货币价值的估算。在考察并估算环境影响经济评价的价值时，必须对这些问题进行充分的认识。

目前，我们还不能消除上述偏差和不确定性。在大多数情况下，描述评估的不确定性，将是十分有益的。可以将不确定性进行分级，划分为"高度"、"适中"、"轻度"，并用敏感分析加以评估。敏感性分析有多种形式，但基本上都涉及改变某些假设或关键输入变量，然后考察这些变化如何影响结果。

2. 贴现与现值。项目成本与收益或损失会出现在不同的时间区段，成本出现于建设期间的某些年份，但收益实现则在数年以后。贴现是指将不同年份的总社会成本和收益转换为一共同测度，使得相互之间的比较可以适当进行。最常用于贴现计算的测度是现值（PV）。

在现值计算中，需要采用社会贴现率。社会贴现率可以理解为社会资源最优配置条件下的市场均衡利率，反映社会在未来消费和当前消费之间所做的权衡。相对于未来收益和成本而言，对于当前的收益和成本的偏好越大，则贴现率越高。对任何大于零的贴现率，随着时间的延伸，它所表现的现值便越小，甚至可以忽略不计。更确切地说贴现率越高，则现值越低，并且随着时间的延伸，现值的下降越快。

在项目的收益与成本计算中，使用多大的贴现率合适，常有激烈的争论。给出一个确切的、适用于各个项目经济分析的贴现率是很困难的，但在确定贴现率时需要注意下列问题将有助于确保分析的严谨性：①选用一种基准贴现率用于项目经济分析。②要通过改变贴现率进行敏感性分析，来看贴现率变化是否对净收益现值产生明显影响。③对于长期的、潜在不可逆的，或有关人类健康的环境影响，宜采用零贴现率。

3. 其他问题。在环境影响的经济评价中，下面的问题虽然并不总是适合量化或货币化分析的，但是也值得关注：

第一，公平问题。在传统的经济评价中，几乎没有考虑公平。公平的一个重要内容是，考虑谁得到收益，谁支付成本。如果由一群人承受成本而另一群人获取收益，这一方案从社会的角度来看，并不公平。此类公平问题在是否通过建议项目的考察中，是一个重要因素。处理这个问题，一种方法是基于社会有关公平的偏好，对影响赋予权重。

第二，定性评价的内容。对于许多问题和影响，只能进行定性而不是定量的评价，包括对没有资料的地区的影响，由于未曾预见的情况而导致的人口迁移和定居,以及对我们尚知道不多的物种的影响。

定性评价至少应对不能量化或货币化的重要影响给予描述。在包括有货币化的收益和成本的评估概要中,也要列入这些影响。预期影响对经济内部收益率或现值净收益的影响方向也应给予明确。也可以对这些影响按重要性大小加以排列。

第三,基准确定。经济评价的一个重要特征是界定合适的基准。基准应该反映在没有项目的情况下的状况。在界定基准时,应考虑下列问题:①设备更新。在许多情况下,新的项目将要更新现有设施,或以更清洁、更有效率的工厂取代老工厂。因而,经济评价应该体现因降低环境压力水平,提高能源效率或其他改进而引起的环境影响的变化。②机会成本。有些项目取代了也会产生经济收益或损失的经济活动。这些所放弃的收益,不论为正或为负,均需在经济评价中作为项目所引起的不同于基准线的一部分内容而加以体现。③资源利用与条件。在许多情况下,一个投资项目的环境效益受到许多项目之外的影响因素的制约。在这种情况下,项目的效益不能真实的反映,必须设法剔除这些因素。

第四,制度因素。对于发展中国家的体制能够保证环境污染控制和其他弥补方法得以全部实施和生效的程度,通常有一些假定。许多项目分析将取决于这些假定。将与这些体制能力相联系的不确定性作敏感性分析,以考察不同的实施方案和其他制度方案的影响程度。这一方法可以通过制定一套加权方案,来反映维护项目目标的体制能力。在此类评价中,还要考虑一些因素,包括对发展中国家中央政府的评估,对中央和地方执行官员的评估以及当地社会接受能力的评估。

七、把评估结果纳入项目经济分析

将上面货币化的环境效益和成本纳入常规的项目成本和效益,

第六章 可持续发展与环境影响经济评价

并结合到项目的费用效益分析之中,从而更为精确地描述一个项目的真实价值。其包括以下五个步骤:

1. 审查所有项目的成本和效益(环境的和非环境的),以保证它们基于相似的假设。在环境和非环境影响的效益和成本计算当中,最基本的假设是货币类别和基准年。所有货币化的价值应该以一个单一的基准年和同一种货币来报告,并且在整个计算过程中用标准化汇率进行分析。

另一个重要的假设是建设项目的预期的环境保护水平。必须运用采用污染控制设施之后预期达到的粉尘排放率,来计算粉尘排放对人类健康影响的价值。

2. 计算各时间段的成本流和效益流。确定一个足以包揽所有预期的环境成本和效益的时间框架,计算项目寿命期中每一年的成本和效益。同时,也应注意记录超过项目寿命期的所有成本和效益。这些扩展的成本应结合到风险分析和敏感性分析之中。

3. 运用规范的投资标准来比较成本和效益。把经济内部收益率(EIRR)作为项目经济分析的一个基本指标已成惯例。根据亚洲开发银行(ADB)的《项目经济分析准则》(1987年8月),如果经济内部收益率超过项目所在国的资本机会成本,就可认为项目在经济上是可行的。因为在大多数发展中国家,资本市场不健全,国内资本的成本是很难准确估计的,10%~12%可视作可接受的内部收益率的下限。对那些内部收益率低于10%的项目,只有用强有力的社会经济评价来证明它们,并且论据充分才有可能获得支持。

4. 对关键项目变量进行敏感性分析。敏感性分析的一个主要目标是决定内部收益率或净现值对哪些变量最敏感,如果这些变量的价值发生变化,是否会引起内部收益率下降到可接受的水平以下或其净现值下降到零以下。对那些净现值(NPV)或经济内部收益率(EIRR)表现最为敏感的环境影响价值,在分析中应充分讨论一些特定风险和可应用的控抑措施。

5. 将非货币化的环境成本和效益纳入经济分析。对于一些非货币化的环境影响也要在项目经济分析报告中加以说明。可以采用多种方法来分析非货币化的成本和效益，以决定它们是否而且怎样影响项目的经济分析。

第七章

可持续发展与政府规制体系

第一节 可持续发展的战略规划与目标体系

一、可持续发展管理的含义与特征

一般而言，管理是指一定组织中的管理者，通过有效地利用人力、物力、财力、信息等各种资源，并通过决策、计划、组织、领导、激励和控制等职能，来协调他人的活动，共同实现组织既定目标的活动过程。所谓可持续发展管理，是政府为了实现经济、社会、自然协调发展，依据经济、社会、自然规律，运用经济、法律、行政、教育、科技等手段，通过计划、组织、指挥、控制等方式调节人与人的关系、人与自然的关系等一系列活动的总称。由此可见，可持续发展管理与传统的宏观经济管理的不同之处在于管理理念与管理模式的创新，简单地说，可持续发展管理也就是在可持续发展观指导下的政府宏观经济社会管理活动。

可持续发展管理的实质是通过相关的制度安排，激励人们的积极性和创造性，从而把经济活动对生态环境系统的负面影响限制在最低限度内，达到社会经济发展的生态代价和社会成本最小化，实现经济—社会—自然复合系统的有序进化和良性循环。可持续发展管理与传统的发展管理不同，主要是协调以下几种关系：（1）三种生产的协调，即物质生产、人的生产和环境生产的协调，做到经济效益、环境效益和社会效益的统一。（2）代际利益协调，实现代际公平，既满足人们目前的需求，又不削弱和损害后代人满足其需要的基础和能力。（3）空间利益协调，即当代人之间的公平。在发展中兼顾城乡之间、富裕地区与贫困地区之间的利益。

可持续发展管理的内容包括：

（1）预测未来国家"经济—社会—自然"系统可持续发展的趋势；

（2）制定国家可持续发展战略与规划；

（3）综合运用各种政策措施推动可持续发展战略与规划的实施；

（4）重点加强人口、资源、生态环境等可持续发展重点领域的管理。

可持续发展理论是从综合战略的角度和管理决策的高度，揭示"经济—社会—自然"系统的演化规律，提出"经济—社会—自然"系统的调控原理和方法，引导"经济—社会—自然"系统走向可持续发展。与传统的宏观经济管理相比，由于其管理对象——"经济—社会—自然"复合系统的领域宽、跨度大、不确定因素多，从而赋予可持续发展管理一系列新的管理学特征。

1. 管理层次上注重战略管理。可持续发展管理是一种战略管理。它从国家或地区可持续发展的全局和长远的战略高度，确立目标，制定方案，提出分阶段达到目标的政策和措施，引导国家或地区的经济、社会、环境的协调发展。

作为战略管理，可持续发展管理首先强调管理的宏观性，关注国家或地区经济、社会和生态环境协调发展中全局的长远目标的确定和重大问题的解决。如国民经济的增长、产业结构的调整与均衡、生产资源供需总量的平衡、贫困的消除、社会公平的实现、社会保障的完善、生态安全的维护，以及经济与社会发展对环境的冲击力与环境承载能力的平衡等。其次，可持续发展管理强调管理的整体性。以系统的观点和方法对其管理对象施加管理，注重统筹规划和综合决策。

2. 管理内涵上注重三维管理。与传统管理相比，所谓三维管理有如下特点：一是注重经济、社会和自然系统之间的相互关系及其协调，强化横向管理。以往人类在纵向的管理系统的建立与发展方面已达到了相当高的水准。然而横向的管理体系的发展却很薄弱。人类发展的可持续性受阻，恰恰出现在横向的联系上。经济—社会—自然复合系统可持续发展理论为解决经济、社会和自然系统三位一体的管理提供了理论指导，也提出一系列需要探索和解决的问题。

二是三维管理是多目标管理。可持续发展定义中给出可持续发展的目标是经济繁荣、社会公平和生态安全。这三个目标紧密联系在一起，它也是复合系统管理的目标。

三是三维管理要善于运用经济—社会—自然系统调控的共生原理、循环原理、约束原理和替代转换原理等，引导系统走向可持续。上述四个原理是经济、社会和自然三个系统在横向上相互联系和相互制约时应遵循的原理。

3. 管理对象上注重对人的管理。人与自然的不协调系由两种力量引起：一是自然力；一是人的行为。关于自然力，如地震、火山爆发等等，在目前的科技发展水平上，人类只能在小范围内对大的自然灾害进行有限预防。而对于诸如冰河期来临将导致全球气候大变化及生物灭绝等，人类至今尚无抵御能力。值得庆幸的是，那些大的、受天体运行规律而导致地球灾难性破坏的周期是按宇宙年代计算的，是相当长的。在现代，人与自然的不协调，主要是人为活动引起的。调整人的行为使之与自然协调，比起调控自然力达到预防人类灾害要容易得多！也是完全可以办到的。可持续发展管理要从调节和控制人的行为做起。其重点是：

（1）提高意识，转变观念。简而言之，可持续发展意识就是人们对待环境与发展问题上的内心觉悟，这种觉悟即是意识到人类追求满足当代需求的同时，不能危及后代满足需求的能力。这里涉及到人类生产活动、生活活动和自然关系的思想、情感、知觉和伦理道德等一系列意识要素的观念形态。

（2）建立可持续发展文化。一定的文化是一定的社会和经济状态在意识形态上的反映。反过来，文化又给予社会和经济发展以巨大影响。可持续发展必然呼唤与其相适应的文化。如团队精神与博爱精神。

4. 管理方法上要与可持续发展特点相适应。对"经济—社会—自然"系统的可持续发展调控是系统的大协调而不是小协调，是大方向而不是小目的，是长远战略而不是短期行为。对这样一种大系统的宏观战略管理必须进行管理方法与手段的创新，其重点应包括：

（1）要建立可持续发展战略和政策的综合决策制度及体系。把环境与发展相关联的政策执行放到国家和地区机构的关键部门中去。可持续发展的目标和政策必须渗透到国家计划部门、经济部门、社会发展部门和科技教育等部门之中。要让国家机构的关键部位直接承担责任与义务，保证国家所属部门实施的政策、计划和财政运行不但促进经济的发展，而且能促进社会公平和促进环境质量的改善与生态保护。

（2）要建立强有力的可持续发展职能和协调机构。孤立的政策和机构不能解决相互联系的问题。要协调和解决相互联系的问题，其组织保证就是一定要建立强有力的职能机构和协调机构。

目前，虽然国家也设立了环境保护或环境与发展协调机构，但是，这些机构的基本格局还是部门分割，各部门孤立，分散，以比较封闭式的决策程序在相对狭窄的范围里工作；环境保护机构主要致力于环境受到损害以后的修补工作。中央经济部门和其他专业部门，往往注重生产或增长的数量方面，而把与其相关的污染问题留给环境部门去解决。

（3）要有广泛的公众参与。可持续发展是人民性最强、最需民主监督的伟大事业。全球《21世纪议程》称："要实现可持续发展，基本的先决条件之一是公众的广泛参与决策。"《中国21世纪议程》称："公众、团体和组织的参与方式和参与程度，将决定可持续发展目标实现的进程。"

二、可持续发展战略

（一）可持续发展战略的含义与特点

可持续发展战略是国家为促进"经济—社会—自然"持续协调发展而进行全局性、长远性的重大问题的部署和安排，是在较长历史时期内相对稳定的行动指南。与传统的国家发展战略比较，具有以下特点：

1. 能够体现一个国家的"发展度"。发展度是可持续发展的数量维，着眼于发展过程中的财富在规模或数量的扩展。可持续发展虽然要求保护生态环境，但是并不是要通过遏制经济增长和财富积累来达到，相反，发展是前提，是基础。人类社会物质财富的增长，即经济增长是发展的基础。事实上，放弃发展，则无可持续可言。

2. 能够体现一个国家的"协调度"。协调度是可持续发展的质量维。着眼于发展过程中的社会公平、地区均衡和总体和谐。从可持续发展的科学定义出发，可持续发展应当做到统筹城乡发展、统筹区域发展、统筹经济社会发展、统筹人与自然和谐发展、统筹国内发展和对外开放。既包括当代人之间在发展中的利益协调，也包括当代人和后代人之间在发展中的利益协调。

3. 能够体现一个国家的"持续度"。"持续度"是可持续发展过程的时间维。发展虽然是基础，但是发展的持续性是关键，没有持续性，发展就行将终止。持续性意味着经济社会发展以自然界提供的物质资源和环境为基础，而自然资源的存量和环境的容量是有限的，其物质上的稀缺和经济上的稀缺共同构成经济社会发展的限制条件。在发展过程中，当代人不能仅考虑自身发展对资源与环境的使用，还要为后代人发展留有充分的余地。

（二）全球《21世纪议程》

1. 全球《21世纪议程》提出了全球可持续发展的战略目标。正如前言中所述："把环境与发展问题综合处理并提高对这些问题的注意，将会使基本需求得到满足、所有人的生活水平得到提高、生态系统受到更好的保护和管理，并带来一个更安全、更繁荣的未来。"全球《21世纪议程》强调21世纪人类正处于一个历史抉择的关头，如果我们继续实行工业化以来的发展模式与政策，其结果必然增加世界的贫困、饥荒、疾病和文盲，进一步恶化我们赖以维持生命的生态系统。如果我们不想陷入这个不可持续的绝境，就必须改变现行政策，从国家、区域、国际层次上更好地保护和管理生态系统，争取一个更加安全、更加繁荣的未来。任何一个国家都不能仅仅依靠自己的力量取得成功，必须联合起来走可持续发展的道路。

2. 全球《21世纪议程》把重点篇幅放在资源与环境保护方面，其采取的措施主要是经济和社会方面的政策。在经济政策中，阐明经济是可持续发展的动力。这就给经济与可持续发展的关系定了位。在社会政策中，从消除贫困，促进人类住区的可持续发展。此外，强调在政策、规划和管理的各个层次上对环境与发展问题进行综合决策；制定有效的法律法规框架是使环境与发展政策成为行动的最重要的手段；有效使用经济手段促进环境与发展的协调；建立环境与经济综合核算制度等。这些有关综合决策的政策原则对于可持续发展政策而言是十分重要的。

3. 在资源与环境保护方面，阐述了十个方面的内容（从大气层保护到固体废弃物的环境无害化管理)。

全球《21世纪议程》在阐述资源与环境政策时,最突出的特点是将资源与环境政策同经济和社会活动紧密相结合,体现了将环境与发展的内涵纳入决策过程的思想。

4. 全球《21世纪议程》把公众参与可持续发展决策过程这个问题提到"实现可持续发展的基本先决条件之一"的高度,提出了从妇女参与决策到发挥农民作用的系统的公众参与政策。认为"可持续发展是人民性最强、最需要广泛参与和民主监督的伟大事业"。

(三)《中国21世纪议程》

表7-1　　　　　　《中国21世纪议程》基本框架

第一部分 (1~6章)	可持续发展总体战略	序言、战略与对策、立法与实施、费用与资金机制、教育与能力建设、公众参与
第二部分 (7~12章)	社会可持续发展	人口、消费和社会服务、消除贫困、卫生和健康、人类住区可持续发展、防灾减灾
第三部分 (13~16章)	经济可持续发展	可持续发展经济政策、农业与农村可持续发展、工业、交通和通讯业可持续发展、可持续发展能源生产与消费
第四部分 (17~20章)	资源与环境保护	自然资源保护与持续利用、生物多样性保护/荒漠化防治、保护大气层、固体废弃物无害化管理

《中国21世纪议程》战略与政策框架的特点是:

1.《中国21世纪议程》把经济、社会、资源与环境视为密不可分的复合系统,以此为基础提出走向可持续发展的战略、政策和行动措施。所有章节都贯彻了这样一个总体设计思想:经济系统离开资源与环境的依托,经济将走向衰退;社会系统离开经济系统的支撑,社会将走向原始;同样,资源与环境系统离开发达的经济和公平的社会,环境也将不能体现自身的价值,并且,当环境受到破坏时,也没有经济能力和科学的机制使环境质量得到恢复和改善。

2. 《中国21世纪议程》的主题是发展，体现了新的发展观。把经济建设搞上去，这是历史赋予中国几代人的重任，在较长的时期里，中国各项工作均应以经济建设为中心，这与社会可持续、资源持续利用和环境保护并不矛盾。关键是《中国21世纪议程》中表述的"发展"，是新的发展观，力求结合中国国情，有计划、有重点、分阶段摆脱传统发展模式，逐步由资源型经济发展过渡到技术型经济发展。《中国21世纪议程》提出了一系列工业发展的战略和政策以及实施清洁生产和文明消费的战略和政策；通过政策引导、市场调控，逐步使农业走上调整结构、提高效益为特征的阶段，向高产、优质、高效的方向发展；引导乡镇企业走向专业化、社会化协作生产，提高效益，减少污染，为农村剩余劳动力提供更多的就业机会的战略和政策；根据我国能源结构中煤炭占70%以上的特点，要在能源发展中重点发展清洁煤技术的政策。

3. 中国是世界上人口最多的国家，给经济、社会、资源和环境带来巨大的压力，解决好人口与发展的关系是《中国21世纪议程》的又一战略重点。

4. 《中国21世纪议程》中的资源与环境战略突出以下特点：从长远看，资源短缺和人口激增两个因素加在一起，是中国经济发展的最大制约力，中国在总体上是一个资源并不丰富的国家，要树立资源危机感，建立资源节约型经济体系，将水、土、矿产、森林、草原、生物、海洋等各种自然资源管理纳入国民经济和社会发展计划；建立自然资源核算体系，运用市场机制和政府宏观调控相结合的手段，促进资源合理配置；实行资源保护、利用和增值并重的政策。

中国环境战略的核心是将环境的外部效应内化环境保护成为"发展"自身重要的组成部分。不能让发展模式还是老样子，而把污染留给环境保护部门来解决。要由环境与经济、环境与社会、环境与资源相分割的战略、政策和管理模式转向环境与发展紧密结合为一体化的可持续发展管理模式。

5. "议程"意识到全球环境问题将更加尖锐化，充分注意到中国国家战略与全球环境与发展战略的协调。对诸如全球气候变化问题、防止平流层臭氧耗损问题、生物多样性保护问题、防止有害废弃物污染转嫁和越境转移问题以及水土流失和荒漠化问题等，都提出了相应的战略、对策和行动方案，表明中国政府正在以强烈的历史使命感和责任感去完成对国际社会应尽的义务和不懈地为全人类共同事业做出更大贡献。

6. 能力建设是实施可持续发展战略的基本保证。《中国 21 世纪议程》从机制、立法、教育、科技和公众参与等诸方面提出能力建设的重大举措，并为中国可持续发展的国际合作创造适宜的契机与良好的环境。

7. 《中国 21 世纪议程》与优先项目计划同时出台。这就为"议程"实施，广泛开展国际合作和把"议程"纳入国民经济和社会发展计划提供了保障，形成《中国 21 世纪议程》项目体系，突出了战略和政策的可操作性，这是《中国 21 世纪议程》又一个特点。

三、可持续发展战略目标体系

（一）发展观的演化及其对发展度量的探索

对发展的度量是一个古老而又常新的课题。发展政策目标的确定和政策效应的评价，都建立在对于发展的度量上。而如何对发展进行度量，则集中地反映了度量者及其所处时代的发展观，随着发展观的演进和不断完善，如何度量发展的问题也在不断探索之中获得深化。

1. 传统发展观对发展的度量——国民生产总值。传统的发展观是一维的发展观，把发展仅仅看做一种经济现象。发展的根本问题就是尽量提高 GNP 的水平及其增长率。GNP 或人均 GNP 的水平及其增长率等指标就是度量一个社会发展水平的重要标准。在人类的生产力从低下走向发达的历史进程中，传统发展观指导下的经济增长的确硕果累累，但是逐渐地这种以 GNP 增长统率一切的发展的弊端日益暴露，带来严重的社会负面效应和难以解决的社会问题。如环境污染，住房紧张，基础设施不足，人们生活质量下降。人们开始认识到经济增长本身不是目的，只是创造美好生活的手段，人均收入的提高只表示经济增长的程度，并不能保证人们真正过上幸福生活，也不等于生活质量的提高。因此，人们开始寻找一种更全面的方法来描述与评价经济社会发展水平。

2. 对传统发展观的反思及其发展度量的改进——社会指标体系。在20世纪的60～70年代，在世界上兴起了一场社会指标运动。开始在美国，随后在经合发展组织、联合国等国际组织以及许多国家广泛开展。这场运动将社会看成一个开放的、与环境有密切关系的；把国家的发展目标具体化为一系列社会指标，试图用一个指标体系全面衡量经济社会发展水平。该指标体系不拘泥于货币化和一元化尺度，包括人口、经济、环境、居民生活、劳动、教育、健康、安全、闲暇等方面。这时人们已经注意到发展的内涵包括社会发展和经济发展两个不可分的内容，虽然意识到环境问题，但是对它在发展中应有的地位还认识不足。因此，其发展观是二维的。

3. 可持续发展观——可持续发展指标体系。协调经济、社会和自然的关系，使其走向可持续发展，这是几千年来，尤其是工业革命以来，探索人类前途命运的历史经验总结，这是一种新的发展观——三维发展观。自80年代以来，在联合国的倡导下，关于可持续发展指标体系与评价方法的研究探讨从未间断。1992年，联合国"环境与发展大会"后，又形成了新高潮，各国政府、国际组织都加强了对可持续发展指标体系的研究。其中，比较重要的有联合国可持续发展委员会提出的指标体系和世界银行提出的指标体系等。

（二）可持续发展指标体系的内容和特征

所谓可持续发展指标就是用来评价可持续发展目标实现程度所采用的标准或尺度。

1. 可持续发展指标体系的基本内容：从可持续发展的定义出发，可持续发展包括三个关键要素，即经济、社会和环境。所以，可持续发展的评价指标体系应涵盖：

经济系统——包括经济发展水平、经济结构、规模和效益等。

社会系统——包括科学、文化、人群福利水平、社会安全和生活质量等。

环境系统——包括资源存量、消耗、环境质量等。

制度安排——包括政策、规划、计划等。

可持续发展的综合评价——判断可持续发展的综合现状、潜力和发展趋势。

2. 可持续发展指标的类别。从目标和组成结构上看，分为描述性指标和评价性指标，前者主要反映系统的实际状况或条件。如资源、环境条件和社会经济运行状况等。它按照一定的体系汇集社会经济各项统计中能描述可持续发展及其各子系统运行状况的各项指标。后者是评价系统的相互联系与协调程度的指标，主要是分析计量评价对象各因子之间的内在联系和各因子的发展趋势，如资源效率、经济效率等指标。

3. 建立可持续发展指标体系的方法。主要根据社会经济统计学原理建立可持续发展的评价指标体系。因为社会经济统计学方法具有良好的结构特性，信息丰富，易于和现有的统计系统相衔接，且计算不太复杂，操作性强。在可持续发展指标体系的建立中，一方面，需要以现有的各项统计制度和数据为基础；另一方面，可持续发展指标不是传统的经济、环境和社会等领域统计指标的简单照搬、相加和堆积，而是原有指标的有机综合、提炼、升华和一定程度上的创新。

如联合国可持续发展委员会提出的考察发展指标体系，按照驱动力（Driving Force）——状态（State）——响应（Response）框架建立的，全部指标分为三类，即驱动力指标（反映的是对可持续发展有影响的人类活动、进程和方式，即表明环境问题的原因）、状态指标（衡量由于人类行为而导致的环境质量或环境状态的变化，即描述可持续发展的状况）和响应指标（是对可持续发展组织变化所做的选择和反映，即显示社会及其制度机制为减轻如自然破坏等所做的努力）。

又如人类活动强度指数。以色列希伯莱大学的道夫尼尔在1983年提出运用发展度和感应度来测度和计算人对区域的作用。用城市人口百分比表达发展度，用文盲人数的百分比表达人对自然演替缺乏知识的感应度。他用下式进行计算：（城市人口百分比－文盲人数百分比）/2。如果，该平均值低于50%，则说明地理环境相对安全；若高于50%，则应采取有效措施保护地理环境，说明人的作用已经大大超过了地理环境的容忍程度，长此以往，必然引起环境质量的下降。

还有人文发展指数。联合国开发计划署的人类发展指数HDI是人类可持续发展方面的一种量度，始于其发表的《1990年人文发展报告》。这份报告提出用HDI把人类福利和社会进步的三个基本指标综合成一个单一的指数，衡量一个国家发展的程度。HDI的三个组成部分是知识（定义为成人识字率，代表着发展的基础能力、科技进步能力、信息扩散能力和理解、保护自然能力的程度）、寿命（定义为出生时的期望寿命，代表着社会福利、保健措施和社会保障体系的完善程度）和收入（定义为按实际购买力折算的人均GDP）。

4. 可持续发展指标体系的功能。可持续发展指标体系的基本功能是：第一，可持续发展指标体系是反映复合生态系统本质和运行轨迹的量化特征组合。第二，可持续发展指标体系是衡量复合生态系统变化和质量优劣的比较尺度标准。第三，可持续发展指标体

第七章 可持续发展与政府规制体系

系是调控复合生态系统结构和优化其功能的实际操作工具。

5. 可持续发展指标体系的特征。第一，实用性。设计可持续发展的指标体系，必须首先明确谁是指标使用者？使用的目的是什么？可持续发展指标的使用者主要是决策者和公众，必须考虑他们的需求。第二，政策相关性。可持续发展指标必须反映政策关注点或政府目标，如指标能通过环境质量的变化程度反映政府政策的作用程度。第三，指标的综合性和定量化。设计一些简单而又说明问题的指标，同时用量化的形式表现这些指标，有利于用这些指标进行评价。第四，内在联系性。反映经济、社会与环境可持续发展的指标之间要具有一定的内在联系，要统一在一个综合框架内。

（三）几种有影响的可持续发展指标体系

1. 联合国可持续发展委员会（UN-CSD）的指标体系。

表 7-2　　　　CSD 提出的可持续发展指标体系摘录

分类	在《全球 21 世纪议程》中的章节	驱动力指标	状态指标	响应指标
社会	第 1 章：消除贫困	——失业率	——按人口计算的贫困指数 ——贫困差距指数 ——男女平均工资比例 ——收入不均的基尼系数	
	第 5 章：人口动态和可持续性	——人口增长率 ——净迁移率 ——总生育率	——人口密度	
	第 36 章：促进教育、公众认识和培训	——学龄人口增长率 ——初等学校在校生比率 ——中等学校在校生比率 ——成人识字率	——达到五年初等教育的孩子 ——预期学龄 ——男性和女性在校生比率 ——女性劳动力占男性劳动力的百分比	——教育投资占 GDP 的百分比

续表

分类	在《全球21世纪议程》中的章节	驱动力指标	状态指标	响应指标
社会	第6章：保护和增进人类健康 第7章：促进人口居住的可持续发展	——城镇人口增长率 ——人均机动车矿物燃料消费量 ——自然灾害造成人口和经济的损失	——基本清洁：拥有适当排泄设备人口占总人口的百分比 ——安全饮用水增加 ——预期寿命 ——出生正常体重 ——婴儿死亡率 ——产妇死亡率 ——孩子营养状况	——儿童免疫接种人数 ——避孕普及率
经济	第2章：加速可持续发展的国际合作	——人均GDP ——在GDP中净投资所占的份额 ——在GDP中进出口总额所占的份额	——经环境调整的GDP ——在总出口商品中制造业商品所占的份额	
环境	第18章：淡水资源的质量和供给保证	——地下水和地面水的年提取量 ——国内人均耗水量	——地下水储量 ——淡水中的粪便 ——大肠杆菌的浓度——水体中的BOD（生化需氧量，反映有机物的含量）	——废水处理率 ——水文网密度
	第10章：陆地资源的统筹规划和管理	——土地利用的变化	——土地状况的变化	——分散的地方水平的自然资源的管理
	第11章：森林毁灭的防治	——森林采伐强度	——森林面积的变化	——受管理的森林面积 ——受保护森林面积占总森林面积的百分比
	第9章：大气层的保护	——温室气体的释放 ——硫氧化物的释放 ——氮氧化物的释放 ——消耗臭氧层物质的消费	——城市周围大气污染物的浓度	——削减大气污染物的支出

续表

分类	在《全球21世纪议程》中的章节	驱动力指标	状态指标	响应指标
机构	第8章：将环境与发展纳入决策过程			——可持续发展战略 ——结合环境核算和经济核算的计划 ——环境影响评价

CSD 的评价指标体系构建的基础有三个：一是按"社会、经济、环境和机构"四大系统的模型将评价指标分为四大类，覆盖可持续发展的所有领域；二是按照 DSR 模型，将每一领域的评价指标按表征分为驱动力指标（造成不可持续发展的人类活动的表现）、状态指标（可持续发展过程中各系统的状态）和响应指标（人类为实现可持续发展所采取的措施和对策）。三是结合《全球21世纪议程》各章节的内容确定指标。

该指标体系满足了可持续发展指标的基本要求。但是，在指标框架上，环境类指标因果关系设计比较完美，指标的联系密切，其他方面指标的逻辑联系较弱；在指标选取上，指标之间的差别模糊，区分困难，有些归属不明确。另外，也存在指标多，层次分解不均的问题。

联合国统计局（UN-STAT）在1994年也提出一个构思相似的可持续发展指标体系框架 FISD（Framework for Indicatons of Sustainable Development）。该框架也是遵循"压力—状态"体系思路建立的，与"驱动力—状态—问题"模型很相似。与 CSD 指标不同的是 FISD 指标不是依环境因素或环境成分作为划分指标的依据，而是以《全球21世纪议程》中的主题章节作为可持续发展进程中应考虑的主要问题对指标进行分类。该指标体系由于与 CSD 指标体系类似，存在的问题也大体相同。

这两个指标体系都是在 DSR 模型基础上发展起来的，突出了环境指标之间的因果关系，在评价环境因素变化方面会取得预期效果，而对于社会、经济等类别的指标则作用有限。

2. 环境问题科学委员会的可持续发展指标体系（SCOPE）框架。

表 7-3　　　　　　　　　SCOPE 的指标体系

经　济	社　会	环　境
经济增长	失业指数	资源净消耗
存款率	贫困指数	混合污染
收支平衡	居住指数	生态系统风险/生命支持
国家债务	人力资本	对人类福利影响

SCOPE 的指标体系根据人类活动和环境相互作用的概念模型建立了一套指标体系，共有三个层次、25 个指标。该指标体系简化明了，易于认识和掌握。但是在利用层次分析法进行评价时，在指标权重的确定上存在不确定性。

3. 世界银行可持续发展指标体系。世界银行将可持续发展指标分为四个要素：自然资本、生产资本、人力资本、社会资本。世界银行可持续发展指标体系的意义在于：

第一，该体系反映了人类对于增长方式认识的飞跃。该指标体系把评价的重点放在财富的主要来源以及如何保持财富上，突出了自然资源的保护、人力资源的开发和基础设施的建设对于一个国家经济长期、健康、持续发展的重要性。

第二，强调重视人力资源开发的战略意义。该体系揭示了一个颇具新意的现实，即财富构成的三项来源中，人力资源在实际财富的构成中占了很大比率。那些高收入国家由于肯在教育、医疗、营养方面大量投资，他们在人力资源上获得的收益相当丰厚。证实了在知识经济的今天，加强人力资源开发与投资，是增进国民财富的明智之举。

表7-4 世界银行公布的不同类型国家拥有财富的比重及内容构成

	占世界总财富的%	构成财富的三个来源占总计的%		
		人造资本	自然资本	人力资源
原料出口国（63个发展中国家）	4.6	20	44	36
其他发展中国家（100个）	15.9	16	28	56
高收入国家（29个）	79.6	16	17	67

资料来源：世界银行1995年。

数字表明，不同类型国家由于采取的经济发展道路不同，创造财富的侧重点也不一样。

世界银行可持续发展指标体系赋予可持续发展科学的内涵。该体系将国家财富和可持续发展能力分解为四个基本方面：自然资本代表了生存与发展的基础；生产资本代表了可转换为市场需求的能力；人力资本代表了对于生产力发展的创造潜能；社会资本代表了国家和区域的组织能力。该指标体系更加全面与合理，与人均GDP相比，该体系更加准确估计了国家财富和可持续发展能力，并利用储蓄率的概念动态地表达了一个国家或地区可持续发展的能力，这种试图以单一的货币尺度对一个国家的总财富加以描述的方法，在操作上遇到困难。因为除了生产资本外，其他三种资本的货币化存在不同程度的困难。

（四）中国可持续发展指标的研究和建立

中国科学院可持续发展战略研究组按照可持续发展的系统方向，在世界上独立地设计了一套"五级叠加，逐层收敛，规范权重，统一排序"的可持续发展指标体系[1]。依照人口、资源、环境、经济、

---

[1] 秦大河、张坤民、牛文元：《中国人口资源环境与可持续发展》，新华出版社2002年版，第907页。

技术、管理相协调的基本原理，对有关要素进行了外部关联及内部自治的逻辑分析，并针对中国的发展特点和评判需要，把可持续发展指标体系分为总体层、系统层、状态层、变量层和要素层五个等级。

1. 总体层：将表达可持续发展的总体能力，它代表着战略实施的总体态势和总体效果。

2. 系统层：依照可持续发展的理论体系，将由内部的逻辑关系和函数关系分别表达为：生存支持系统、发展支持系统、环境支持系统、社会支持系统、智力支持系统。

3. 状态层：在每一个划分的系统内、能够代表系统行为的关系结构。在某一时刻的起点，它们表现为静态的，随着时间的变化，它们呈现动态的特征。

4. 变量层：共采用48个"指数"加以代表。它们从本质上反映状态的行为、关系、变化等的原因和动力。

5. 要素层：采用可测的、可比的、可以获得的指标及指标群，对变量层的数量表现、强度表现、速率表现给予直接地度量。

在可持续发展总体框架的原则下，采用了208个"指标"，全面系统地对于48个指数进行了定量的描述，构成了指标体系的最基层的要素。中国可持续发展指标体系的制订，体现了可持续发展的本质与内涵，与世界同类型的指标设计相比，中国的指标体系有以下几个明显的特点：

第一，完整地体现了可持续发展的"发展度、协调度、持续度"三者的统一，并且分别表达在五大支持系统之中。

第二，依序编制了"从生存到发展，从人与自然之间的关系到人与人之间的关系，从现状到未来"的数量特征，尽量避免人为主观的弊端。

第三，对于可持续发展在时间与空间的耦合方面，作出了重要的突破。

第四，具备了进一步从统计分析向逻辑构建，并最终实现函数表达的可能性。

第七章 可持续发展与政府规制体系

总体层	系统层	状态层	变量（要素）层

中国可持续发展总体能力

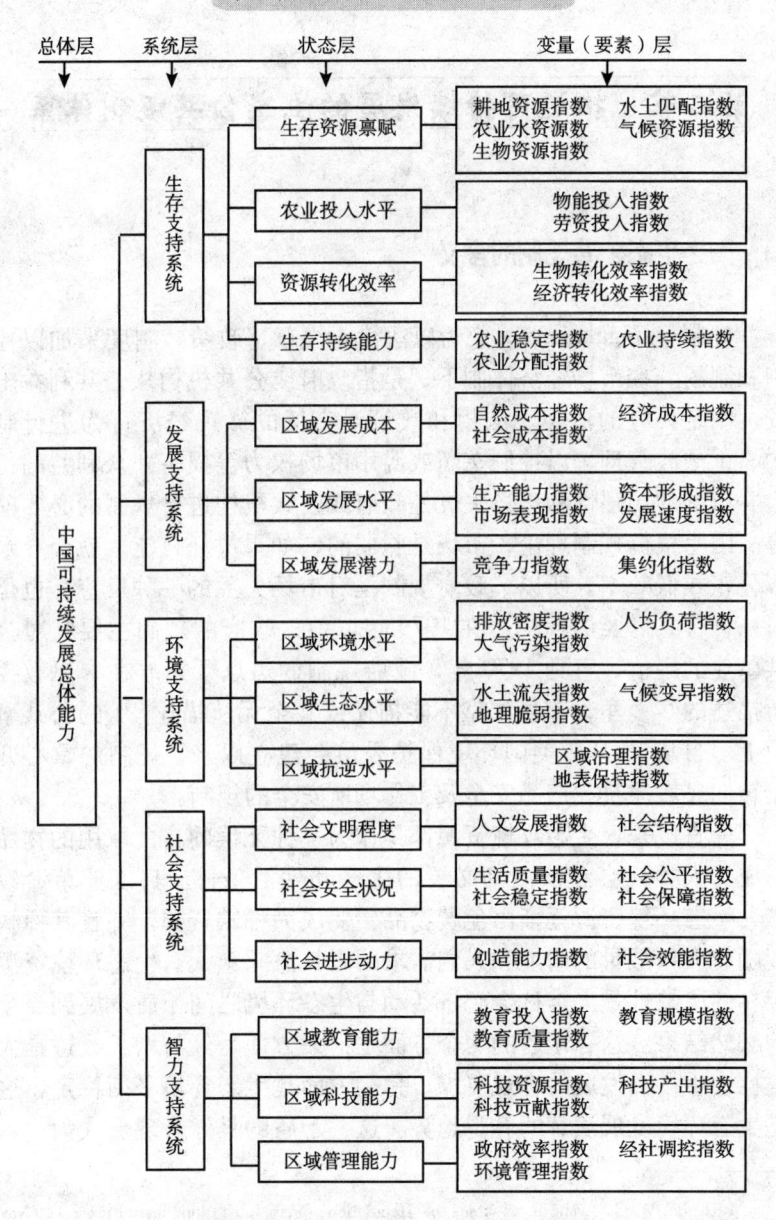

- 生存支持系统
  - 生存资源禀赋：耕地资源指数、水土匹配指数、农业水资源数、气候资源指数、生物资源指数
  - 农业投入水平：物能投入指数、劳资投入指数
  - 资源转化效率：生物转化效率指数、经济转化效率指数
  - 生存持续能力：农业稳定指数、农业持续指数、农业分配指数

- 发展支持系统
  - 区域发展成本：自然成本指数、经济成本指数、社会成本指数
  - 区域发展水平：生产能力指数、资本形成指数、市场表现指数、发展速度指数
  - 区域发展潜力：竞争力指数、集约化指数

- 环境支持系统
  - 区域环境水平：排放密度指数、人均负荷指数、大气污染指数
  - 区域生态水平：水土流失指数、气候变异指数、地理脆弱指数
  - 区域抗逆水平：区域治理指数、地表保持指数

- 社会支持系统
  - 社会文明程度：人文发展指数、社会结构指数
  - 社会安全状况：生活质量指数、社会公平指数、社会稳定指数、社会保障指数
  - 社会进步动力：创造能力指数、社会效能指数

- 智力支持系统
  - 区域教育能力：教育投入指数、教育规模指数、教育质量指数
  - 区域科技能力：科技资源指数、科技产出指数、科技贡献指数
  - 区域管理能力：政府效率指数、经社调控指数、环境管理指数

图 7-1 中国科学院可持续发展战略研究组可持续发展指标体系

191

第二节　推进可持续发展的生态公共规制体系

一、生态公共规制的含义

规制（Regulation），意为以法律、规章、政策、制度来加以控制和制约。在市场经济体制下，是指政府或公共机构从公共利益出发，制定相应的法律、法规和政策对市场的微观经济行为进行制约、干预或管理，以控制垄断或滥用市场权力等损害公众利益的行为。市场的局限性和市场失灵是政府或公共机构进行规制的必要前提。因为根据规制理论，市场是脆弱的，如果放任自流，就会导致不公正或低效率。所以，政府规制是对市场失灵的一种反应，也是对一种公共需要的反应。在 1970 年以前，政府的规制主要针对公共事业的定价，直到 1970 年，政府规制的焦点开始放在卡恩教授所描述的"竞争性市场模型不能描述或甚至无从描述"[1] 的公共事业上。自从 1970 年美国环境保护委员会建立以来，规制的重心开始转向环境质量、产品安全及工作场所安全的规制。

一直以来，生态环境资源都是作为一种无偿的自由取用的物品而成为人类社会经济活动必要的生产和生活条件。自工业革命以来，生态环境资源逐渐由免费物品转变成为稀缺资源，并且其稀缺度随着人口数量的增加和人们需求的增长愈来愈大。生态环境资源存在的稀缺性是人类社会经济活动与生态环境之间矛盾发展到当今的必然结果。这一矛盾的两个方面是：一方面是经济增长，这是人类社会生产力发展的客观要求；另一方面是生态环境平衡稳定，这是生态环境发展演替的客观趋势。这一矛盾的具体表现形式为：具

---

[1] Kahn W. G., The Economics of Regulation: Principles and Institution, 1, New York: Wiley, 1970.

第七章 可持续发展与政府规制体系

有增长型机制的经济活动对资源需求的无限性和具有稳定性机制的生态环境对资源供给的有限性之间的矛盾。

随着人类社会生产力的迅速发展，尤其是人口的膨胀和产业革命的进步，人类资源掠夺型经济增长不断地以生态环境恶化、资源枯竭为代价来满足人类社会经济发展的要求，从而使人类经济活动与生态环境之间的矛盾不断尖锐化，而且发展成为互为因果的两极：一方面，经济发展对生态环境资源的需求增加，使生态环境资源由免费物品转变成稀缺的经济资源；另一方面，负荷过重和遭到污染的生态环境资源的供给能力相对缩小，更使生态环境资源的稀缺度雪上加霜。因此，妥善解决上述矛盾，实现可持续发展，是环境意识日益觉醒的公众越来越强烈的呼声，是公众根本利益所在。

然而，单纯的市场机制不足以保证生态环境资源的有效配置，因为在许多情况下，生态环境资源具有公共品的特性，其消费的非竞争性和非排他性使人们往往选择搭便车；同时生态环境资源富有外部性，生态建设与保护会因为外部性，导致市场机制对其调节的失灵。生态环境产品的价格无法按其边际成本最优定价。因而，需要政府作为生态经济的规制主体对生态环境资源的配置进行规制。因此，在20世纪90年代，可持续发展战略已经成为国家战略，并成为各项公共政策制定的出发点的背景下，政府从公共利益出发，为确保生态环境资源的永续利用，建立相应的制度和政策措施，对生态环境资源的分配和使用进行规制是极为必要的。

政府对生态环境资源的规制效率取决于政府的工作效率和对生态环境市场扭曲的纠正程度，体现在增加生态产品供求的社会净福利上。当然，在存在市场失灵的同时，也会出现政府规制的失灵，一种失灵代替另一种失灵，不一定会增加社会的总福利，因此，必须从制度上优化政府对生态环境资源的规制体系。

二、生态公共规制体系的内容

生态公共规制体系大体由经济性、行政性、法律性和教育性四部分规制手段构成。

（一）经济性规制

经济性规制指政府通过间接经济手段对生态环境资源进行规制和管理。经济性规制手段的特点是按照经济利益原则，运用价值形式的经济杠杆以及经济合同和经济责任制等激励措施，通过提高逃避控制污染的成本，激励生产者提供最优的社会污染控制水平，对生态环境市场进行规制与管理。经济合作与发展组织在《环境管理中的经济手段》一书中，将经济性规制手段确定为五类：收费、补贴、押金——退款制度、市场创建、执行鼓励金。这一分类在国际上得到广泛的接受。

（二）法律规制

法律规制是通过立法和执法对生态环境资源市场进行管理和约束。法律规制手段是生态公共规制体系最重要的手段。立法是由国家制定或认可并由国家强制力保证实施的法律规范，是建立和维护环境法律秩序的主要依据，以明确、普遍的形式规定了国家机关、企事业单位、个人等法律主体在环境保护方面的权利、义务和法律责任，建立和保护人们之间环境法律关系的有条不紊状态，人们只有遵守和切实执行环境法，良好的环境法律秩序才能得到维护。环境法的实施过程，实质上就是以国家强制力为后盾，通过行政执法、司法、守法等多个环节来调整人与人之间的社会关系，使人们的活动特别是经济活动符合生态学等自然客观规律，从而协调人类与自然环境之间的关系，使人类活动对环境资源的影响不超出生态系统可以承受的范围，使经济社会的发展建立在适当的环境资源基础之上，实现可持续发展。

从法律的效力层级来看，我国的国家级环境法体系主要包括下列几个组成部分：宪法关于保护环境资源的规定；环境保护基本法；环境资源单行法；环境标准；其他部门法中关于保护环境资源的法律规范。此外，我国缔结或参加的有关保护环境资源的国际条约也是我国环境法律规制体系的有机组成部分。

（三）行政性规制

行政性规制指政府依靠行政组织，应用行政方法，对环境生态领域各项活动进行的超经济强制。包括制定和下达方针、政策、指令、指示、规定以及相应的行政管理等形式。行政手段具有权威性、无偿性、垂直性的特点。正是由于行政手段具备这些特点，行政手段实施起来时间短，起效快，对于处理突发性生态环境灾难及其后果具有较高的效率，行政手段与其他规制手段配合使用，也可以提高其他规制手段的效果。

（四）道德规制

道德规制是利用社会的第三种力量——社会道德教育和舆论监督对生态市场进行的规制。社会第三种力量是在行政干预、法律规范两种力量之外的解决环境负外部性的民间力量，如民间绿色组织、环境资源保护协会、家庭、学校、公共社区、社会舆论等。从现实来看，第三种力量所进行的社会道德教育和舆论监督对于抑制生态外部性具有行政、经济、法律途径所不可替代的作用。这是因为人本质上是社会性的人和有限理性的人，人的行为是互相影响的，通常是按照社会准则来要求自己和按社会可接受的方式行事，而生态教育能提供一种公共信息和生态准则，这能使相当部分的公众和厂商能主动遵守"生态纪律"，避免生态上的非理性行为，如损人利己和机会主义等。并且，通过第三种力量进行的社会舆论监督能在一定程度上有效地形成对生态负外部性制造者的约束。

第三种力量尽管在抑制生态负外部性问题上有独到的优势，但也存在着明显的局限性。主要是非强制性，难以形成强有力的硬约束；因此在效果上也存在非确定性，其作用的力度常常受到很多因素的制约，如国民的受教育程度、社会传统的生态道德观念、生态文化等，尤其要受到经济利益的制约。

汉密尔顿所著的《里约后五年——环境政策的创新》一书将实施可持续发展战略的政策手段列成以下矩阵：

表7-5　　　实施可持续发展战略的政策手段

主题	政策手段			
	利用市场	创建市场	实施环境法规	鼓励公众参与
资源管理与污染控制	减少补贴 环境税 使用费 押金——退款制度 专项补贴	产权/分散权利 可交易许可证 国际补偿制度	标准 禁令 许可证和配额	公众参与信息公开

资料来源：汉密尔顿：《里约后五年——环境政策的创新》，世界银行，1997年。

在该矩阵中，"利用市场"与"创建市场"所含的内容属于经济规制手段；"实施环境法规"所列内容属于法律规制手段；"鼓励公众参与"所列内容属于道德规制手段。政府生态规制的手段的划分只能是粗略的，不可能做到绝对的精确。因为有的规制手段并不只具有单一属性，比如，收费手段既可列入经济手段，又可列入行政手段，而且各种手段也往往配合使用。

第三节　生态环境的经济规制

政府的经济性规制手段的特点是按照经济利益原则，通过付费将环境资源的使用成本内化于厂商的经营决策，促使厂商将污染控制在社会最优水平，即控制污染的边际收益等于控制污染边际成本

第七章 可持续发展与政府规制体系

时的污染水平。至于用何种方式降低污染，则由厂商自主选择。根据经济合作与发展组织的分类，经济性规制手段主要有下列五类：收费、补贴、押金——退款制度、市场创建、执行鼓励金。这一分类在国际上得到广泛的接受。

我国学者沈满洪在前人研究成果的基础上，将环境经济手段归纳为两大类：庇古手段和科斯手段。[①]

```
                      ┌─ 庇古手段 ─┬─ 税收或收费
                      │           ├─ 补贴
环境经济手段 ─────────┤           └─ 押金——退款制度
                      │
                      └─ 科斯手段 ─┬─ 自愿协商
                                  └─ 排污许可证
```

一、排污税或排污收费

1. 排污税或排污收费基本原理。排污税或排污收费也叫庇古税，是对厂商直接向空气、水和土壤排污以及产生噪声的行为所进行的税收或收费。由于存在排污费，企业面临两种选择：减少污染或缴纳排污费。排污费给予厂商付费污染的权利，厂商可以自主决定自己的排污量。在环境保护方面，排污费的作用，一是通过收费消除私人成本与社会成本之间的差距，使厂商主动采取措施将个体污染降至社会最优水平；二是使环境污染造成的损失得到应有的经济补偿。目前排污费被世界各国广泛用于治理点源污染。

具体方法是：通过对每单位排放到环境中的污染物收费，可以使厂商将污染物的排放自动减少到一点，在这一点上，每单位污染控制成本恰好等于厂商不控制污染必须缴纳的排污税（费）。排污税使得生产者有激励开发和采用更先进的污染控制技术，来减少他们所必须缴纳的排污税。

[①] 沈满洪：《环境经济手段研究》，中国环境科学出版社2001年版，第83页。

表 7-6　　　　　　　排污收费对企业的影响

排污量（T/月）	10	9	8	7	6	5	4	3	2	1	0
边际控制成本（元）	0	15	30	50	70	90	115	135	175	230	290
污染控制成本（元）	0	15	45	95	165	255	370	505	680	910	1200
排污费（120元/T）	1200	1080	960	840	720	600	480	360	240	120	0
总成本（元）	1200	1095	1005	935	885	855	850	865	920	1030	1200

在设例中，如果排污费为 120 元/T，由于存在排污费，企业面临两种选择：减少污染或缴纳排污费。如果企业完全不控制污染，排污量最大达到 10T，污染控制成本为 0，排污费最大达到 1200 元；如果企业将排污量减少为 0，则企业的排污费为 0，需付出污染控制成本 1200 元。对企业来说，最好的选择是将排污量减少到 4T，这时，每单位污染控制成本近似等于厂商不控制污染必须缴纳的排污税（费），总成本最低。

排污费的基本原理是：假定生产者在生产产品的同时，也排放污染物。在政府没有设置排污税时，每个厂商不考虑外部损害时，生产者的利润最大化问题是：

$$\max Q[pQ - c(Q)]\quad (c\text{ 是成本函数})$$

此时，最优产量水平为 Q_1，净利润最大。有：

$$MB \equiv p \equiv c' \equiv MC$$

如果厂商把外部损害计入自己的成本函数，它的问题就变成：

$$\max Q[pQ - c(Q) - D(\beta Q)]$$（假定总的排污量用一个线性函数 $\alpha = \beta Q$ 表示，其中 β 是排污系数，且为常数。设 $D(\alpha)$ 是排污量为 α 时的货币化损失。）

此时，最优产量水平为 Q，净利润最大。有：

$$MB \equiv p \equiv c' + \beta D' \equiv MC + MSC$$

可见，如果把 MSC 纳入厂商决策，它的最优决策就是减少产量，购买和安装处理污染物的设备，在生产规模扩大的同时使污染物排放量保持在最优水平，直到边际收益等于边际私人成本和边际社会成本之和。

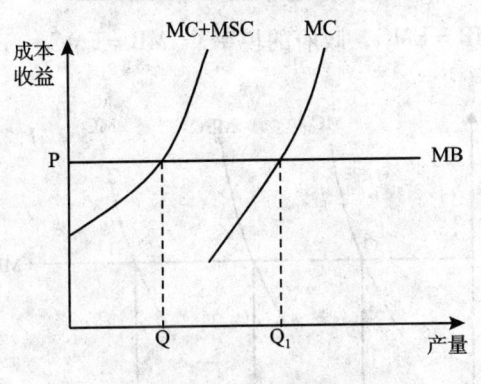

图 7-2 排污费的基本原理

将 MSC 纳入厂商决策的一种办法就是由政府收取与 MSC 相等的排污税：$t = \beta D'$。

这时生产者的问题就成为：$\max Q[pQ - c(Q) - tQ]$，生产者就会生产 Q，使利润最大化。$P = c + t$。

排污费的难题是污染损失的货币化衡量和对厂商控制污染成本的观测和估计。这二者是确定排污税水平的关键，一定要使 $t = MC = MB$，这样确定排污税水平才能达到控制污染的最佳效果。

当政府不能准确掌握厂商控制污染的 MC 和 MB 时，排污税或排污收费控制污染的效果就取决于成本曲线和效益曲线的斜率（反映 MC 和 MB 如何随着污染控制水平的变化而变化，平缓的曲线意味着当污染控制水平发生变化时，成本和收益变化不大，陡峭的曲线正好相反）以及预期与现实的偏离程度。

假定政府部门知道控制污染的 MB，但是不知道控制污染的 MC，那么，征收排污税或排污收费的效果取决于边际收益曲线的斜率。

如果边际收益曲线的斜率是水平的，那么即使不知道控制污染的边际成本情况也无所谓。因为，不必考虑成本情况也可以达到社会最优污染水平。如图 7-3。曲线 EMC 代表管理部门的预期边际成本。点 A 是预期的社会最优水平，在此点 $X = X_E$，边际收益等于边际成本，MB = EMC，政府的税率 t = MB = EMC。

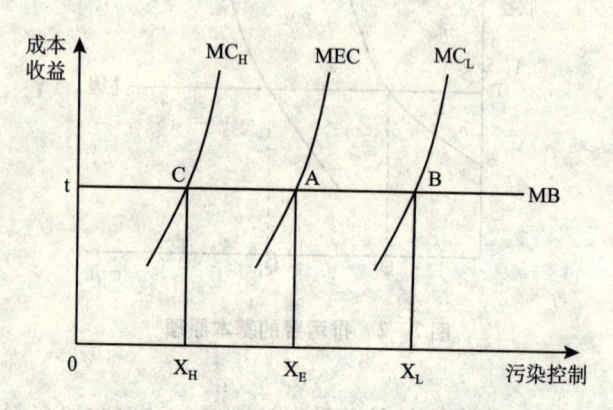

图 7-3 排污税水平与污染控制效果（a）

假定真实的边际成本低于预期边际成本，为图中的 MC_L，此时最优点在 B，MB = MC_L，t = MB = MC_L。私人最优点就是社会最优点，X = X_L。即使真实的边际成本高于预期边际成本，为图中 MC_H，结果也是一样的。t = MB = MC_H，X = X_H。此时社会最优与私人最优不存在差异。

如果边际收益曲线的斜率是陡峭的，情况则不同。此时，如果真实的边际成本低于预期边际成本，生产者对污染的控制就会过度，$X_L > X_2$（E 和 F 点），而 t = MC_L > MB；如果真实的边际成本高于预期边际成本，生产者对污染的控制就会不足，$X_H < X_1$，t = MC_H < MB（G 和 H 点）。

可见，真实成本与预期成本的差距越大，排污税的效果越差。或者污染控制过度，或者污染控制不足，产生低效率。将（b）图与（c）图的情况进行对比，会发现 MB 曲线越平，则低效率情况越轻。

假定政府部门知道控制污染的 MC，但是不知道控制污染的 MB，那么，征收排污税或排污收费仍然会造成污染控制过度或控制不足的情况。

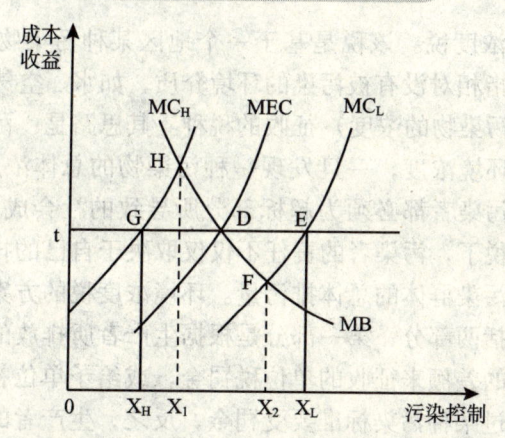

第七章 可持续发展与政府规制体系

图7-4 排污税水平与污染控制效果（b）

综上所述，制定最优庇古税不仅需要知道 MC 的信息，而且需要知道 MB 的信息。但是政府往往难以得到企业的这类信息，因为企业没有动力向政府提供这类信息，以帮助政府来制定费率或税率。这就是信息不对称问题。信息不对称问题是实施庇古税的一个重要障碍，因此，现实中很难真正达到最优污染水平。但只要排污税费的征收有助于使污染物排放量更接近而不是更偏离最优污染水平，征收排污税费就是可取的。

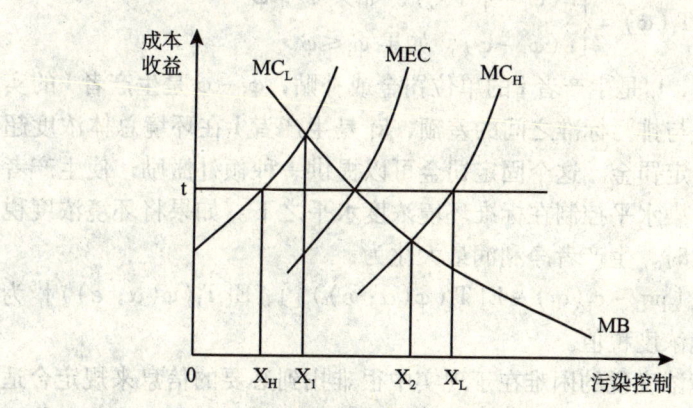

图7-5 排污税水平与污染控制效果（c）

2. 环境浓度税。该税是基于一个地区某种污染物总体环境浓度（一般是指相对没有被污染的环境介质，如水、空气等被污染的环境介质中污染物的浓度）征收的税种。其思路是：污染者总体必须满足总体环境浓度，一旦发现一种污染物的总体浓度水平超标，那么，每个污染者都必须为超标部分所导致的社会成本增加付费。在环境浓度税下，污染者的责任不仅仅取决于自己的排污水平，还取决于整个污染群体的总体排污量。环境浓度税的方案是：对排污者的税收包括两部分：第一部分是根据生产者所排放的污染量与某种污染标准的差额来征收的单位税罚金，或给予单位补贴。生产者的排污量超过某种污染标准要受罚金，反之，生产者的排污量低于某种污染标准可得到补贴。第二部分是地区总体环境浓度超标，带来社会成本损失而征收的总体罚金。假定社会由于环境浓度超标造成的成本损失是 1000 元，每个污染者就要支付 1000 元，而不是分担其中的一份。如果有 N 个污染者，则总的罚金为：N · 1000 元。这样一来，管理部门从污染者手中收取的费用超过了环境损失的社会成本，管理部门可以用多收取的费用加大污染处理的力度。该税种的最大优点是可使管理部门不必花大力气监督污染的排放。

环境浓度税可以用如下形式表达：

$$T_i(\varphi) = \begin{cases} t_i(\varphi_i - \varphi + k_i), & \text{如果 } \varphi_i > \varphi \\ t_i(\varphi_i - \varphi), & \text{如果 } \varphi_i \leq \varphi \end{cases}$$

其中，t_i 是生产者 i 的单位罚金或补贴，$\varphi_i - \varphi$ 是生产者 I 的实际排污量与排污标准之间的差额，k_i 是生产者 I 在环境总体浓度超标时的固定罚金。这个固定罚金可以提供一种额外激励，使生产者愿意把污染水平控制在标准环境浓度水平之下。如果将环境浓度税考虑在内时，生产者净利润最大化为：

$$\max_{qi}[pq_i - c_i(q_i) - E[T_i(\varphi(\alpha;\varepsilon))]], \quad E[T_i(\varphi(\alpha;\varepsilon))] \text{ 为}$$

预期环境浓度税值。

环境浓度税的困难在于现实中很难找到必要的信息来规定合适的税金（罚金或补贴），因此而阻碍实现将污染控制在社会最优污染水平上的目的。

3. 产品税。产品税是一种间接税金，是通过对那些引起污染问题的产出和投入直接征税，来间接影响生产者的行为。在现实中，有一些产品或原材料被应用于生产过程中，这些产品的原材料或它们的包装物被废弃时，会对环境产生污染。对于这样产品的原材料进行征税就是产品税。产品税通过提高污染性材料和产品的成本的方式，激励生产者和消费者用环保产品和材料替代非环保产品和材料，以达到减少污染的目的。

产品税可以用于产品生命周期的任何阶段，通过提高污染性产品生命周期中每个阶段的环保成本来控制污染，也就是针对产品的。它有多种形式，在现实中广泛应用。例如荷兰在石油关税上增加一个附加税来征收总体燃料税；挪威和瑞典对电池、肥料和杀虫剂征收产品税，意大利对塑料袋征收产品税，这些税都是由制造商和进口商缴纳的。但是如果缴纳税金的成本低于使用环保产品和材料，产品税就永远达不到减少污染的目的。

以上介绍的排污税或排污收费的主要功能是，提供经济刺激，改变污染者的行为。然而，在实际上这一功能从未真正实现过。其原因主要是：第一，在实践中，排污费常常被作为筹措资金的手段成为污染治理的重要资金来源；环保部门业务经费不足，再加上现有政策本身也认可"经费不足收费补"的做法，排污费也就自然地成为环保部门的"生命线"。特别是当排污费实际上成为污染治理资金以及环保自身建设资金的重要来源时，人们就会希望收费越多越好，而排污费的管理属性在本质上要求排污费应有越收越少的趋势。并且现行排污收费标准太低，排污单位宁愿缴纳排污费来"购买"排污权，也不愿拿出资金治理污染。据统计，现行排污收费标准只有实际治理费用的50%，有的甚至不足10%。排污收费标准低，削弱了其管理力度，事实上也就强化了筹资作用，而不能体现提供经济刺激的功能。第二，由政府征收排污费的制度安排是一种非市场化的配额交易，在这种制度安排下，政府制定排放标准，并强制征收排污费，始终处于主动地位，但是，它却不是排污和治污的主体；企业虽是排污和治污的主体，但却处于被动的地位，只要达到政府规定的污染排放标准，就没有再进一步治理污染，减少污染物排放的积极性了。因此，排污收费制度也不能对污染者行为的改变发生作用。排污收费实施20年来，中国的环境状况虽局部有所改善，但总体仍在恶化。排污收费已经蜕化为环境管理部门筹措资金的手段，保护环境的初衷并未得到重视和贯彻。事实表明，排污收费提高了财政收入，但对于改变排污者行为方面却效果不佳。在这样的背景下，排污权交易就成为当前受到各国普遍关注的环境经济政策。

二、排污权交易

1. 排污权交易原理。排污权交易（又被称为排污指标交易、环境容量使用权交易），是指在污染物排放总量控制指标确定的条件下，建立合法的污染物排放权利即排污权（这种权利通常以排污许可证的形式表现），并利用市场机制，通过污染者之间交易排污权，实现低成本污染治理。环境资源缺乏明晰的产权，是导致污染的最重要的原因。简而言之，排污权交易的核心是创造一种特殊的产权——排污权，并允许其像商品一样在市场上买卖，排污权买卖会形成排污权价格，价格信号会提供正确的激励，引导排污企业将自己的污染排放量设定在社会最优水平。

排污权交易的基本方法通常是政府部门通过对一个局部地区（可以是一个城市、一个厂区、一个流域等）环境容量或环境对污染物的自净能力进行评估，确定污染物的总量控制目标，然后再把该目标分解成一份份的排污权（以排污许可证代表）。按照企业的产值、能耗、生产规模等因素，通过无偿分配或拍卖等方式，将排污许可证分发给各个企业。每张许可证表示企业可以在一年内一定的排污数量，企业拥有的排污许可证的数量就表示了企业可以排污

第七章　可持续发展与政府规制体系

的数量。不管怎么分配,所有排污权量的总和始终不会超出总量控制的目标。我们把环境容量看做是资源,资源具有有限性,同时也会受外界的影响而发生变化。污染物排放总量指标是逐渐削减的指标,即随着人类文明的发展,污染物排放量也必须是逐步削减的,因此总量控制目标从长远看应该是个动态变化的过程。

上述排污权被允许像商品那样在市场上买入和卖出,以此来进行污染物的排放控制。只要污染源之间存在边际治理成本差异,排污权交易就可能使交易双方都受益。当环境容量资源为稀缺时,作为稀缺性资源的排污权就可以作为商品在市场上进行交易。

排污权要作为商品在市场上进行交易,必须存在供需双方。当一个产生污染的企业没有排污权时,企业就不可能生产出产品。企业为了自身的经济利益需求,就会设法取得排污权。当购进排污权进行生产能给企业带来利益,企业就会在经济利益驱动下,要求购买排污权,这就产生了市场中的需求方。同样,在市场中,存在这样一些企业,他们发现当他们把拥有的排污权用来生产时,带来的经济利益不如出售排污权时大,或者发现治理污染的边际成本小于排污权价格,就会主动治理污染,而将排污权在市场中出售,就形成了排污权的供应方。这样在供求双方的作用下,就形成排污权交易的市场,并形成一个排污权的均衡价格。这个价格可能会随着市场的变化而变化,但区域内的污染物排放总量则是一定的,并不影响环境质量。

根据图7-6,在不存在许可证情况下,企业排污量在 ef,即不控制污染的排放量;存在许可证的情况下,许可证的市场价格确定在 p^*,那么,企业将持有 e^* 量的许可证。因为,任何持有量少于 e^* 的企业,其边际控制成本 MAC 大于许可证价格 p^*,这时买许可证比降低排放量更合算;而假如企业持有的许可证数量大于 e^*,企业将选择卖出许可证,因为企业得到的价格大于它的边际控制成本。只有持有与企业的 MAC 相等的 e^*,在 e^* 上,企业控制污染的成本也最低。所以,在给定价格的情况下,MAC 大于许可证价格的企业更愿意持有更多的许可证，MAC 小于许可证价格的企业愿意卖出许可证。P^* 是许可证市场的均衡价格。每个企业都将其 MAC 曲线与许可证价格相比较，以决定持有多少许可证。如果 p^* 下跌，企业会持有更多许可证，放松污染控制。企业的 MAC 线就是许可证的价格需求曲线。一个地区内，所有企业的 MAC 线的汇总，就是这一地区的许可证需求曲线。见图 7-7。

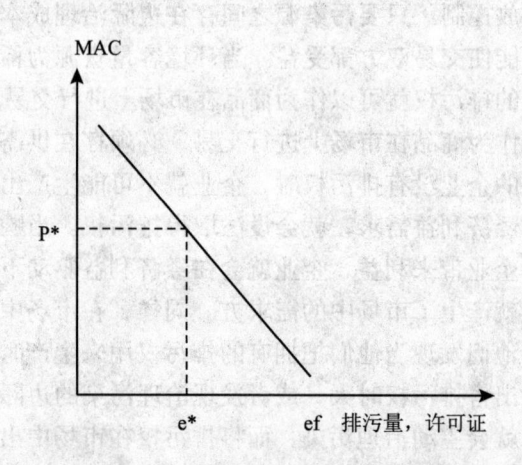

图 7-6　许可证线下企业的最佳选择

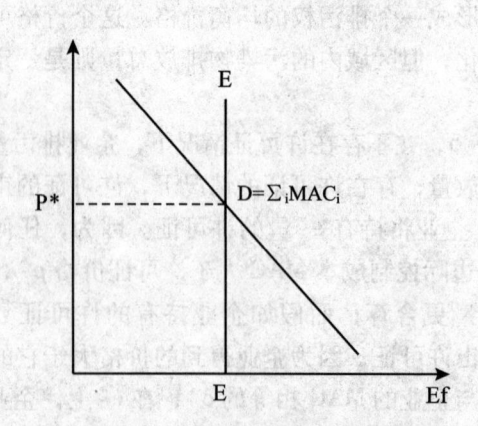

图 7-7　许可证的供给需求曲线

2. 排污权交易的特点。排污权交易是实施总量控制的手段。通过制定合理的总量控制目标，保证环境质量和生态环境的改善或不恶化。排污权交易是要在既定的总量控制目标下，通过排污权交易市场，把治理污染的行为自动发生在边际治理成本最低的污染源上。

与政府征收排污费不同，排污收费制度是先确定一个价格，然后让市场确定总排放水平；而排污权交易正好相反，即首先确定总排放量，然后再让市场确定价格。市场确定价格的过程就是优化资源配置的过程，也是优化污染治理责任配置的过程。

排污权交易的优势是明显的：（1）从企业排污权交易的动机来看，都是为了各自的经济利益，这必然促使他们在利用资源方面追求较高的经济效率；（2）从最后的效果来看，污染物的减排总是由治理成本低的企业完成，所以从总体上降低了污染治理的成本；（3）如果企业采用了先进的环保技术从而使排污量下降，多余的许可证可以在市场中出售从而获得经济利益，这就刺激了企业采用环保技术的积极性，也刺激了环保产业的发展；（4）排污权的制订者政府可以在市场通过回购排污许可证，从而实现污染物排放总量的减少，便于政府对环境总水平的宏观调控；（5）环保组织或其他非排污者，可以在市场中购买排污权以达到他们所期望的环境要求，这样通过市场就给非排污者创造了表达意见的机会。举例来说，假定 A 企业治理 1 吨二氧化硫的污染需耗费 1000 元，B 企业需要耗费 2000 元；如果 B 企业以 1500 元/吨的价格从 A 企业购买排污权，即相当于 A 企业替 B 企业治理污染；那么和 B 企业的治理成本相比，节省了 500 元，而对于 A 企业来说，额外获得 500 元的收入。双方都会乐于促成这笔交易。

3. 实行排污权交易的条件。如上所述，在环境保护的各种政策手段中，排污权交易对市场机制的利用最充分，如果条件合适，它可以对环境保护起到积极的作用。但是，也正因为排污权交易有赖于市场机制，因而采用这种手段就需要一系列条件。

(1) 合理分配排污权。按照"污染者付费"原则,排污权应该通过拍卖等手段,有偿分配给排污者。但由于较高的获取成本会使得排污权持有者有惜售心理,从而影响交易市场的形成。现实中往往采取根据一定的条件无偿分配的方式发放排污许可证。这样一来,又产生了两个问题:一是违背了"污染者付费"原则;二是使得新老污染源由于获取排污权方式的不同而处于不平等的竞争地位。因此,合理分配排污权,既能体现"污染者付费"原则,又不会由于获取成本过高而影响交易市场的形成,这是排污权交易的重要条件。

(2) 完善的市场条件。排污权既然可以买卖,而且从长期来看其价格呈上升趋势,就会有人炒卖排污许可证,甚至有可能出现某些人通过垄断排污权市场牟取暴利的现象。排污权的价格应该由市场决定,但排污权市场的交易秩序需要良好的交易环境。因此,完善的市场是排污权顺利交易的重要条件。

(3) 政府部门的有效管理。污染者之所以要购买排污权,是因为没有排污许可证就不能排污。如果政府无法确定目前排污许可证的分布状况,或者虽然能够确定,但无法制止无证排污(无法制止的原因,可能是限于人力物力,管不过来;也可能是污染者有法不依),那么,排污权交易就根本开展不起来。因此,政府对污染者排污的有效管理,就成为排污权交易存在的第三个条件。

政府部门的有效管理,还特别体现在维持和管理排污权市场竞争交易秩序的能力上。通过买卖排污许可证来保护环境,将使政府部门有关工作人员拥有很大的权力。因此,对这些工作人员的行为进行有效的监督,防止他们以权谋私,是实现政府部门有效管理的重要保障。

4. 排污权交易在我国的实践。排污权交易是由美国经济学家戴尔斯(Dales)于 20 世纪 70 年代提出,并首先被美国联邦环保局应用于大气污染及河流污染管理,特别是自 1990 年被用于二氧化硫(SO_2)排放总量控制以来,已经取得空前成功,获得了巨大的经济效益和社会效益。美国 1980~1999 年发电量增加 20% 以上，二氧化硫排放量却下降了 20% 以上。截至目前，每年二氧化硫排污权交易量高达 3500 万吨。运用交易的手段控制污染，不仅效果卓著，而且大大降低了治理成本和管理成本。

目前中国的排污权交易正在酝酿中，我国已经具备了实施排污权交易的基础。

首先，总量控制作为我国的一项环境政策已于 1996 年 9 月，在国务院的《"九五"期间全国主要污染物排放总量控制计划》中被正式提出。虽然，迄今为止还没有一部国家法律明确规定总量控制计划的法律地位或授权有关行政部门实施这项政策，但是在一些流域或地区法规中，已经开始比较全面地规定总量控制的要求。例如，在《淮河流域水污染防治暂行条例》中用第九条至第十四条共六条的内容，具体规定了国家在淮河流域实行水污染物排放总量控制制度的办法。在排污权交易的试点城市——本溪，也已经制定了"本溪市大气污染物排放总量控制管理条例"，它确立了总量控制的法律基础，并以法规的形式明确了排污权交易是作为实现总量控制的一种有效手段。

其次，排污许可证制度是 1989 年起开始实施的中国环境管理"新五项制度"中的一项。它是以污染物总量控制为基础，规定污染源许可排放污染物的种类、数量和去向的制度。由于排污许可证规定了排污者在一定时间内和允许范围内的最大允许排污量，代表了对资源使用的合理分配，因而使它具有了经济价值，可以在一定条件下进入市场进行交易，也就是像其他商品一样进行买卖。事实上，对排污许可证的买卖就是排污权交易的表现形式。由于排污许可证具有法律效力，因此排污受到法律约束，同时又受到法律保护。它与污染物总量控制制度的相互配套就为排污权交易的实施奠定了制度基础。

再次，排污权交易在中国已经有了一些成功的经验。据不完全统计，自 20 世纪 80 年代中期以来，中国已经至少在 10 个城市进

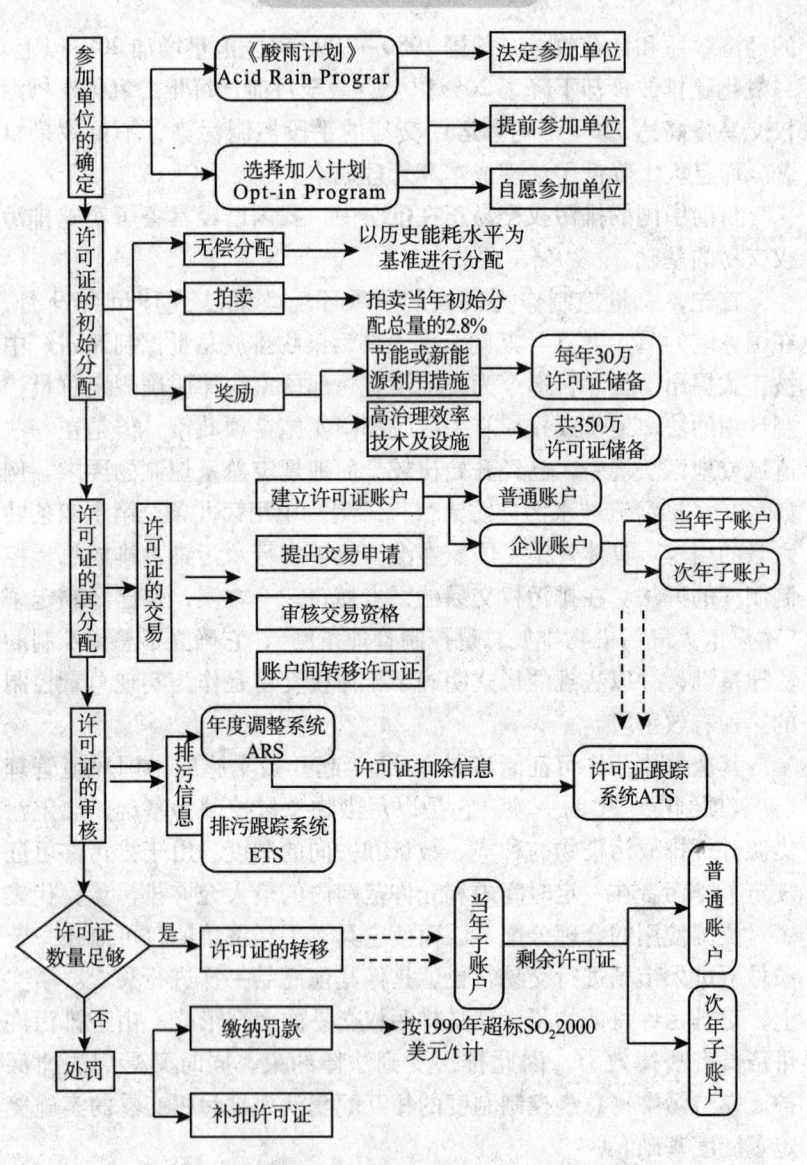

图 7-8 美国 SO_2 排污权交易政策体系结构示意

资料来源：马中：《环境与资源经济学概论》，高等教育出版社 1999 年版，第 215 页。

第七章 可持续发展与政府规制体系

行过排污权交易的试点,涉及的污染物包括大气污染物、水污染物等,并建立了包括排污权交易内容的部门规章和地方法规。这些试点城市的实践为排污权交易在中国的实施提供了宝贵的经验。

最后,国际合作也为排污权交易在中国的实施和推广提供了良好的条件。2001年5月23日,国家环保总局与美国环境保护协会签署了"关于合作研究二氧化硫总量控制与排污权交易的备忘录",由美国环保基金会提供技术、人力和资金的支持,帮助我国政府探索利用市场机制解决二氧化硫污染物排放问题。2001年9月,亚洲银行出资70万美元的环保试点工程——"二氧化硫排污交易制"也开始在中国的太原试行。

综上所述,我国的环境污染状况仍然十分严峻,而现有的环境经济政策还存在缺陷,在这样的背景下,要完成总量控制目标任务是非常艰巨的。排污权交易具有显著的环境、经济和社会效益,并且在我国已经具备了实施的基础。因此,在我国实施排污权交易不仅是必要的,也是可行的。

三、补贴

补贴是管理部门用来激励生产者进行污染控制,给予生产者某种形式的财务支持或补偿。补贴通常采取的形式有拨款、贷款和税金减免。补贴被各个国家广泛采用。如法国给工业提供贷款来控制水污染;意大利为固体废物回收提供补贴;荷兰对企业引进控制污染设备进行财政援助,德国为由于采取控制污染措施而导致资金周转不灵的小企业提供补贴。如果生产者得到补贴,它选择的产量水平要低于管理部门规定的产量水平,以保证管理部门规定的环境浓度标准。假定补贴 $S = r(Q - Q_1)$,其中:$r = D'\beta$ 代表生产 Q_1 的边际社会成本。如果 $Q_1 = Q$,那么,生产者将得不到补贴,$S = 0$。如果生产者停止生产,$Q_1 = 0$,那么,生产者将得到全部补贴,$S = rQ$。生产者面临的问题是:$\max Q[pQ - c(Q) + r(Q - Q_1)]$,其净利润最大化的产量水平是：$P = c' + r$。生产者每生产一个单位就会减少一单位补贴 r。因此，同排污税一样，能激励生产者减少产量达到社会最优水平。

但是从长远来看，在存在行业生产者进入和退出的情形下，税收可以减少社会总体污染，而补贴可能会增加社会总体污染。因为，如果行业是自由进出的，这样补贴会吸引更多的生产者进入，虽然他们中每个生产者的污染水平都下降了，但是由于行业生产者的数量增加，结果是总污染水平上升了。

四、押金——退款制度

押金——退款制度是指对潜在污染的产品增加一项额外费用，即押金，当该产品使用后的残余物回送到指定收集系统或污染处理达到规定要求时，就把押金退还给生产者或使用者。押金——退款制度使用得比较广泛，在国外，容器、电池和报废汽车都采用这种制度。对于具有回收利用价值的废弃或报废产品，如报废的汽车、金属容器、塑料容器、玻璃容器、可回收利用的灯管和蓄电池等，都可以采用押金——退款制度。押金——退款制度还刺激了安全废弃物市场的出现，激励人们把被随便扔掉的可以回收利用的物品收集起来，它为环保行为提供了经济利益，为破坏环境行为增加了成本。

第四节 生态环境的法律规制

法律手段产生与发展的根本原因在于环境问题的严重化以及强化国家环境管理职能的需要，并因各个国家国情的不同而各具特色。但纵观各国立法的目的、任务和功能，其法律规定又往往具有相似性，大都同时兼顾环境效益、经济效益和社会效益等多个目标，强调在保护和改善环境资源的基础上，保护人体健康和保障经济社会的持续发展。

由于环境法律规范的保护对象是整个人类环境和各种环境要素、自然资源，再加上立法本身不仅要符合技术、经济、社会等方面的状况、要求，而且还必须遵循自然规律，特别是生态学规律。因此，生态环境法的实施过程，实质上就是以国家强制力为后盾，通过行政执法、司法、守法等多个环节来调整人与人之间的社会关系，使人们的活动特别是经济活动符合生态学等自然客观规律，从而协调人类与自然环境之间的关系，使人类活动对环境资源的影响不超出生态系统可以承受的范围，使经济社会的发展建立在适当的环境资源基础之上，实现可持续发展。各种具体的环境法律法规，其立法机关、法律效力、形式、内容、目的和任务等往往各不相同，但从整体上看，又必然具有内在的协调性、统一性，组成一个完整的有机体系。而这种由有关开发、利用、保护和改善环境资源的各种法律规范所共同组成的相互联系、相互补充、内部协调一致的统一整体，就是所谓的环境法体系。

从法律的效力层级来看，我国的国家级环境法体系主要包括以下几个组成部分。

一、宪法关于保护环境资源的规定

宪法关于保护环境资源的规定在整个环境法体系中具有最高法律地位和法律权威，是环境立法的基础和根本依据。《宪法》第26条规定："国家保护和改善生活环境与生态环境，防治污染与其他公害"；第9条规定："矿藏、水流、森林、山岭、草原、荒地、滩涂等自然资源，都属于国家所有，即全民所有；由法律规定属于集体所有的森林和山岭、草原、荒地、滩涂除外。国家保障自然资源的合理利用，保护珍贵的动物和植物。禁止任何组织或个人用任何手段侵占或者破坏自然资源"。

二、环境保护基本法

环境保护基本法是对环境保护方面的重大问题作出规定和调整的综合性立法,在环境法体系中,具有仅次于宪法性规定的最高法律地位和效力。

我国的环境保护基本法是1989年12月26日颁布实施的《中华人民共和国环境保护法》。其主要内容是:

1. 规定环境法的目的和任务是保护和改善生活环境及生态环境,防治污染与其他公害,保障人体健康,促进社会主义现代化建设的发展。

2. 规定环境保护的对象是大气、水、海洋、土地、矿藏、森林、草原、野生生物、自然遗迹、人文遗迹、自然保护区、风景名胜区、城市和乡村等直接或间接影响人类生存与发展的环境要素。

3. 规定一切单位和个人均有保护环境的义务,对污染或破坏环境的单位或个人有监督、检举和控告的权利。

4. 规定环境保护应当遵循预防为主、防治结合、综合治理原则、经济发展与环境保护相协调原则、污染者治理、开发者养护原则、公众参与原则等基本原则;应当实行环境影响评价制度、"三同时"制度、征收排污费制度、排污申报登记制度、限期治理制度、现场检查制度、强制性应急措施制度等法律制度。

5. 规定防治环境污染、保护自然环境的基本要求及相应的法律义务。

6. 规定中央和地方环境管理机关的环境监督管理权限及任务。

三、环境资源单行法

环境资源单行法是针对某一特定的环境要素或特定的环境社会关系进行调整的专门性法律法规,具有量多面广的特点,是环境法的主体部分，主要由以下几个方面的立法构成：

1. 土地利用规划法：包括国土整治、城市规划、村镇规划等法律法规。目前，我国已经颁布的有关法律法规主要有《城市规划法》、《村庄和集镇规划建设管理条例》等。

2. 环境污染和其他公害防治法：包括大气污染防治法、水污染防治法、噪声污染防治法、固体废物污染防治法、有毒化学品管理法、放射性污染防治法、恶臭污染防治法、振动控制法等。目前，我国已经颁布的此类单行法律法规主要有《大气污染防治法》及其实施细则，《水污染防治法》及其实施细则，《海洋环境保护法》及其3个实施条例、《环境噪声污染防治法》、《固体废弃物污染环境防治法》、《淮河流域水污染防治暂行条例》、《放射性同位素与射线装置放射防护条例》等。

3. 自然资源保护法：包括土地资源保护法、矿产资源保护法、水资源保护法、森林资源保护法、草原资源保护法、渔业资源保护法等。目前，我国已经颁布的有关法律法规主要有《土地管理法》及其实施条例、《矿产资源法》及其实施细则、《水法》、《森林法》及其实施细则、《草原法》、《渔业法》及其实施细则、《水产资源繁殖保护条例》、《基本农田保护条例》、《土地复垦规定》、《森林防火条例》、《草原防火条例》等。

4. 自然保护法：包括野生动植物保护法、水土保持法、湿地保护法、荒漠化防治法、海岸带保护法、绿化法以及风景名胜、自然遗迹、人文遗迹等特殊景观保护法等。目前，我国已经颁布的有关法律法规主要有《野生动物保护法》及其实施条例、《水土保持法》及其实施细则、《自然保护区条例》、《风景名胜区管理暂行条例》、《野生植物保护条例》、《城市绿化条例》等。

四、环境标准

环境标准是由行政机关根据立法机关的授权而制定和颁发的，

旨在控制环境污染、维护生态平衡和环境质量、保护人体健康和财产安全的各种法律性技术指标和规范的总称。环境标准一经批准发布，各有关单位必须严格贯彻执行，不得擅自变更或降低。作为环境法的一个有机组成部分，环境标准在环境监督管理中起着极为重要的作用，无论是确定环境目标、制定环境规划、监测和评价环境质量，还是制订和实施环境法，都必须以环境标准这一"标尺"作为其基础和依据。根据《环境保护法》和《环境保护标准管理办法》的规定，我国的环境标准由三类两级组成，即在类别上包括环境质量标准、污染物排放标准、环境保护基础标准及方法标准三类，在级别上包括国家级和地方级（实际上为省级）两级。其中，国家环境质量标准、国家污染物排放标准由国务院环境保护行政主管部门制定、审批、颁布和废止；省、自治区、直辖市人民政府对国家环境质量标准中未作规定的项目，可以制定地方环境质量标准，并报国务院环境保护行政主管部门备案；省、自治区、直辖市人民政府对国家污染物排放标准中未作规定的项目，可以制定地方污染物排放标准；对国家污染物排放标准中已作了规定的项目，可以制订严于国家污染物排放标准的地方污染物排放标准。地方污染物排放标准须报国务院环境保护行政主管部门备案。而且凡向已有地方污染物排放标准的区域排放污染物的，应当执行地方污染物排放标准。

环境质量标准是指国家为保护公民身体健康、财产安全、生存环境而制定的空气、水等环境要素中所含污染物或其他有害因素的最高允许值。如果环境中某种污染物或有害因素的含量高于该允许限额，人体健康、财产、生态环境就会受到损害；反之，则不会产生危害。因此，环境质量标准是环境保护的目标值，也是制订污染物排放标准的重要依据。从法律角度看，它是判断环境是否已经受到污染、排污者是否应当承担排除侵害、赔偿损失等民事责任的根据。

污染物排放标准是指为了实现环境质量标准和环境目标，结合环境特点或经济技术条件而制定的污染源所排放污染物的最高允许限额。它作为达到环境质量标准和环境目标的最重要手段，是环境标准中最为复杂的一类标准。

环境保护基础标准是为了在确定环境质量标准、污染物排放标准和进行其他环境保护工作中增强资料的可比性和规范化而制定的符号、准则、计算公式等。而环境保护方法标准则是关于污染物取样、分析、测试等的标准。就其法律意义而言，环境保护基础标准和方法标准是确认环境纠纷中争议各方所出示的证据是否合法的根据。只有当争议各方所出示的证据是按照环境保护方法标准所规定的采样、分析、试验办法得出，并以环境保护基础标准所规定的符号、原则、公式计算出来的数据时，才具有可靠性和与环境质量标准、污染物排放标准的可比性，其属于合法证据；反之，即为没有法律效力的证据。

五、其他部门法中有关保护环境资源的法律规范

在行政法、民法、刑法、经济法、劳动法等部门法中也有一些有关保护环境资源的法律规范，其内容较为庞杂。例如，《治安管理处罚条例》第 25 条第 1 款关于对故意污损国家保护的文物、名胜古迹，尚不够刑事处分者处以 200 元以下罚款或者警告的规定；第 6 款、第 7 款关于对破坏草坪、花卉、树木者以及在城镇使用音响器材，音量过大，影响周围居民工作或休息，不听制止者，处以 50 元以下罚款或者警告的规定；《民法通则》第 83 条关于不动产相邻关系的规定；第 123 条关于高度危险作业侵权的规定；第 124 条关于环境污染侵权的规定；《对外合作开采石油资源条例》第 24 条关于作业者、承包者在实施石油作业中应当保护渔业资源和其他自然资源，防止对大气、海洋、河流、湖泊、陆地等环境的污染和损害的规定；《刑法》第六章第六节关于"破坏环境资源保护罪"的规定等，均属于环境法体系的重要

组成部分。此外，环境行政处罚、环境行政诉讼、环境民事诉讼、环境刑事诉讼等也必须适用《行政处罚法》、《行政诉讼法》、《民事诉讼法》、《刑事诉讼法》等，与这些法律存在着不可分割的密切联系。

六、我国缔结或参加的有关保护环境资源的国际条约、国际公约

为了协调世界各国的环境保护活动，保护自然资源和应付日趋严重的气候变暖、酸雨、臭氧层破坏、生物多样性锐减等全球性环境问题，于是产生了国际环境法。它是调整国家之间在开发、利用、保护和改善环境资源的活动中所产生的各种关系的有拘束力的原则、规则、规章、制度的总称。《中华人民共和国环境保护法》第46条明确规定，我国缔结或参加的与环境保护有关的国际条约，同我国法律有不同规定的，除我国声明保留的条款外，适用国际条约的规定。由此可以说，国际环境法是我国环境法体系的特殊组成部分，行为人也必须遵守有关规定。而我国迄今所缔结或参加的有关保护环境资源的国际公约共计20多项。

第五节 生态环境的行政规制

一、行政规制的基本手段

1. 限价。限价属于价格控制，不但制约市场价格的自动调整，还制约买卖者之间的价格谈判。在生态领域，政府的最高限价常常用于垄断性自然资源及其相关产品（如水、电等），最低限价常常用于紧缺的自然生态资源产品（如稀有金属等）或用于维持和改善

某些具有潜在价值的废弃物的市场，以促进该废弃物的再利用。例如，废纸回收市场价格很不稳定，为维持这个市场，可由政府规定最低限价。最高、最低限价在执行方面都需要政府投入一定的成本，以阻止市场上出现的垄断抬价和竞争性折价。如欧盟给从事有机农业生产的农民一定数量的补贴，或给消费者一定数量的补贴，实施有机农业发展政策。

2. 进入限制。这是政府采用的最直接的规制手段。例如，环保机构直接禁止某种杀虫剂的生产和使用。对企业进入某一生态市场的规制，会限制交易者的订约机会，但是有助于把严重污染的产品生产排除在外。

3. 产品特征限制。包括产品质量、安全性、耐久性及清洁方面的限制，是国际贸易中常见的生态规制手段之一。国内市场也开始重视使用。建立和实施产品质量标准，以期达到产品安全与有效是这类规则常见的形式，食品规制和消费者保护在很大程度上依赖这些标准。产品特征限制会限制消费者选择的范围，也会制约生产者可能生产的范围。这可能对市场形成带来损失，但是可以减少公害品的产生，促进公益品的生产。

4. 企业投入与技术规制。这是政府从技术方面对生态市场进行的规制。包括对企业项目投资的环境评估及其技术使用的要求。其中技术规制常用的方法是建立技术生产标准，对特定产品的生产程序或过程提出要求，厂商必须按照标准投入新技术，或建造减少排污的特定设备。技术生产标准改变了产品的生产过程，企业投入与技术规制同样会影响投入品或产出品市场的交易范围。如在投入品市场上，政府对燃料使用方法的限制，可能会影响到受规制企业与供应商之间的交易活动；在产出品市场上，政府对技术的限制类似于对产品特征的限制。

5. 强制刺激手段。这是指对违章者通过预付款或补交款给予惩罚。其形式有违章罚款和履约保证金两种。但是只有违章罚款在一些国家中得到广泛应用。我国实施的"三同时"（建设项目过程的治污设施必须与主体工程同时设计、同时施工、同时生产）制度保证金则属于履约保证金。

二、环境生态行政规制的实施条件

1. 实施条件。实施以市场为基础的环境生态规制政策与手段，必须具备以下的条件：

①比较完备的市场体系。环境生态规制是政府管理部门通过各种规制手段，直接或间接调控管理对象的行为。因此，环境生态规制政策成功与否，取决于市场的完善程度。如果市场功能不健全，管理者就失去了传递意图的中介，或者导致市场信号失真；而管理对象可能对市场信号反应迟钝，甚至不发生反应和不在乎市场是否存在，最终导致环境规制的效率减低甚至失败。

②相应的法律保障。市场经济是法制的经济，参与市场运行的环境生态政策，只有在相应的法律保障之下，才具有合法性和权威性。因此，政府在进行环境生态规制的时候，必须首先寻求法律体系的支持。如果某项环境生态政策与现行法律相冲突，除非修改有关法律条文，否则政策不可被执行。这在国外已有先例。例如，巴西的宪法只允许对每一项交易征收一种税，因此，在现行宪法体制下，对任何已经征税的生产和消费活动再征收环境税就属于违法行为，不可能被执行。另一方面，如果拟议的环境经济政策与现行法律不相悖，也必须获得法律认可，赋予政策合法地位。这种法律保障除了确认该政策的合法性之外，还要授权主管部门制定政策的实施细节和管理规定。

③配套的规章和机构。环境生态规制的实施需要必要的规章和机构。例如，排污收费制度的实施，需要制定具体的实施细则和详细的收费标准，建立负责费用征收、资金使用和管理的环境监理机构。

④相应的数据和信息。必要的数据信息仍然是环境经济政策制

第七章 可持续发展与政府规制体系

定与实施的重要条件。管理者若要在最优水平上实施调控，例如，使边际控制成本等于边际损害成本，就必须掌握关于污染控制（或资源保护）成本函数以及环境损害函数等数据信息。

2. 影响因素。从总体看，影响环境生态规制的因素主要有以下几方面：

①政策可接受性。有些环境经济政策付诸实施后，会影响一些部门、地区或团体的利益。受影响的利益集团会采取相应的反措施，抵制环境经济政策的施行，当反对的力量强大到足以影响政治决策过程时，该项环境经济政策就会被修改乃至被放弃。因此，考虑一项环境经济政策能否施行，有必要评价其政治和社会的可接受程度。

②相关政策的制约。现行的法规框架，为环境经济政策的选择划定了有限的生存空间，在此范围之内，环境经济政策与其他经济政策之间的关系，只能采取配合而不是冲突的形式。例如，在我国建立环境保护基金或投资公司，根据有关政策规定，必须经由中国人民银行批准；从国外融资，要经过有关部门批准并符合国家控制外债规模的要求；基金的资金规模，要符合计划和财政部门的宏观投资计划。否则，一些在环保部门内部合理的、有意义的设想，一旦放在国民经济运行的背景之下，可能会同国家的宏观经济政策相抵触，而不具备现实可实施性。

③管理的可行性。管理的可行性既影响环境经济政策的选择，也影响具体政策的执行。例如，荷兰1988年实行的环境税，因税种太多，难以管理，因而于1992年将五种税改为一种税。我国正在推行的排污许可证制度，由于技术含量高，在许多地区难以操作，也在一定程度上妨碍了这一制度的推广。

④公平性的考虑。对社会公平性的考虑也会制约一些环境经济政策的选择与使用，因为在决策者看来，有些经济手段的实施可能会引起社会不公平问题。例如，如果普遍提高水资源的价格，对于规模不同的生产者，收入不等的社会阶层，其意义和影响是不同

的，这就可能导致不公平问题。

⑤对市场竞争力的担心。环境经济政策最终要参与国民经济运行，发挥宏观调控的功能。一些部门和地方政府担心，施行环境经济政策会给企业造成经济负担，影响经济效益水平，最终削弱本部门或地方产品的市场竞争力。因此，可能对于一些环境经济政策持消极或抵触态度，干扰环境经济政策的实施。

⑥产业政策。各级政府为实现特定时期的经济目标而制定的一些产业政策，也会影响环境经济政策的实施。例如，为扶持和保护国内某种产业，提供财政补贴和征收高额关税；为鼓励出口而对有关产业或企业提供补贴等，都会妨碍环境经济政策的实施，不利于环境成本内部化。

第六节 可持续发展的环境伦理

一、环境伦理的内涵

环境伦理是指人对自然的伦理。它涉及人类在处理与自然之间的关系时，何者为正当、合理的行为，以及人类对于自然界负有什么样的义务等问题。提倡环境伦理源于人类对以往人类文明的反省以及当代全球性环境问题产生的危机意识。早在20世纪20年代，当环境问题尚未成为"全球性问题"时，就有一些有识之士意识到保护地球环境的重要性，提出保护地球是人类的义务和责任。60年代以后，全球生态环境问题日益突出，如何从规范人们的行为入手，为现代人提供适合当代生态文明的环境伦理，更成为学术界和社会人士普遍关心的问题。迄今为止，人类从保存和爱护自然环境出发，提出了关于环境伦理学的各种观点。比较有代表性的观点如"生命中心主义"。《尊重自然》一书的作者P. W. 泰勒主张，不仅动物有"权利",而且包括植物在内的所有生命体都有其自身的"固有的价值"。因此,都应当受到同等的尊重。还有"地球整体主义",被视为环境伦理学先驱的李奥波德在1949年出版的《大地伦理学》中正式提出,不仅生命体具有内在的价值,包括土地、岩石和自然景观在内的整个自然界都有其"固有的价值"和"权利"。要"规范人与大地以及人与依存于大地的动植物之间关系的伦理规则",要将人"从大地这一共同体的征服者转变成为这一共同体的平凡一员、一个构成要素"。此外,代际均等的环境伦理观考虑环境问题的出发点是:我们对自然界的道德义务,最终都源于我们人类各成员相互间所应承担的义务。在享有自然资源与拥有良好的环境上,我们的子孙后代与我们当代人具有同等的权利。因此,从子孙后代的权益考虑,我们当代人应该约束自己的行为,制定对自然的道德规则与义务,使自然环境得到保护。

上述几种环境伦理观由于出发点和考虑问题角度的不同,各自成为相对独立的思想体系,但这些不同思想取向的环境伦理在根本目标与思想取向上是一致的,就是试图通过提出人与自然环境之间的伦理关系,来解决人类面临的日益严峻的生态破坏与环境污染问题。将这些环境伦理思想综合起来,就构成现代环境伦理观的基本内容。

二、环境伦理的主要内容

(一)尊重与善待自然

如果不从人类自己的利益和好恶出发,而从整个地球的进化来看待自然,那么,大自然除了能够提供不同用途的资源供人类使用之外,还具有它本身的价值。这种价值可称之为"内在的价值"。自然界值得珍惜的重要价值之一是它对生命的创造。这种生命的创造是大自然的奇迹,亦是人类应对自然生态表示尊重与敬意的原因之一。地球作为"生物圈"值得珍惜的另一种价值是它的生态区位的多样性与丰富性。自然在进化的过程中不仅创造出愈来愈多的生命物种,而且创造出多种多样适宜生命物种居住和繁衍的生态环境。除创造了生命和为各种生命物种提供生存与生活的合适环境之外,大自然的价值还表现在它作为一个系统所具有的稳定性与统一性。这种生态系统的完整性和统一性,体现着地球作为一个整体的价值高于其他的局部价值。对自然生态价值的认识与承认导致了人类对它的责任和义务。从维持和保护自然生态的价值出发,一种尊重与善待自然的原则是环境伦理学所要求于人类的。具体来说,人类必须做到:

1. 尊重地球上一切生命物种。地球生态系统中的所有生命物种都参与了生态进化的过程,并且具有它们适合环境的优越性和追求自己生存的目的性;它们在生态价值方面是平等的。因此,人类应该平等地对待它们,尊重它们的自然生存权利。从环境伦理来看,人类的伦理道德意识不只表现在爱同类,还表现在平等地对待万物众生和尊重它们的自然生命权利。所谓平等地对待所有生命体是要求不要从狭隘的人类利益的角度,而要从整个自然生态的角度来处理人类与其他生命体的关系。

2. 尊重自然生态的和谐与稳定。地球生态系统是一个交融互摄、互相依存的系统。因此,在自然生态价值的保存中首要的是维持它的稳定性、整合性和平衡性。在整个自然进化的系列中,只有人类最有资格和能力担负起保护地球自然生态及维持其持续进化的责任,因为人类是地球进化史上晚出的成员,处于整个自然进化的最高级,只有他对整个自然生态系统的这种整体性与稳定性具有理性的认识能力。

3. 顺应自然的生活。人类应该从自然中学习到生活的智慧,过一种有利于环境保护和生态平衡的生活,因此,如下几条原则是必须遵循的:(1)最小伤害性原则:在人类利益与生态利益发生冲突时,必须采取对自然生态的伤害减至最低限度的做法。(2)比例性原则：所有生物体（包括人类）的利益，都可以区分为基本利益和非基本利益。前者关系到生物体的生存，而后者却不是生存所必需的。比例性原则要求人类利益与野生动植物利益发生冲突时，对基本利益的考虑应大于对非基本利益的考虑。从这一原则出发，人类的许多非基本利益应该让位于野生动植物的基本利益。（3）分配公正原则：在人类与自然生物的关系中，有时会遇到基本利益相冲突的情形。这时候，依据分配公正原则，双方都需要的自然资源必须共享。（4）公正补偿原则：在人类谋求基本需要和发展经济的活动中，不可避免地给自然野地和野生动植物造成很大危害。这时候，人类应当对自然生态的破坏进行补偿。

（二）关心个人并关心人类

环境伦理从自然生态系统的角度看待各种价值，包括生命体的价值。因此，对人类及其个体生命价值的尊重与维护，自然是其题中应有之义。从权利角度来看，环境权是个人的基本人权，所以，1992年联合国环境和发展会议《里约热内卢宣言》中作了这样的规定："人类拥有与自然协调的、健康的生产和活动的权利"。环境问题的复杂性在于：人类面对环境的行为往往不是个人的行为。就是说，对环境的治理或者环境的保护，需要群体的努力和合作才能奏效；另一方面，任何个人对待环境的行为和做法，其环境后果都不限于个人，而会对周围乃至整个人类造成影响。换言之，在环境问题上，个人的利益和价值与群体的利益和价值、区域性的利益和价值与全球性的利益和价值常常是无法截然分开的。为此，在对待环境问题上，要求人类确立如下处理人与人之间关系的行为准则：

1. 正义原则。按照环境伦理观，不顾及环境后果，仅仅追求生产率增长的行为不仅是不道德的，而且是不正义的。因为它直接侵犯了每个人平等享用自然环境的权利，而环境权是属于每个人的基本人权。总之，按照环境伦理，任何向自然界排放污染物以及肆意破坏自然环境的行为都是非正义的，应该受到社会舆论的谴责；

而任何有利于环境保护与生态价值维护的行为都是正义的,应该得到社会舆论的褒扬。

2. 公正原则。在人类的经济活动中,采取简陋的工艺生产产品,导致环境污染,这种行为不仅侵犯了社会公众的利益,而且对于其他采取先进环保技术而避免或减少环境污染的企业来说是不公正的。这时,公正原则要求我们在治理环境和处理环境纠纷时维持公道。公正的做法是由污染环境的企业承担责任并赔偿环境污染造成的损失。应该强调的是,环境伦理中的公正原则其实是"公益原则",因为自然环境和自然资源属于全社会乃至全人类所有,对它的使用和消耗要兼顾个人、企业和社会的利益,这才是公正的。

3. 权利平等原则。由于地球上的环境资源是有限的,对于有限的资源,一些人消费多了,另一些人就消费少了。因此,在环境资源的使用和消耗上要讲究权利的平等。权利平等原则不仅适用于人与人之间、企业与企业之间,而且适用于地区与地区、国与国之间。由于历史原因与经济发展水平不一样,当前地区与地区之间、国家与国家之间消耗自然资源的差别是很大的,从而产生富者愈富、穷者愈穷的现象。根据人类生存、享受和发展权利平等的原则,富国不仅应该限制自己对自然资源的大量消耗,节制自己的奢侈和浪费行为,而且应该帮助穷国发展经济,摆脱穷困。

4. 合作原则。事实告诉我们生态危机和环境灾难是没有地域边界的;在环境问题上,全球是一个整体,命运相联,休戚与共。一旦全球性的生态破坏出现,任何地区和国家都将蒙受其害;而且全球性环境问题具有扩散性、持续性的特点,任何一个国家和地区要在这个问题上单独采取行动,其效果甚微,甚至无能为力。反过来,任何国家也无法因为其本国的生态技术和环境技术高超,就能避免其他地区的生态破坏给它带来的危害。因此,在环境的保护和治理问题上,地区与地区、国与国之间要进行充分的合作。只有这样,全球性的环境问题才能得到解决和克服。

第七章　可持续发展与政府规制体系

（三）着眼当前并思虑未来

人类不同于自然界其他生物之处在于：除了都具有繁衍和照顾后代的本能之外，还意识到个体对后代承担的道德义务与责任。因此，如何对待子孙后代的问题，对于人类来说还是一个伦理和道德的问题。环境问题直接关系到当代人与后代人的利益。在环境问题上，如同个人利益和价值同群体利益与价值有时会不一致一样，人类的当前利益、价值与长远的子孙未来的利益、价值难免会发生冲突。同时，实际生活中，眼前的当代人的利益和价值易于发现，而未来的后代人的利益和价值容易忽视。因此，环境伦理要求人类应该对未来的子孙后代的利益和价值予以更多的考虑，并从后代人的立场上对我们当前的环境行为作出道德判断。环境问题在涉及后代人的利益时，必须考虑如下几条准则：

1. 责任原则。环境伦理强调：环境权不仅适用于当代人类，而且适用于子孙后代。因此，如何确保子孙后代有一个合适的生存环境与空间，是当代人责无旁贷的义务和责任。

2. 节约原则。从总体上看，地球上可供人类利用和开发的资源是有极限的，所以人类在自然资源的利用和开发上，要为后代人着想，这需要我们在自然环境和自然资源的利用上奉行节约原则。包括采用节约的生产方式和生活方式。节约原则的实施不仅仅出于经济上节约成本的考虑，也是从为子孙后代留下一个可供长期利用和享用的自然界的考虑，它是道义的而不是经济学的。

3. 慎行原则。人类改变和利用自然行为的后果有时不是显而易见的，而且这些后果有时可能对当代人有利，给后代人却会带来长远的不利影响。这样，就要求我们在与自然打交道时采取慎行原则。即是说，当我们采取一项改变和改造自然的计划时，一定要顾及到它的长远的生态后果，防止给后代人造成损害。在人类利用和改造自然力量空前巨大的今天，慎行原则尤其要求人类要对科学技术可能出现的后果进行充分的估算。

三、环境伦理与人类行为方式

(一) 政府环境政策中的环境伦理

国家环境政策属于一种集体选择的伦理。这种伦理在实践过程中体现为集体的意志，具有强制性。这种集体意志之所以必须，是因为它可以使我们借"互相强制，彼此同意"共同去做任何个人、利益集团或者企业所无法单独去做的事情。许多社会事务都是这样，而环境事务尤其如此。虽然环境伦理在本质上应是公民自愿遵守的，但要达成一个完全自愿的社会伦理是不可能的。即使99%的公民愿意选择有利于环境保护的行为和行动，但是有1%的人不按此行动，有时也会给生态环境造成巨大的破坏。国家环境政策与法制能做的便是使国民采取一致的行动，以促进环境的改善和保护。

但是，由于国家的政策是带有强制性的，所有公民都必须遵守，它的内容就应当是有所限制和最低限度的。国家的环境政策仅对那些会影响到全社会利益，尤其是长期和根本利益，也包括整个自然生态价值的环境事务加以管理和规定；并不包括许多值得鼓励和推荐的有利于环境的个人和集体的行为与行事方式。后者虽然值得提倡，它更多地基于个人和集体的自觉，而不必被纳入政策和法制的强制性轨道。

与其他社会政策相比较，环境政策的制定有其特殊性，这就是它主要从环境效益而不是从经济效益出发，从生态价值而不是从整个社会所增加的经济价值出发，来确定其政策制定的思路和出发点。为此，其价值观的考虑是根本的。从环境政策的考虑出发，可以将价值做如下的分类：①个人偏好性价值。即由个人利益与兴趣的满足所产生的价值。②市场价格价值。即由个人偏好价值所产生，通过市场上的价格得以体现的价值。③社会偏好价值。即一个社会所偏好的价值，或者可以理解为个人偏好价值的某些结集。

④个体好处价值。是对个体有好处的价值，虽然个体不一定选择了它。⑤社会好处价值。可以理解为个体好处价值的某种结集。⑥生物体价值。对生物体有好处的价值。人类的偏好性价值和好处性价值都是这个较广泛价值的子集。⑦生态价值。自然生态系统及所有生物体的价值。

以上几种价值都为社会所肯定和需要。但一个政府在制定其政策来满足社会的这些价值需要时却可以有两种立场：从人本主义的立场上考虑，社会好处价值一般优先于社会偏好价值，社会偏好价值一般优先于个体好处价值，个体好处价值一般优先于生物体偏好价值。但从自然主义的立场上考虑，则生态价值大于生物体价值，生物体价值又大于前面从人本主义角度考虑的各种价值。事实上，在环境问题上，对各种价值的考虑总是彼此纠缠在一起的，它们之间也并非是一种非此即彼的关系；政府的环境政策要对这些价值作综合和统一的考虑，但当这些不同价值之间存在冲突或不一致之时，这种将各种不同价值划为阶梯式序列的做法可以防止将环境好处仅仅降低为经济或市场的价值。

（二）企业行为中的环境伦理

企业在现代生活中扮演着重要的角色，其行为对环境有着巨大的影响。一方面，企业活动是遵循自然界的生存规律的，即人类必须为满足衣食住行的需要而劳动。但另一方面，企业活动无论如何都大幅度地改变了自然状况。企业的生产经营活动可以有各种方式，无疑，其中有一些方式是比其他方式更适当、更道德的。这就是说，虽然人类必须工作和从事企业活动，但并非所有的工作和企业活动对自然都是同等"合适"的，为此，我们需要有企业的环境伦理。

对企业的环境伦理同样可以分别从人本主义的立场和自然主义的立场来看待。

从人本主义的立场看，人必须为自己和同胞的利益而工作。但是人类从事工作的性质及其方式要考虑对工作者本人及其他人的利益与代价。在环境问题上，只有那些不降低环境品质的工作种类才是被容许的，而任何有损或降低人类对自然系统适应性的企业活动，从长期看必将危及人类的生存。因此，从人本主义的角度看，企业对环境问题应该是很敏感的。企业活动是赢利性的，但是，赢利不可能是企业的惟一目标和目的，不管它是如何的必要。所以，任何企业的活动和行为，都要接受伦理道德方面的约束和限制，而对环境的道德责任与义务则更为重要。另一方面，企业接受环境道德的约束也并非无利可图，企业同心合力地珍惜环境品质并不一定会花费太大的成本。所以兼顾企业利益与对环境责任的企业行为伦理要求企业和公司对于环境问题起码要像对生产、销售、金融等问题那样给予同等的重视。为此，如下几条行为准则是企业应当优先考虑的：

1. 估量那些与企业没有直接商务往来的人所承受的损失。一个企业即使将环境成本考虑在内，其造成的环境污染的程度常常是很难完全以成本的方式来计算的，而且其后果往往由很多与企业完全没有联系的人所负担。

2. 不要认为公司或企业的利益就是国家或社会的利益。企业的经济活动越是运作成功，其在财政上对国家和社会的贡献就越大，这方面，企业或公司的经济利益与国家的经济利益是一致的；但当企业为追求高利益而与社会的环境效益发生冲突时，应将社会的环境利益置于优先于企业经济利益的位置。

3. 充分利用非消费性物品以及尽量回收再利用。企业不可避免的活动之一是消费资源。因此，企业在资源的利用上，采取最低消费的决策总是最可取的。例如，类似材料相比之下，要考虑哪一种能较经济地重新使用；从生态上看，一些物质具有生物降解性，而另一些物质却不是，企业在选择原材料时应尽量地使用容易进行生物降解的，而不是相反，这是企业的义务。

4. 勿滥用不可再生的资源。大自然中，有些资源是无法再生

第七章 可持续发展与政府规制体系

和极难回收的,企业不应该将这些稀缺资源用于生产短暂性的产品,而应该将它与经济系统的资本连锁在一起。

5. 勿被"消费主义"左右。企业生产产品是满足社会的需要,但在市场经济的条件下,它往往容易导致"消费主义",即人们对某些商品的追求其实并不反映生活中真正的需要,而是由市场行为制造出来的。在消费主义的引导下,一个企业则以拼命地扩大生产和把这些产品销售出去作为自己的目的。这种刺激其高消费,进而拼命满足高消费的做法,必然给环境和资源造成很大压力,从环境伦理的角度考虑,企业和个人都应该认识到"消费主义"的危害并自觉加以抵制。

在人本主义的伦理中,对环境问题的考虑关注的是其社会价值的方面。但企业的行为如同政府的环境决策一样,还应从生态价值的角度考虑,为此,企业需要有自然主义的伦理。企业的自然主义伦理要求企业不要将自然视为资源的集合,而关心和珍惜自然自身的价值。企业的自然主义伦理准则是:

1. 视生态系统为有效率的经济系统而加以尊重。自然演化的历史证明,生态系统是一个经济系统,其中许多成分因为能有效率地适应自然,而被自然保留下来。所以,企业在与生态系统打交道时应该谨慎行事,以免导致不良后果。这些后果对于人类以及整个生态系统,可能都是不可弥补的。

2. 谨慎对待罕见和脆弱的环境。自然在演化过程中给地球留下了多种多样的地形、地貌与结构,其中有的是很罕见的;自然界中有些生态系统还是异常脆弱的。企业在面对这些罕见和脆弱的环境时更应谨慎行事,任何野蛮的、不顾及生态后果的开发自然的行为都是不道德的。

3. 尊重生命。虽然从人本主义的角度考虑,有时有限的动物受苦会因为带给人类不少好处而被认为正当,但自然主义的伦理要求我们尽可能减少动物的受苦,尤其是不应该不必要地增加动物的受苦。

4. 尊重物种。有机体个体在自然时空中来来往往，生命虽然短暂；但是丧失的个体可以得到补充，而整个物种一旦丧失，却无法挽回。这种物种的灭绝是生物多样性以及基因资源的损失，其损害远远超过人类资源的损失。因此，企业不能从经济利益的考虑或以其他任何借口，来从事有可能导致物种减少的活动；对濒危物种的保护是所有人，包括企业在内应当承担的一项义务。

5. 尊重自然。生态系统是错综复杂的群落形成的互相依赖的整体。当人们以有道德观念之生物的身份进入自然系统并评价自然景象时，必须确认生物互相依赖的原则，才能顺利行事。我们虽有权利将自然当作资源，但我们也有责任尊重所有的生命群落。这种看法超越了将自然仅仅视为一个有"效率"的经济系统的观点，而关心的是整个生态系统的价值。当人类在自然界里经营企业时，必须遵循群落身份原则，审慎地认识生态定律所施加的限度。

6. 爱护地球。任何企业的生产和经营活动都有赖于它周围的环境，周围环境连同它当中的一切就是我们的社区。人类最终的社区便是哺育我们的地球。地球产生了人类，并且是人类赖以存活的生命支柱。它不仅是我们谨慎关心的对象，也是我们所爱的对象。因此，企业活动应当树立这样的地球环境意识：保护好地球的生态环境，任何企业的经营活动和业绩增长，都不应当以降低地球的生态环境质量作为代价。

（三）个人行为中的环境伦理

政府与企业的环境伦理学，是具有公共性与社会性的。但环境伦理仅仅有公共性与社会性还不够，它最终要转化为社会上每个公民的践行。就是说，只有环境伦理被社会上的成员普遍地遵守，它才真正成为实践的而非流于理论和论证的。因此，环境伦理应当成为每个公民自觉的生活方式。

要树立有利于环境保护的生活方式，首先应在思想观念上变革，变传统的机械式的思维为"网络式"的思维。近代以来形成的机械世界观视自然为独立存在的"客体",可供人类任意支配。而网络式思维则要求我们将周围环境,包括无机物、生命有机体和社会组织,视为一个有机的整体。人类是自然生态系统中的一部分,人类的活动对整个自然生态系统会有极大的影响。因此,我们应从人类与生态系统的相互作用过程中来寻找自己在自然中的位置,选择有利于而不是破坏自然生态平衡的行为与活动方式。从积极方面着想,我们应树立和提倡一种以"生态"为中心,而不是以人类为中心的世界观和人生观,将爱护自然环境、保护自然环境作为指导我们每个公民日常行事的行为准则与操守。这种关心与爱护环境的意识,还应体现为每个人的工作伦理。就是说,每个人在工作中都要尽可能地采取有利于环境而不是有害于环境的工作方式和方法。

但在现代生活中,给自然环境与生态带来极大破坏的,常常是人类盲目地扩大生产能力,追求经济的高速增长所造成的,高增长的经济生产往往需要社会的"高消费"来消化其生产的产品,在某种意义上甚至可以说,高增长是以高消费为前提的。因此,自觉地抵制盲目的高消费,克服铺张浪费行为,这不只是出于节约开支的经济成本考虑,而且是一种关心和爱护环境的公民的道德行为的体现。

有益于环境的生活方式的实行,可以从我们每个人身边的小事做起。尽管表面上看来是微不足道的,但它们的最大意义就在于给我们创造了从日常生活中去思考和实践保护环境运动的机会,它必将从心灵到行为导致一种全新的生活方式的出现。

第八章

可持续发展的人口、资源、生态环境管理

第一节 三种生产理论

一、三种生产理论的由来

早在1884年,恩格斯就明确指出:"生产本身又有两种。一方面是生活资料即食物、衣服、住房以及为此所必需的工具的生产;另一方面是人类自身的生产,即种的繁衍。"[①] 根据马克思主义原理,社会再生产是物质资料再生产和人口再生产的统一,而人则是这两种生产的主体。人作为物质资料生产的主体,是物质资料再生产的一个要素,其先决条件是同生产资料相结合,才能从事物质资料的生产;人作为人口再生产的主体,也必须与物质资料再生产中生产的消费资料相结合,才能进行人口和劳动力的再生产。因此,要保证社会经济可持续发展,就必须保持两种生产的协调。

---

① 《马克思恩格斯选集》第4卷,第2页。

第八章　可持续发展的人口、资源、生态环境管理

对于两种生产的关系来说，人口和劳动力的再生产的规模，取决于物质资料的生产规模，取决于社会物质生产所能提供的生产资料和消费资料，而物质资料的生产是人与自然的物质变换过程，即人利用技术手段从环境中索取自然资源，并将其转化为人口生产所需要的物质的过程。在人类经济社会发展过程中，自然环境为人类所从事的经济社会活动提供场所、资源并消纳其造成的污染，环境的资源生产力和污染消纳力客观上制约着人类社会经济活动的规模。

因此，"两种生产理论"的建立必须存在这样一个基本假定，那就是自然环境可以供给无限的环境资源和消纳无限的废物。如果人类对环境的影响不会超过自然环境的承载能力，即环境生产能够无限满足人的生产与物质资料生产的需要，那么以"两种生产理论"为指导，协调好人的生产与物质资料生产之间的关系，就可以保证社会的可持续发展。而事实上，进入20世纪中期以后，社会生产尤其是大规模工业化和城市化建设无节制地消耗资源、排放废物，使得这个假定早就不复存在。面对环境污染、生态破坏等恶果的逐渐凸显，面对环境资源从"无限"到"有限"的转变，仅注重"两种生产"的协调已经无法保证社会经济顺利发展。

在实际过程中，由于环境生产支持其他两种生产的能力是有一定限度的，尤其随着人口的增长和人们开发自然力度的增强，这种限度正在被突破。降低人类活动所需要消耗的与排放的物质量，成为保证整个生产顺利进行的基本前提。于是内生于两种生产过程中的人与环境之间关系的协调的要求，提出了对第三种生产理论的需求。以"三种生产理论"为指导，协调好人的生产、物质资料生产和环境生产三者之间的关系，才是当今社会持续发展的根本保证。

二、三种生产理论的内容

我国学者叶文虎对于人和环境组成的世界系统，在基本的物质运动的层次上，抽象为三种"生产活动"——物资生产、人的生产和环境生产——呈环状联结在一起的结构（见图 8-1）。[①]其中，物质生产是指人类从环境中索取自然资源，并通过人类的劳动将其转化为人口生产和环境生产所需物质的总过程。在这个过程中生产出来的生活资料用于满足人类的物质需求，同时生产过程中的废弃物返回环境。从可持续发展的角度看，物质生产的效率与水平取决于资源利用率、产品流向比和社会生产力。（社会生产力——对应于生产产品的总能力。资源利用率——从环境中索取的资源和从废弃物中取得再生物转化为产品的比例。产品流向比——供给人口生产的产品和服务于环境生产的产品的比例。）

人口的生产是指人类生存和繁衍的总过程。在这个过程中，人类消费物质生产提供的生活资料和环境生产提供的生活资源，产生人力资源以支持物质生产和环境生产，同时产生消费废弃物返回环境，产生消费再生物返回物质生产环节。人口数量、人口素质、消费方式是实现可持续发展的重要变量。

环境的生产是指在自然力和人力的共同作用下，对环境自然结构和状态的维护和改善。在这个过程中要消耗物质生产过程产生的生产废弃物和人类自身生产产生的消费废弃物，同时产生新的生产资源和生活资源。污染消纳力和资源生产力是关系可持续发展的重要变量。

[①] 叶文虎：《环境管理学》，高等教育出版社 2002 年版，第 17 页。

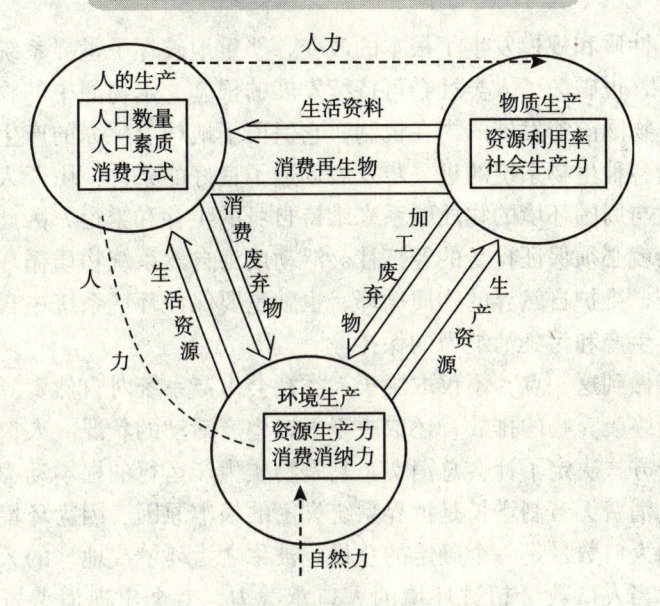

第八章 可持续发展的人口、资源、生态环境管理

图 8-1 三种生产关系的模型

　　这三种生产活动呈环状联结成一个整体，物质在这个环状结构中循环流动。如果任何一种物质在这个系统中的流动受阻，都会危害到这个世界系统和谐运行与持续发展。反过来说，人与环境的和谐程度取决于物质在三种生产之间流动的畅通程度。

　　三种生产的协调是实现可持续发展的一个重要前提。

　　在三种生产中，环境生产处于最根本的地位，环境生产子系统的生产能力，是自然环境系统基本功能的表现，它主要源于存在于该系统内的能量和物质流动，它是另外两种生产产生和发展的基础。在远古时代，人是自然的一部分，当时的世界系统实际上就是自然生态系统，就是自然环境。到了农耕时代，人类逐渐从自然环境中脱离出来，形成相对独立的人类社会系统；工业革命以后，物质生产系统在世界系统中的地位由从属上升为主导。但是自从人类社会形成以后，特别是工业革命后，使环境系统物质循环和流动的效率、性质和规模发生了根本的改变，严重地破坏了世界系统的物质循环，也破坏了人类社会可持续发展的根基。生物圈中的物质循环是生物圈向前发展的内在机制，它保证了地球上生命的产生和延续，为各种生物系统的进一步发展创造了良好的条件。由于人类必须通过与周围环境的物质联系来维持自身的生存和繁衍，因此，人类社会就必须保证自身的经济社会活动成为自然系统物质循环的良性环节，维护自然界的物质循环，也就是要保证环境系统中自然资源的再生产和污染消纳力的保持。

要做到这一点，不仅取决于人类社会生产系统对自然资源的索取和最终废弃物的排放，还取决于人口生产活动的状况。人口数量和消费方式决定了社会总消费，它是物质生产运行的根本动力。而社会总消费无节制增长是世界系统失衡的根本原因。因为环境所能支持的人口数量是一个确定的总量，被称之为环境或地球的人口承载力。当人口数量超过环境的人口承载力，就会出现消费资料缺乏，生活环境恶劣，人口死亡率升高，出生率下降。在人口生产环节中，除了人口数量这个变量之外，还有一个基本变量是人的消费方式。消费方式包括消费水准、消费入口比和消费出口比三个基本分量。消费水准是人均占有的消费资料的多寡。从世界系统的负担角度看，提高消费水准等同于人口的增加。消费入口比表示个人生活所消费的物质资料中生活资源（来自环境生产）与生活资料（取自物质生产）之比。消费入口比提高意味着在总消费中，取自环境的生活资源相对多，取自物质生产的生活资料相对少，这会减轻对环境生产的压力。提倡"朴素消费"是提高消费入口比，使消费方式有利于三种生产和谐的途径。消费出口比表示物质经人口生产环节消费以后，可以被回收再利用的部分与直接返回环境生产的部分之比。消费出口比高，意味着消费后的物质转化为生产资源的比例大，成为环境污染物的比例小，也有利于减轻对环境的压力。因此，应提倡"清洁消费"，提高消费出口比。消费方式是衡量可持续发展的重要指标。穷奢极欲的消费方式将为人类文明所不齿。

第八章 可持续发展的人口、资源、生态环境管理

绿色消费、可持续消费将是符合可持续发展要求的消费方式。人口素质涵括人的科学技术知识水平和思想文化道德修养，它不但表现在人参加物质生产和环境生产的能力上，而且表现在调节自我生产和消费方式的能力上。因此，人口素质的提高，不仅要体现在发展单种生产的能力上，还要体现在调和三种生产关系的能力上。

三、三种生产理论的意义

从一种生产到两种生产，再到三种生产，是人类对客观世界认识的飞跃。

1. 三种生产理论全面阐明了人与环境的关系的本质。即环境生产是物质生产和人口生产的前提和基础。它要依靠自然环境系统与社会经济系统之间物质流和能量流的畅通来维持。物质生产实质上是物质形态与结构的转化器，它依靠环境所产出的自然资源做原料，依靠环境的自净能力来消纳它所排放的污染物。人口生产则是三种生产构成的世界系统运行的原动力。

2. 三种生产理论揭示了环境问题的实质和产生的根源。根据三种生产理论，环境问题产生的根本原因是环境生产在输入——输出上的不平衡造成的，这种不平衡导致整个自然环境系统运行的不稳定。因此，环境问题的实质是三种生产不和谐。

3. 三种生产理论指明了可持续发展管理的主要目标和任务，以及管理的主要领域和调控对象。根据三种生产理论，可持续发展管理的主要目标和任务应该是：推动人类社会建立一个新的生存方式，使对自然资源的开发强度、废弃物的排放强度与环境生产力相匹配。由于环境问题多发生在不同生产系统的界面上，即相互交叉的地方。因此，可持续发展管理的主要领域应当在多种多样的界面上。在管理活动中，调节控制的对象应当是三种生产各个子系统的状态参量及其细化指标。

可持续发展有别于一般意义上的发展之处，在于它重视以人为

中心的全面发展。单纯的经济增长以及由此而来的人们物质利益的最大化不是可持续发展的目的和宗旨。因此从系统论原理出发,可持续发展不仅重视人类自身的生产及其从事的物质生产活动,而且同样重视与上述两种生产密切关联并为其提供基本条件的自然环境的生产和再生产。从生产和再生产的层面上看,可持续发展乃是由人类自身的生产和再生产,物质的生产和再生产,环境的生产和再生产,三个要素或子系统组成的相互依赖、相互影响的有机整体,实现人口——资源——环境——经济——社会大生态系统的良性循环,即在人与自然和谐共处中达到人的全面发展与进步,这就是可持续发展的"三种生产"理论的意义。

第二节 三种生产关系的数量分析

一、生态承载力

生态承载力是生态系统的自我维持、自我调节能力、资源与环境的供应与容纳能力及其可维持的社会经济活动强度和具有一定生活水平的人口数量。对于某一区域,生态承载力强调的是系统的承载功能,而突出的是对人类活动的承载能力,其内容包括资源子系统、环境子系统和社会子系统。所以,某一区域的生态承载力概念是,某一时期、某一地域、某一特定的生态系统,在确保资源的合理开发利用和生态环境良性循环发展的条件下,可持续承载的人口数量、经济强度及社会总量的能力。在已有的研究中,一般认为,生态承载力是由资源承载力和环境承载力构成。

1. 资源承载力。资源承载力是一个国家或地区资源的数量和质量,对该空间内人口的基本生存和发展的支撑能力。资源承载力是一个相对客观的量。目前有关资源承载力的研究主要集中在自然

第八章 可持续发展的人口、资源、生态环境管理

资源领域,并且侧重研究了以下几种:

(1) 土地资源承载力。土地承载力是近 20 年来资源、人口、生态环境等许多领域的热点问题。它是继 20 世纪 60～70 年代能源危机、粮食短缺以及人口爆炸等人类面临的重大问题提出之后,所开展的一项务实的研究工作。中国科学院综考会为土地资源承载力所下的定义是"在一定生产条件下土地资源的生产力和一定生活水平下所承载的人口限度"。[①] 它指明了土地承载力的四个要素及其之间的关系。这四个要素是:生产条件、土地生产力、被承载人口的生活水平和土地承载人口的限度。它们的关系是:土地承载人口的限度与土地生产力成正比,与人口生活水平成反比,而土地生产力又是由生产条件决定的。我国的土地上到底能够养活多少人口,这是多少年来国内外都密切关注的一个重大问题。国内普遍接受的一个研究成果来自于中国科学院对我国土地资源承载能力的预测。[②] 这项研究选用反映综合气候要素的实际可能蒸散量与地区自然植被年产量的关系式,计算出我国潜在土地资源的生产能力约为每年 72.6×10^8 吨干物质,理论最高承载能力为 $11 \times 10^8 \sim 16 \times 10^8$ 人(见表 8-1)。

表 8-1　　　　　中国土地资源承载能力

年份	总生物量($\times 10^8$t)	粮食总产量($\times 10^8$kg)	承载人口($\times 10^8$人)
2000	35.0	4622	11.6
2025	39.8	5925	14.8
2050	72.6	—	16.0

注:承载人口按人均 400kg 粮食计算。
资料来源:谢高地等:《我国自然资源承载力分析》,载《中国人口·资源与环境》2005 年第 5 期。

根据这项研究结果,我国的人口到 2050 年达到 16×10^8 人,此

[①②] 陈端吕、董明辉:《生态承载力研究综述》,载《湖南文理学院学报》2005 年第 9 期,第 70 页。

时就达到了人口承载量的极限，出路只有实现人口的零增长。这个结论也许值得商榷，但无论怎样，中国土地资源的人口承载能力是一个有限的数字，不能过于乐观。

我国土地对发展支撑能力的另一项代表性研究是中国农业资源的人口承载能力研究，其结果见表8-2。该项研究表明，如果仅以耕地资源的承载能力来看，2010年我国耕地的粮食生产能力略大于粮食需求量，可承载人口 14.09×10^8 人；2030年和2050年耕地的粮食生产能力均小于粮食需求量，分别短缺 $222 \times 10^8 kg$ 和 $461 \times 10^8 kg$，2030年可承载人口 15.04×10^8 人，2050年可承载 14.91×10^8 人，这说明仅仅依靠有限的耕地资源，即使在耕地资源高效利用和进口5.8%的粮食的情况下，仍然难以满足中国从小康生活到富裕生活过程中的食物需求。但土地对粮食消费的支撑能力不能仅仅局限于耕地上，除了耕地资源之外，我国的非耕地资源（草地资源、林地资源、内陆水体资源、海洋资源）同样蕴藏着巨大的食物生产潜力，据粗略估算大致相当的粮食产量为：2010年 $1110.6 \times 10^8 kg$，2030年 $1541.8 \times 10^8 kg$ 和2050年 $1924.1 \times 10^8 kg$，综合考虑耕地资源和非耕地资源，其食物的总生产能力在未来50年内均大于粮食需求量，土地对人口食物消费的承载能力2010年可承载 16.76×10^8 人，2030年可承载 18.47×10^8 人，2050年可承载 18.78×10^8 人。由上可以看出，未来50年中，我国土地对粮食消费的支撑能力是有保障的，不仅如此，土地对粮食消费支撑能力的剩余还为城市化过程中的其他用地提供了余地和可能性，对中国未来土地的人口承载能力不应过于悲观。由以上分析，我们可以得出结论，我国土地的人口承载力略有剩余，保持长期稳定的温饱具有自然资源保障基础。

表8-2　　　　中国农业资源综合承载能力（$\times 10^8 kg$）

项　　目	2010年	2030年	2050年
耕地资源食物的生产能力	5918.6	6768.06	7465.05
草地资源食物的生产能力	356.0	484.8	609.6

续表

项　目	2010 年	2030 年	2050 年
林地资源食物生产能力	20.0	36.4	52.8
内陆水体资源食物生产能力	259.6	300.6	331.7
海洋资源食物生产能力	465.0	720.0	930.0
农业资源生产能力	7029.28	8039.86	9389.15
粮食需求量	5780.04	6990.75	7926.50
平衡分析	+1249.24	+1319.11	+1462.65

资料来源：陈百明：《中国农业资源综合承载力研究》，气象出版社2001年版。

（2）水资源承载力。一般认为，水资源承载力是在特定的历史发展阶段，以可持续发展为原则，以维护生态良性发展为条件，以可预见的技术、经济和社会发展水平为依据，在水资源得到适度开发并经优化配置的前提下，区域（或流域）水资源系统对当地人口和社会经济发展的最大支持能力。对于水资源承载力，必须强调水资源对社会经济和环境的支撑能力。它的主要涵义和内容有：第一，强调水资源承载力是水资源对生态经济系统良性发展的支持能力；第二，强调生态经济系统的良性发展；第三，强调合适的管理技术，将水资源承载力的合理配置等技术方面的问题，上升到管理的角度和层次。水资源承载能力是一个国家或地区持续发展过程中各种自然资源承载力的重要组成部分，这种承载能力不是无限的，它承载着多种负荷，即不只是单纯的承载经济社会的发展，而且还必须确保生态系统的稳定。目前对水资源承载能力的定义和研究方法还只是处于探索阶段，中国科学院地理科学与资源研究所的谢高地教授等为了使研究结果清晰准确，定义水资源的承载能力为特定区域自身水资源量所能维持和承载的某个发展分量的规模，并将水资源承载力区分为自然承载力，指特定区域水资源全部被利用的情况下所能达到的承载能力；实际承载力，指能够被利用的水资源所能达到的承载能力；有效承载力：在特定时段能够达到的技术水平所能利用的水资源所能达到的承载能力。

表 8-3　　　　我国水资源承载能力和水资源超载状况

项　目	自然承载力	实际承载力	有效承载力
水资源人口承载力（10^8 人）	63.1	25.3	15.6~22.1
水资源人口超载率（%）	-67.2	-52.9	-19.3~37.0
水资源城镇人口承载力（10^8 人）	17.5	7.0	6.1
水资源城镇人口超载率（%）	0.21	5.21	7.8
水资源乡村人口承载力（10^8 人）	44.8	17.9	13.4
水资源乡村人口超载率（%）	-162.5	-81.1	-44.7
水资源污水容纳量（$10^8 m^3$）	5958.9	4598.2	4399.8
水资源污水超载率（%）	-22.8	-26.2	-0.3~-29.4

资料来源：谢高地等：《我国自然资源承载力分析》，载《中国人口·资源与环境》2005 年第 5 期。

表 8-3 表明以下几点：①我国能够实现的水资源实际人口承载力为 25×10^8 人，今后 20 年间我国水资源有效人口承载力在 15×10^8~18×10^8 人之间。从全国范围来看，今后 20 年内我国的人口数量在水资源人口承载能力范围之内，但由于各地人口和水资源分布极不均衡，一些地区表现出水资源人口严重超载，而一些地区具有极高的水资源人口承载力盈余，一些地区人口与水资源承载力基本平衡。随着人口的增长，水资源人口超载现象会加剧。②我国水资源最大能够承载 18×10^8 人乡村人口和 7×10^8 人城镇人口的生活用水。今后 20 年内，能够支撑 4.3×10^8~5.3×10^8 人城镇人口和 11×10^8~13×10^8 人乡村人口的生活用水，从全国总的来看，生活用水在承载范围之内。但不同区域差异很大，在现有水资源配置比例关系下，全国城镇居民生活用水普遍短缺 17%~20%。与城市居民生活用水普遍超载和短缺相对应，农村居民的生活用水支持能力除华北地区之外，普遍有所剩余。③我国污水的最大容纳量为 $5958.9\times10^8 m^3$，2000 年我国污水排放量已经达到 $3854.5\times10^8 m^3$，预计 2020 年我国污水排放量将达到 $4598.2\times10^8 m^3$，总的来讲，全国污水的排放量在水环境的承载力范围内。但是，各地情况差异非常巨大，在计算的 31 个省、市、自治区中，18 个省、市自治区的污水

排放量已经超出了水环境的承载能力,其中北京、天津、河北、山西、上海、江苏、河南、宁夏的污水超载率已高达200%以上。

(3) 森林承载力。森林承载力的理论研究和实践应用都始于20世纪90年代初,目前尚处于探索阶段。目前对森林承载力的定义有不同表述:一种是定义为森林资源承载能力,即"森林资源承载能力是指在一定生产条件下森林资源的生产能力及其在一定生活水平下可以承载的人口数量"。[①] 另一种将森林承载力定义为"在某一时期、某种状态或条件下,某一国家或地区的森林资源在保证其生态系统的结构和功能不受破坏的情况下所能承受人类活动作用的阈值"[②]。对于森林承载力,中国科学院地理科学与资源研究所的谢高地教授等认为,其承载主体为"森林",承载对象是"人口数量"。因此,建立在可持续发展概念上的森林承载力可定义为在一定时期、一定区域的森林对人类社会经济活动的支持能力的阈值及可供养的具有一定生活质量的人口最大数。[③]

(4) 相对资源承载力。相对资源承载力由土地承载力扩展而成。它将资源划分为自然资源、经济资源和社会资源,考虑到人是社会系统的主要组成因子,是承载力的承载对象。因此,相对资源承载力即是将自然资源和经济资源作为主要的承载资源,以一个参照区域作为对比标准,根据参照区域的人均资源的拥有量或消费量、研究区域的资源存量,计算出研究区域的自然资源和经济资源的承载能力。[④]

2. 环境承载力。从广义上讲,指某一区域的环境对人口增长和经济发展的承载能力,从狭义上讲,即为环境容量。环境容量是指环境系统对外界其他系统污染的最大允许承受量或负荷量。主要包括大气环境容量、水环境容量等。环境容量具有客观性、相对性

[①] 吴静和:《浙江省森林资源承载力》,载《浙江林学院学报》1990年第3期。
[②] 徐德成:《森林资源环境人口承载力初探》,载《林业经济》1993年第4期。
[③] 陈端吕、董明辉:《生态承载力研究综述》,载《湖南文理学院学报》2005年第9期,第70页。
[④] 刘兆德、虞孝感:《长江流域相对自由承载力与可持续发展研究》,载《长江流域资源与环境》2002年第1期。

和确定性的特征。其客观性体现为环境容量是一个客观的量，是环境系统的客观自然属性在质地方面的衡量；相对性表现在不同区域的环境系统，其容量有所差异；确定性反映为一定的环境系统容量大小，可以在一定的质量标准下进行准确计算，这也是环境系统容量纯自然特性的表征。但是，环境承载力与环境容量有所不同。环境承载力强调的是环境系统资源对其中生物和人文系统活动的支撑能力，突出的是其量化测度；而环境容量则强调的是环境系统要素对其中生物和人文系统排污的容纳能力，突出的是其质地衡量。环境容量侧重体现和反映环境系统的纯自然属性；而环境承载力则突出显示和说明环境系统的综合功能（生物、人文与环境的复合）。与环境承载力相关的概念还有旅游环境承载力，可定义为"在某一旅游地环境的现存状态和结构组合不发生对当代人及未来人有害变化的前提下，在一定时期内旅游地所能承受的旅游活动强度"[①]，它由环境生态承载量、资源空间承载量、心理承载量、经济承载量四项组成，具有客观性和可量性、变易性与可控性、存在最适值和最大值等特征，同时又是持续发展旅游的重要判据之一。旅游环境承载力是一种稀缺性非物质资源，具有时空分异特征，同时因旅游形式的不同而发生变化。它同旅游环境容量的最大区别在于其承载的是旅游活动强度，包括游人密度、旅游用地强度和旅游收益强度三个分项，而不仅仅是游人量。

二、生态足迹

1. 生态足迹的含义。生态经济学家 W. E. Ree 和 M. Wackernagel 在 20 世纪 90 年代提出了生态足迹的概念和分析方法，用来测度人类对资源的利用和生态承载力。生态足迹度量人类消费的物质和能

---

① 崔凤军、刘家明：《旅游环境承载力理论及其实践意义》，载《地理科学进展》1998 年第 1 期。

源数量，然后按照一定的转换因子把它们转换为陆地和海洋面积，更确切地说是生物生产面积。所以生态足迹指标是用来计算在一定的人口和经济规模条件下，维持资源消费所必须的生物生产面积。其计算公式如下：

$$EF = Nef = N(An) = N(Cn/Yn) \qquad (8-1)$$

其中，EF 为总的生态足迹；N 为人口数；ef 为人均生态足迹（hm^2/人）；n 为消费项目类型；An 为人均 n 种消费项目折算的生物生产面积；Cn 为 n 种消费项目的人均消费量；Yn 为 n 种消费项目的世界平均生产能力。

由式 8-1 可知，生态足迹是人口数和人均物质消费量的一个函数，生态足迹是每种消费项目的生物生产面积总和。生态足迹测量了人类的生存所必需的真实生物生产面积，将其同国家和区域范围所能提供的生物生产面积进行比较，就能为判断一个国家或区域的生产消费活动是否处于当地生态系统承载力范围内提供定量的依据。

2. 生态足迹的具体计算和应用步骤如下：

(1) 各项消费项目的人均生态足迹分量计算。人均生态足迹分量为：

$$An = \frac{Cn}{Yn} = \frac{Pn + In - En}{Yn \times N} \qquad (8-2)$$

其中，Pn 为第 n 种消费项目的年生产量；In 为第 n 种消费项目的年进口量；En 为第 n 种消费项目的年出口量（计算一个地区时；In 和 En 分别为地区外调入量和调出量）。

(2) 生态足迹的计算

人均生态足迹为：

$$Ef = \sum bmAn = \sum bm\frac{Pn + In - En}{Yn \times N}(m = 1, 2, 3, \cdots, 6) \qquad (8-3)$$

其中，bm 为均衡因子。

(3) 区域总人口的生态足迹为：

$$EF = N \times (ef) \qquad (8-4)$$

(4) 生态承载力的计算。这里,生态承载力是具体指一定区域所拥有的生物性生产空间。主要包括耕地、草地、森林和具有生物生产力的水域。

人均生态承载力:

$$ec = am \times bm \times ym (m = 1, 2, 3, \cdots, 6) \quad (8-5)$$

其中,ec 为人均生态承载力(hm^2/人);am 为人均生物生产面积;ym 为产量因子。

区域生态承载力为:

$$EC = N \times (ec)/ef \quad (8-6)$$

其中,EC 为区域总人口的生态承载力。

(5) 根据不同尺度的消费确定其生态占用,并与其实际上可利用的生物承载力进行比较可得到生态赤字。计算公式为:

$$ED = EF - EC \quad (8-7)$$

其中,ED 为生态赤字;EF 为生态空间占用;EC 为生态承载力。通过生态赤字这一指标,一方面可以从不同尺度确定人类的自然资产利用程度;另一方面,可以衡量某个区域或国家的可持续发展状况,即其社会生活是否在生态承载力范围内,一旦生态占用超过了生态承载力就出现了生态赤字,否则便为生态盈余。

通过人均生态占用与人均生态承载力的比较,我们发现,我国的生态赤字区不断扩大,生态盈余区不断缩小。(见表8-4)。我国2000年人均生态空间占用已达到 $1.258hm^2$,人均生态赤字为 $0.548hm^2$,说明总体上我国处于生态赤字状态,目前我国已大范围地出现了严重的生态赤字。

表8-4 不同年代我国处于生态赤字区的省(市、自治区)数

项目\年份	1980	1990	2000
生态赤字区	19	24	26
严重生态赤字区	0	20	3
较严重生态赤字区	3	2	4

续表

年份\项目	1980	1990	2000
中度生态赤字区	3	8	12
轻度生态赤字区	13	12	7
生态盈余或持平区	12	7	5
生态基本持平区	4	4	2
生态盈余区	8	3	3

资料来源：谢高地等：《我国自然资源承载力分析》，载《中国人口·资源与环境》2005年第5期。

导致我国生态赤字增加的主要根源在于人口的增长和人口对自然资源消耗量的增加。我国人均生态空间本来就小，有限的生态空间既要保障新增人口的生活需求，又要改善人民的生活质量，生态空间竞争的矛盾十分突出。按照2000年我国人均对自然资源的消耗水平或者生态足迹计算，我国生态系统再生资源的适宜人口承载能力为6.96×10^8人（见表8-5），而2000年我国实际人口为12.6×10^8人，超载约5.64×10^8人，继续有效地控制人口，提高生态空间的单位面积生产力，是我国减轻生态赤字压力的重要手段，而建立良好的生活和消费方式将会减少资源消耗量，对于我国的可持续发展具有重要的作用和意义。

表8-5　　我国生态系统人口承载能力（2000年）

生态系统类型	实际面积 $\times 10^8 hm^2$	生态空间 $\times 10^8 hm^2$	生态人口承载能力 $\times 10^8$ 人
耕地	0.94	4.50	3.46
草原	3.99	0.96	0.74
森林	1.28	1.34	1.03
建筑区	0.36	1.72	1.32
内陆水域	0.17	0.02	0.02
海洋	4.96	0.51	0.39
总现存量	11.7	9.05	6.96

注：实际面积来自于中国统计年鉴2001，生态空间面积为实际面积乘以当量因子和产量因子后，调整到世界平均产量的空间面积，生态人口承载能力为生物生产面积可承载人所有消费的能力，由生态空间面积除以2000年我国人均生态足迹$1.258 hm^2$所得（资料来源：同表8-4）。

三、环境人口容量

1. 环境人口容量的含义。环境承载力是指在一定时期、一定状态或条件下，一定的环境系统所能承受的生物和人文系统正常运行的能力，即最大支持阈值，而最大支持阈值通常用环境人口容量来表示。

人口是生活在特定社会、特定地域具有一定数量和质量，并在自然环境和社会环境中同各种自然因素和社会因素组成复杂关系的人的总称。从实现人口——资源——环境——经济——社会大生态系统的良性循环的目标出发，现实中存在一个人口在何种状态上更为合理，更符合可持续发展的需要的问题。地球环境是人类赖以生存的场所，地球上的陆地是有限的，能够提供给人类的生物生产量也是有限的。因此，地球环境对人口的承载能力不可能是无限的。地球环境对人口的承载能力，也叫环境人口容量，是指一定的生态环境条件下地球对人口的最大抚养能力或负荷能力。通常我们所说的地球环境的人口承载能力，并不是指生物学上的最高人口数，而是指一定生活水平和环境质量状况下所能供养的最高人口数，它随生活水准的不同而异。如果社会水平标准很低，甚至仅仅是维持生存的水平，那么，人口环境容量就可能接近生物学上的最高人口数；如果要使生活水平保持在恰当的高度，人口环境容量就可以认为是经济适度人口。国际人口生态学界曾提出了世界人口容量的定义：世界对于人类的容量是指在不损害生物圈或不耗尽可合理利用的不可再生资源的条件下，世界资源在长期稳定状态基础上能供养的人口数量。这个人口容量定义强调指出人口的容量是以不破坏生态环境的平衡与稳定，保证资源的永续利用为前提的。[①] 联合国教科文组织对环境人口容量的定义是：在可预见的期间内，利用本地

[①] 钱易、唐孝炎：《环境保护与可持续发展》，高等教育出版社2000年版，第34页。

第八章 可持续发展的人口、资源、生态环境管理

资源及其他资源和智力、技术等条件,在保证符合社会文化准则的物质生活水平条件下,该国家或地区能持续供养的人口数量。

2. 影响环境人口容量的因素。自然环境要素是影响环境人口容量的最基本因素,包括太阳、空气、淡水、土地、生物等,它们都是人类生存不可缺少的条件,但不同的资源对决定环境人口容量的意义不同。像太阳、空气目前对环境人口容量没有限定,而淡水过去只对个别干旱地区的人口数量起限制作用,现已成为决定越来越多的地区环境人口容量的重要因素。因此在估算环境人口容量时通常以土地、淡水等限制性因素来估算,并要考虑地区的开放程度、时间规定性、生产力水平和生活水平的高低、分配方式与社会制度。这些因素也对环境容量产生影响:(1)地域的开放程度。一个封闭系统和开放系统的环境人口容量是有很大区别的。在一个开放系统中,资源的互补可以大大提高一个地区的环境人口容量。而在一个封闭系统中,由于某一种资源的匮乏会使得其环境人口容量大为降低。(2)时间规定性。一个地区短期内的环境人口容量会高于保证其长期发展的人口容量,但短期内对资源环境的过度开发和利用,会造成未来环境人口容量的降低。因此,环境人口容量应建立在可持续发展的概念上,不能只考虑短期效应。(3)生产力水平的高低。不同的生产力水平下,对资源的利用程度和产出水平会有很大差别,因此,环境人口容量会随着生产力水平的提高而提高。在确定未来环境人口容量时必须考虑到技术进步的作用。(4)生活水平的高低。在同样的产出水平下,不同的生活水平需求会有完全不同的环境人口容量。很显然,环境人口容量会随着生活水平的提高而降低。(5)分配方式与社会制度。不同的分配方式将导致环境人口容量的差别,一个平均分配资源和财富的社会,其环境人口容量无疑大于一个贫富差距很大的社会。

3. 环境人口容量的测算方法。目前,测算环境人口承载容量国内采用的研究方法主要有以下几种:

单因子分析法。这一方法一般把环境人口容量理解为最大负载

能力，根据农业生产所提供的粮食，或某种资源的食物生产能力，进行环境人口容量的估算，尤以依据粮食生产进行估算的方法应用最为广泛。此方法考虑的因子较少，操作简单，在人口容量估算时应用较多。但此法没有考虑到人口对农业生产或资源利用的反馈以及农业的投入与整个经济相关部门间的反馈作用，因而是一种非常粗略的估计方法。

土地资源分析法。这是联合国粮农组织在 1979 年召开的《未来人口的土地资源》专家咨询会议上提出的研究方法。它以土壤评价为基础，依据资源、生态特点划分出不同的农业生态区，并给出各类农业生态区的三种农业产出水平（低、中、高），根据各种作物的不同要求，求出各种作物的产量并换算成蛋白质及热量，然后再与每人每年需要的蛋白质与热量进行对比，得出环境人口容量。对草地畜牧业也以同样方法换算。

资源综合平衡法。这一方法 1973 年由澳大利亚的研究者提出并得到广泛应用。这种方法综合考虑土地、水、气候资源等因素，避免了单因子分析法的某些不足。通过分析各种环境资源对人口发展的限制，利用多目标决策分析，进行综合研究，从生态系统角度全面进行估算，从而得出比较精确的结论。

投入产出法。这种方法以投入产出技术为手段，根据农业生产的劳动力、水、肥等实际投入状况及其发展趋势，推测土地的现状及未来生产潜力，从而计算土地承载力。这种方法考虑了实际生产情况，因而更接近实际，对预测一定时间尺度的土地生产能力表现出一定的可信度。

系统动力学方法。这一方法最先由罗马俱乐部创立，并在《增长的极限》一书中用于研究人类的未来。1984 年苏格兰的资源利用研究所首次将其应用到环境人口容量的研究中。它基于联合国教科文组织提出的环境人口容量的定义，综合考虑人口、资源、环境、社会经济发展之间众多因子的相互关系，建立系统动力学模型，通过模拟不同发展战略，得出人口增长、资源承载力与经济发展相互间的动态变化及其发展目标。这种方法能模拟各种决策方案的长期效果,并对多种方案进行比较分析而得到满意的方案,与优化有同等的效用,是到目前为止区域人口容量研究较先进的方法。

一般按以下步骤研究环境人口容量:

(1)首先确定估算人口容量的地域范围和时间界限;(2)列出该地域内的自然、社会、生态系统中制约人口容量的各因子,并确定主导的制约因子;(3)研究一定时间上的这些主导限制因子的改变程度;(4)研究一定时间上的区际联系的性质和规模;(5)充分考虑不同民族、不同宗教、不同消费层次的人群的消费习惯和消费量;(6)在分析各个单要素的基础上进行调整和综合,做出定量的估算。

表8－6　某市三种方案的2020年环境人口容量分析表

生育水平	预测人口（万人）	平均GDP增长率（％）	生存承载容量（万人）	小康承载容量（万人）	富裕承载容量（万人）	预测承载状态
高生育	3413.03	1	5931.35	1540.72	1174.84	生存承载
高生育	3413.03	5	9507.32	2952.81	1257.73	生存承载
高生育	3413.03	9	20935.54	8095.23	2561.20	小康承载
中生育	3311.56	1	5979.37	1562.99	1302.01	生存承载
中生育	3311.56	5	9633.10	2969.38	1417.99	生存承载
中生育	3311.56	9	21139.47	8160.01	2598.21	小康承载
低生育	3239.71	1	6851.30	1792.39	1500.92	生存承载
低生育	3239.71	5	10938.63	3333.52	1638.28	小康承载
低生育	3239.71	9	23719.90	9173.04	3001.84	小康承载

对于中国的人口容量问题,许多学者做过研究。[①] 马寅初先生早在1957年就提出中国最适宜的人口数量为7亿~8亿。田雪原、陈玉光(1980年)从就业角度研究了中国适宜人口数量,认为100

---

① 钱易、唐孝炎:《环境保护与可持续发展》,高等教育出版社2000年版,第34页。

年后中国经济适宜度人口应在6.5亿~7.0亿之间。胡保生等应用多目标决策方法，选择社会、经济、资源等20多个因素进行可能度和满意度分析，提出中国100年后的人口总数应该保持在7亿~10亿为好。宋键等也从食品和水资源的角度出发，估算了100年后中国适度人口数量应该保持在7亿或7亿以下，若按发展中国家平均用水标准，则应控制在6.3亿~6.5亿之间。根据上述学者的研究成果，可以认为我国的人口环境容量应在6.5~8.0之间。

第三节　可持续发展的人口管理

一、人口与经济、环境协调的理论

马尔萨斯在1789年出版的《人口原理》一书中，从土地肥力递减规律出发，提出两个公理，即食物为人类生活所必须；两性间的情欲是必然的。由此出发，他又断言，人口增长将按照几何级数增长，而粮食等生活资料增长大致按照算数级数增长。因此，人口的增殖力比生活资料的增长力是无限巨大的。在此基础上，他又推出了三个原理，一是抑制原理，即人口增加，必然受到生活资料的限制；二是增殖原理，即生活资料增加，人口也增加；三是均衡原理，即占优势的人口增加力，为贫困和罪恶所抑压，致使现实中人口与生活资料相平衡。他认为，在任何国家都存在两种抑制。一是积极的抑制，即由于客观原因，如疾病、赤贫、瘟疫和饥荒等人口被不断地自然减员；二是所谓道德抑制，即在道德上限制生殖的本能，如禁欲、晚婚和少生孩子等。[①]

100多年前，古典学派的李嘉图也提出，在最有利的条件下，

---

① 马尔萨斯：《人口原理》，商务印书馆1969年版，第6页。

第八章　可持续发展的人口、资源、生态环境管理

生产力虽然仍可能大于人口的增殖力,但是这种情况不会长期继续下去。因为土地有限,质量也各不相同,土地上所使用的资本每增加一份,生产率就会下降,而人口的繁殖力却是始终不变的。一般说来,人口超过对劳动的需求,也就是超过了其农业和制造业实际上可以经常雇佣的人数。在这种条件下,他认为,生产赶不上人口的增长,因此会造成较大的人口压力。①

按照马尔萨斯和李嘉图的观点,由于人口与经济增长遵循不同的规律,结果导致二者之间出现不平衡性。解决这个问题的途径无非有两个:一是发展经济;二是控制人口。

现代发展经济学用"低水平均衡的人口陷阱模型"来说明发展中国家人口过快增长对经济增长的阻碍作用。人口增长与人均国民收入增长之间存在相关关系。当一国人均收入提高到最低生存水平之上时,可能引起比国民收入增长更快的人口增长,从而使人均收入下降,迫使其降到维持最低生存的水平。人均收入的下降会迫使人口增长率减慢,接着又因人口增长率减慢出现人均收入的增长,再引起人口的增长,人均收入的下降……如此循环,形成低水平的均衡陷阱。摆脱这个陷阱的途径也是两条:一条是借助加大投资和技术进步大力推动经济增长;另一条是采取有利的措施控制人口增长。根据人口学家寇勒和经济学家胡佛创建的模型,最佳人口规模是动态的。他们以印度为例说明出生率下降会从两个方面推动人均收入增长:第一,人口增长放慢将降低赡养率。从而在任何给定的收入水平上使消费减少,储蓄增加。第二,随着劳动力增长的减慢,大约在 15 年后,需要按照一定的比例给新增劳动力提供的社会公共投资总额将会下降,从而增加用于提高人均收入的投资份额。这样,无论是家庭层次还是社会层次,都可以从人口增长率下降中得益。②

---

① 《李嘉图著作和通信集》第 1 卷,商务印书馆 1982 年版,第 82~83 页。
② 吉利斯、罗默等:《发展经济学》,中国人民大学出版社 1998 年版,第 198 页。

根据上述理论，我们可以研究最佳人口规模。一个国家在一定时期，当劳动以外的资源不变时，有一个能使人均收入最大化的人口规模，这个人口规模就是最佳的。图 8-2 显示，设曲线 P 代表人口的适度规模水平，当人口水平低于 P 时，人口的增长将导致人均收入的增长；人口水平高于 P，将使人均收入水平下降。新资源的发现、资本积累、技术进步和自然资源的开发，将使最佳人口规模的扩大成为可能，也就是代表最佳人口规模的曲线向上移动到 P′。

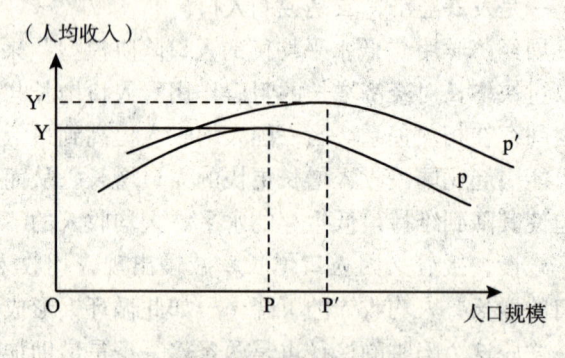

图 8-2 最佳人口规模

需要指出的是，在人均收入水平还很低的发展中国家，资本积累能力不足，受此影响，技术进步和自然资源供给条件改善的进程不可能很快，这就给人口增长本身设置了客观的限制性条件。就是说，在发展中国家，一时没有足够的条件和推动力来提高最佳人口规模，只能采取有效的措施来降低人口增长率，使之适应最佳人口规模。但是需要指出的是，在现有人口规模过大的条件下，将人口规模调整到最佳人口规模有一个时滞。其主要原因是，人口惯性是由年龄结构决定的，过去的高生育率造成了年龄结构的年轻化，现在即使采取控制生育（独生子女）政策，也要花上数十年时间才能使人口数量稳定，这个时间表，对我们这样争取起飞的发展中国家非常重要："关键的问题是死亡率下降和出生率由上升转为下降的时滞究竟有多少？时间的长短决定了那些正在从过渡阶段和争取起飞进入自我持续增长的国家的近期前途。"①

二、中国人口现状及主要问题

1. 中国人口基数大，是世界上人口最多的国家。从人口自然增长率的发展规律看，建国初期，由于人口政策失误，导致中国在1950~1957年和1962~1973年间出现了两次人口增长高峰，人口自然增长率高达20‰以上。20世纪70年代以后，由于实行了计划生育政策，从1970~1985年，人口自然增长率降至15.6‰，"八五"期间中国人口过快增长的势头进一步得到遏制，人口自然增长率由1990年的14.39‰降到1995年的10.55‰。低于世界发展中国家的平均水平。从1986年开始受建国后第二次人口生育高峰的影响，人口出生率有所回升。但与第一、第二次人口生育高峰有所不同，这次生育高峰的生育水平大大低于前两次高峰期。2005年中国人口自然增长率为5.89‰。

国家统计局测算数据表明，2005年1月6日，中国人口总数达到13亿（不包括香港、澳门特别行政区和台湾省），约占世界总人口的21%。庞大的人口数量一直是中国国情最显著的特点之一。虽然中国已经进入了低生育率国家行列，但由于人口增长的惯性作用，当前和今后十几年，中国人口仍将以年均800万~1000万人的速度增长。按照目前总和生育率1.8预测，2010年和2020年，中国人口总量将分别达到13.7亿人和14.6亿人；人口总量高峰将出现在2033年前后，达15亿左右。庞大的人口数量对中国经济社会发展产生多方面影响，在给我国提供了丰富的劳动力资源的同时，也给经济发展、社会进步、资源利用、环境保护等诸多方面带来沉

---

① 瑟而瓦尔：《增长与发展》，中国人民大学出版社1992年版，第157页。

重的压力。

2. 中国的人口素质尤其是文化素质不高。随着我国逐渐加大公共卫生事业建设力度，不断提高人口健康素质。平均预期寿命已从新中国成立前的35岁上升到2004年的71.8岁。但是从总体上讲，中国人口健康素质仍然不高。每年出生缺陷发生率为4%～6%，约100万例。数以千万计的地方病患者和残疾人给家庭和社会带来沉重的负担。防治艾滋病形势依然十分严峻。据估计，截至2003年12月，中国现存艾滋病病毒感染者和艾滋病病人约84万，2004年疫情处于从全国低流行和局部地区及特定人群高流行并存的态势。

由于致力于发展教育事业，中国人口科学文化素质显著提高。2004年，中国普及九年制义务教育的人口覆盖率达到93.6%，6岁及以上人口平均受教育年限达到8.01年（其中男性8.5年，女性7.51年），比1990年提高了1.75年；人口粗文盲率（15岁及15岁以上不识字或识字很少的人口占总人口的比重）降到8.33%，比1990年时下降了7.55个百分点，2000年为6.72%。各种受教育程度人口占总人口的比重分别为：大学以上占5.42%、高中占12.59%、初中占36.93%、小学占30.44%，受高层次教育的人数大幅度增加，受小学教育人口比重逐步下降。但是中国人口的粗文盲率还大大高于发达国家2%以下的水平；大学粗入学率大大低于发达国家；平均受教育年限不仅低于发达国家的人均受教育水平，而且低于世界平均水平（11年），并且城乡人口受教育程度存在明显差异。2004年，城镇人均受教育年限为9.43年，乡村为7年；城镇文盲率为4.91%，乡村为10.71%。

3. 中国人口的地域和城乡分布很不均衡，性别比例失调。地域分布极不平衡。中国东部地区历来人口密度高，随着沿海地区经济迅速发展，中国人口继续向东部地区聚集。第四次全国人口普查的数据表明，中国94%的人口居住在只占全国总面积45%的东南部；77%的人口分布在占全国总面积44%的东北、华北、华东和中南地区，仅有23%的人口居住在占全国总面积56%的西南和西北地区。

城乡分布很不均衡。中国城市人口不断增加，但目前农村人口仍占绝对的比重，如1949年城乡人口比例是1∶9，1985年为2∶8，1997年约为3∶7。2005年末全国城镇人口占总人口的42.99%，乡村人口占57.01%。近年来，由于积极推进人口城镇化和产业结构升级，实施城市带动农村、工业反哺农业的发展战略，人口城镇化率以每年超过1个百分点的速度增长。2004年，中国流动人口已经超过1.4亿。大量农村劳动力进城务工，为城市发展提供了充裕的劳动力，同时也改善了农村的经济状况。按人口城镇化率每年增加1个百分点测算，到2020年还将从农村转移出3亿左右的人口。与此同时，流动人口管理与服务体系却严重滞后，亟待完善。庞大的流动迁移人口对城市基础设施和公共服务构成巨大压力。流动人口就业、子女受教育、医疗卫生、社会保障以及计划生育等方面的权利得不到有效保障，严重制约着人口的有序流动和合理分布，统筹城乡和区域协调发展面临困难。

人口性别比例失调。2005年末男性人口67375万人，占51.53%，女性人口63381万人，占48.475%，总人口性别比为102.19。从20世纪80年代开始，出生人口性别比持续升高，第五次全国人口普查时为117，2003年为119，少数省份高达130。为了遏制出生人口性别比升高的势头，国家采取了一系列措施，颁布了《人口与计划生育法》、《关于禁止非医学需要的胎儿性别鉴定和选择性别的人工终止妊娠的规定》等法律法规，启动了"关爱女孩行动"，倡导男女平等，综合治理出生人口性别比偏高。

4. 中国已经进入老龄化社会，人口老龄化进程快于世界上任何国家。从人口年龄结构看，在2004年末全国总人口129988万人中，0～14岁人口为27947万人，占总人口的21.50%，15～64岁人口为92184万人，占70.92%；65岁及以上人口为9857万人，占7.58%。上述数据表明：第一，根据2005年对1%人口的抽样调查，当前中国人口社会抚养系数为40%，劳动年龄人口比重大，劳动力资源丰富，为经济快速发展提供了强大的动力。但庞大的劳动年龄人口也给就业带来了巨大的压力，目前，中国城镇每年新增劳动力近千万，农村剩余劳动力2亿多。并且，劳动年龄人口将保持增长态势。据预测，2016年15~64岁劳动年龄人口将达到峰值10.1亿，2020年仍高达10亿左右。这对就业、产业结构调整和社会发展事业提出了更高要求。第二，2000年，65岁以上老年人口比重达7%以上，根据国际标准，中国已经进入老龄社会。据预测，到2020年，65岁老年人口将达1.64亿，占总人口比重16.1%，80岁以上老人达2200万。中国老龄化呈现速度快、规模大、"未富先老"等特点，对未来社会抚养比、储蓄率、消费结构及社会保障等产生重大影响。

三、今后中国可持续发展的人口管理的主要对策

（一）继续实行计划生育政策，控制人口数量

1. 采取宣传、行政、法律、经济等手段，使人口再生产转向低生育率水平。树立可持续发展的生育观念。发达国家人口再生产模式从高出生、低死亡、高增长类型转向低出生、低死亡、低增长类型经历了相当长的时间，在欧洲和北美，这一过程持续了150年之久。这一转变的动因是由于经济社会发展引发人们婚育观念发生转变，家庭产生了自我约束婚育行为的能力，使生育率降低。目前，我国的一些地方计划生育工作难以开展，一个重要原因是旧社会遗留下来的一些陈旧观念仍在作怪。而且我国的经济、社会发展水平还不足以使人们从根本上转变婚育观念、产生自我约束婚育行为。因此，一方面必须采取行政的、法律的、经济的手段，使已婚育龄群众落实避孕节育措施，迫使生育率下降。另一方面要通过深入细致的宣传教育工作，帮助人们逐步树立可持续发展的生育

第八章 可持续发展的人口、资源、生态环境管理

观念。

政策重点在农村。目前每年农村增加的人口仍占全国年增长人口的70%左右。这表明人口增加主要在农村。另外，由于一些农民包括农村干部受传统观念束缚严重，致使超生现象严重，计划生育监管困难。基层技术服务水平低，每年还有相当数量的育龄妇女没有落实必要的避孕节育措施，更谈不上优生、优育、优质服务。还有相当一部分乡村组织不能担负计划生育责任，成为计划生育死角，造成当地人口增长严重失控。因此，中国人口控制的关键在农村。

首先，发展农村教育事业。接受文化教育不仅推迟了结婚年龄，产生有利于减少人口增长的直接效应；而且由于具有较高教育程度的人时间成本增高，生育孩子的机会成本更大，有助于使人们产生减少生育的意愿；现代文化教育还会改变人们的传统生育观念，改变妇女在家庭的角色和地位。这些都有利于人口的控制。我国的人口统计分析也已证明，文化教育无论在城市或农村对抑制生育都有很重要的作用，特别在农村中，这一作用更加强烈。初中阶段每年的教育可使妇女生育减少约0.2个孩子，因此，提高农村人口特别是提高农村妇女的文化教育水平是推动农村计划生育工作的有力措施。

其次，重男轻女思想是造成农村较高生育率的重要原因之一。据统计，全国文盲、半文盲人口中约有70%是妇女。农村女性文盲、半文盲率比男性高出16%。由于农村妇女的家庭地位往往与其生育的性别和数量密切相关，尽管生育愿望并不强烈，却不得不生育。因此，提高妇女地位、转变重男轻女思想，是推进计划生育工作的又一根本性措施。要加大农村中小学的投入，减少农村女孩辍学率；大力培养妇女干部，提高妇女在干部人数中的比率；进一步健全法律制度和加强司法公正，加强对农村妇女各种权益的保护，使家庭和个人的权利侵犯和冲突能得到依法解决。

加快城市化进程。城市人口由于收入高、工作节奏快、住房紧

张、文化程度较高等多种因素影响，生育意愿相对较弱，生育率较低。从总的趋势看，城市化程度越高，总和生育率与多孩率越低；反之，城市化程度越低，总和生育率与多孩率越高。目前我国城市化水平相对较低，加快城市化进程已迫在眉睫。因此，要尽快放宽户籍制度，逐步取消影响农村人口进城务工的制度性障碍，加强进城人口的医疗保健、失业保险、养老保障等方面的建设，努力推进小城镇建设。

建立和健全社会保障体系。由于目前社会保障机制还不健全，"养儿防老"的观念很难被消除，这极大制约了人口政策的落实，因此，加快社会保障制度的建设是当前情势下推动计划生育工作的有力措施。

加强计划生育的法制建设。首先，要加快计划生育的立法工作，制定一些内容具体、切合实际、容易普及、便于操作的法律法规。其次，要加强对广大群众的法制教育，使每个人都明确自己在计划生育中的责任和义务，自觉依法搞好计划生育。第三，要加强对计划生育干部队伍的培训和指导，提高他们的思想和业务素质，使他们能够坚持原则，不徇私情，严格依法办事。

2. 加强对流动人口管理，转变管理思想和管理方式。流动人口管理是人口数量管理的重要内容之一。城市管理者应全面认识人口流动和城市外来人口问题的长期性、复杂性、艰巨性，努力完成两个根本性转变：一是转变观念。城市决策者要树立长期观念，对外来流动人口管理工作要有长期规划；要做好将农村流动人口接纳为城市居民的准备，要将这部分人口纳入城市的日常管理体系和城市发展的总体规划中。二是切实转变管理方式。对待流动人口，不能再沿用以往的"劳动力管理"的模式，而应向"居民管理"模式转换，为他们提供相应的服务，使他们真正成为所在城市的一个有机组成部分，把对流动人口的突击清理式管理逐步转变到日常管理、制度化管理的轨道上来。

保证流动人口与城市居民一样享有平等的就业权。流动人口作为劳动者，不论是雇佣就业还是自营就业，与城市居民并无不同，完全可以实施与城市居民同样的就业政策，没有必要另搞一套单独的就业管理制度。从长远来看，只有实行相同的就业管理制度，才符合建立统一、竞争的劳动力市场的根本目标。

建立有效的社会保障。从社会保障的角度来看，流动人口的弱势群体色彩极为浓厚，进入企业的流动人口，一般不是企业的正式成员，企业一般不为他们提供相应的福利待遇。与同一个企业的正式职工相比，流动人口在工资、奖金、节假日、医疗、抚恤等方面享有完全不同的待遇，总体上处于一种待遇十分低下和无保障的地位。因此，为流动人口提供有效的社会保障是流动人口管理的重点之一。

制定一系列合理有效的政策措施。首先，进一步打破城乡封锁，建立健全城乡统一、区域相通的劳动力市场。其次，建立健全各类就业服务机构，如街道、城区、县城、乡镇的劳动服务站、职业介绍所，为用人单位和求职者沟通信息，提供服务，整顿职业介绍机构。再次，完善劳动力市场的运行规则，通过强化劳动力市场的法制管理，全面贯彻《劳动法》，使劳动市场供求双方的行为法制化、规范化。最后，通过建立失业调控体系，利用劳动力市场，有效控制失业的增加。

3. 推动农村剩余劳动力转移。提高农业自身的吸纳能力。改变传统农业发展模式，发展耕地农业、工厂农业、海洋农业等多种农业；调整农业内部的生产结构，发展多元种植、畜牧、养殖、林业等农业多样性。使劳动力在生产空间上不再集中在耕地上，而是向海洋、工厂扩散；在生产过程上不再集中在农业的产中环节上，而是向产前、产后各环节分流；在职业上不再集中在种植业上，而是向畜牧业、养殖业、水产业、林业、副业转移；同时，也开拓了非农产业的就业空间，使劳动力向第二产业、第三产业转化，形成了农业内部的多层次、宽领域的劳动力就业结构，极大地提高了农业自身就业能力。

大中小城市与小城镇协调发展。加快城镇化建设是我国剩余劳动力转移的重要途径之一。但要将数亿农业剩余劳动力转移出来，必须实施各类规模城镇并举的方针。以信息化来提升和整合大城市功能，提高综合实力，充分发挥辐射效应，带动周边各小城市和小城镇发展、形成以大城市为中心的城市群。城镇网络化将极大地改善城市产业、就业结构，提高就业率；开发新兴工业，建设新型乡镇企业，通过改造使基础比较好、潜力比较大的乡镇企业升级换代，推动小城镇建设，构成"乡镇企业——小城镇"互动发展模式。这样既可提高独立状态的就业功能，又表现出新的整合就业功能，极大地提高了农业剩余劳动力和农村人口的非农化。

大力发展第三产业。积极发展城乡第三产业，开辟新的就业领域，提高生存质量。要加快发展适应中国劳动力素质、服务生产、方便人民生活以及就业容量大的服务行业，创造更多的就业机会，转移和吸纳更多的劳动力。同时，积极推行非全日制工作、临时性工作、小时工、弹性工时、阶段性就业等灵活多样的就业形式，增加就业岗位。

保持适度的经济增长速度。在保证经济增长方式的转变和产业结构升级的前提下，适当保留和发展一些适应市场需求的劳动密集型产业，解决城市劳动就业问题。大力发展城乡集体经济以及个体和私营等非国有经济，多渠道广开就业门路。努力增加第一产业的就业容量，促进农村劳动力的开发性就业。

（二）加强人口质量管理，提高人口素质

1. 提高我国人口身体素质。国民健康的身体素质是人类提高科学技术水平、发展经济、推动社会进步的根本条件。为此，要大力开展健康教育和全民健身活动，使国民掌握健康知识，坚持身体锻炼，提高身体素质。为此，要充分发挥各类大众传媒的作用，普及基本卫生知识，倡导文明健康生活方式，促进健康生态环境；加强公益性体育场地设施建设，建成面向群众的多元化的体育服务体

系；加强国民体质监测体系建设，完善国家体育锻炼标准，促使人们根据自己体质状况进行科学锻炼，推动不同人群广泛参与体育健身活动。尤其要鼓励和引导青少年参加体育锻炼，改善营养、完善卫生保健体系，提高人民的健康水平。

提高农村的医疗保健水平和发展城市社区卫生服务。加大对农村卫生的财政投入力度，以公私合营、股份合作、个人投资贴息等各种融资方式，动员社会资金发展农村卫生事业；改革城市卫生服务体系，积极发展社区卫生服务，逐步形成功能合理、方便群众的卫生服务网络，实行预防、医疗、保健、康复、健康教育、计划生育技术服务等相结合，为城市居民提供有效、经济、方便的基层卫生服务。

建立重大疫病有效的危机管理机制。目前，我国在重大疫病的预警、预防、统计、发布、研究、控制方面缺乏一个全面覆盖各类危机的完整的应急系统，一旦遇到新的危机，即感到无所适从；现行危机管理是分行业、分部门进行的，尽管有利于实现分工负责，但是当发生需要多个部门共同应对的综合性危机时，将产生很高的协调成本，并严重影响反应速度。为此，应建立统一的、有效的危机管理机制，注重公共卫生的政策、宣传、管理，强化疾病的预防、控制、公共环境的治理、公共卫生的保障等工作，实时监控、准确预报，弥补分散型危机管理体制的不足，提高应对突发事件的能力。

2. 提升我国人口科学文化素质和思想道德素质。人口的科学文化素质是人们在理论学习和实际操作过程中所获得的科学文化知识、经验技能以及用于认识、改造世界的知识与创造力的总和，主要反映在一个人的科学文化知识水平和劳动技能等方面。人口的科学文化素质是人口素质的重要标志，而受教育程度是衡量人口科学文化素质的指标。思想道德素质指人的道德水准、价值观念、人际关系、个性心理特征（如情感、意志、气质、性格）等。思想道德素质是人口素质发展提高的基础，是科学文化素质能否充分发挥的前提,在当今错综复杂,充满竞争、风险和机遇,新知识、新观念不断涌现的时代,一个人的正确的世界观、科学的思维方式、较高的创造力、较强的适应力、快速的反应能力,显得尤为重要。

为了提高我国人口素质,必须要加快教育事业的发展。

第一,要加大对教育事业的投资力度。由于我国是一个发展中国家,国力有限。为保证教育经费,支持教育事业的可持续发展,必须积极地拓展筹资渠道。目前我国的教育投入主要采用的是国家财政拨款为主,多渠道筹资的体制,鼓励社会各方面和个人捐资办学、集资办学。除增强国内教育经费投入外,还应该扩大国际合作,加速我国教育事业的发展,为人力资本投资提供应有的财力保障。

第二,改革教育体制,优化教育结构。学校应按照市场经济的需要和科技发展的要求,结合中国国情,适时调整人才培养结构。建立初级教育、中级教育和高等教育比例适当的合理的教育体系;正确处理专门化与综合化的关系,提高人才的市场适应能力和竞争能力。

第三,加强职业技术培训。总体上看,职业教育是我国教育的薄弱环节,人才培养的数量、结构和质量还不能很好满足经济建设和社会发展的需要。当前和今后一个时期是职业教育发展的重要战略机遇期,我国全面建设小康社会,走新型工业化道路,推进城镇化,解决"三农"问题,提高产业竞争力,促进就业和再就业,都对提高劳动者素质、加快技能人才培养提出了迫切要求。尽快改变职业教育发展相对滞后的局面,切实发挥职业教育在经济社会发展中的基础作用,是一项具有战略意义的紧迫任务。

第四,构建完善的终身学习体系。终身教育是每个人在其生命周期或在其劳动年龄的不同阶段,受到的正规和非正规的教育。随着科学技术的迅速发展,职业更替越来越频繁,劳动者经常在不同地区、行业和职业之间流动。能在不同的岗位环境中工作,最重要的是要有适应科学技术和产业结构变化的新的多样化的知识和技能。因此,劳动者必须树立不断学习的意识。终身教育能不断地提高劳动者素质,使劳动者始终具有社会所需要的知识和技能,以应对社会变革和就业模式变化。因此,要对终身教育规范化、制度化,将终身教育纳入制度化轨道。

第五,加强社会主义精神文明的建设。精神生活是人所特有的现象,人对精神生活的本能追求,对意义世界的积极建构,既是人的本质的表现,也是人类追求和实现幸福的表现。物质生活的富足仅仅是人所追求的幸福生活的一个方面,人对精神生活的追求和渴望不但不会随着物质生活的极大丰富而降低,反而更加强烈,要求也更加提高。社会主义社会是追求人的全面发展的社会,精神文明建设是其中应有之义。社会主义精神文明建设,包括弘扬和培育民族精神、思想道德建设和科学文化建设等,其中最为根本的是思想道德方面的建设。应该看到,"物质至上"和"精神失落"是伴随工业文明发展的一股暗流,特别是市场经济条件下,在物质财富猛增的同时,也存在着价值理想的缺失、人自身的失落和人与人关系的失调等问题。我国的现代化建设应该汲取历史的教训,始终重视精神文明建设,使人获得精神上的慰藉感、充实感、崇高感和超越感,从而提升精神境界,丰富本质属性,促进人的全面发展。

第四节 可持续发展的自然资源管理

一、自然资源的分类

自然资源是人类可以利用的、自然生成的物质与能量。根据联合国环境规划署给自然资源下的定义:"所谓资源,特别是自然资源，是指在一定时间、地点、条件下能够产生经济价值，以提高人类当前和将来福利的自然环境因素和条件。"

根据自然资源的再生性质进行分类，自然资源可以分为可再生资源和不可再生资源两大类。

可再生资源是指能够利用的自然力，以某一增长率保持和增加流量的自然资源，如太阳能、大气、水、动植物。从某种意义上说，大多数可再生资源的再生能力完全取决于人类的利用方式。如果合理的开发利用，这类资源可以不断再生，维持或增加流量；反之，其再生性就会受到影响，其存量逐渐减少，乃至耗竭。可再生资源可分为两类：可循环利用的资源，如空气、雨水、风能、潮汐能等；另一类主要是生物资源，其再生能力依赖于其他资源，循环比较缓慢，特别是受人类利用的影响。

不可再生资源是指不能依靠自然力增加其存量和流量的自然资源。其资源禀赋是固定的，随着对其开发利用，可用数量逐渐减少。不可再生资源又可将其划分为可回收利用的和不可回收利用的两种类别。

金属等矿产属于可回收利用的不可再生资源。不过，一种资源的可回收利用程度取决于回收成本。只有当回收利用资源的成本低于新开发成本时，才能得到回收利用。随着经济条件的变化，可回收资源的范围可能扩大。尽管如此，可回收利用的不可再生资源不能始终循环利用，其储量最终也会耗竭。但是耗竭的速度与需求、加工产品的耐用性、回收利用程度有关。不是所有的不可再生资源都可以回收重复利用，如煤炭、石油、天然气等能源资源，一旦使用就消耗掉了，无法进行回收。

可再生资源与不可再生资源的管理面临不同的挑战。对前者的管理主要是保持有效的可持续量；对后者的管理主要是在代际之间优化配置，降低其耗竭的速度，并最终转换到可替代资源。

二、自然资源的优化配置

（一）不可再生资源的优化配置

1. 两个时期的资源配置模型。

假设：①资源的边际开采成本在两个时期内是不变的，且以不变的方式供给；②在两个时期内对资源的需求是不变的，且边际支付意愿的方程式为 $p = 8 - 0.4q$；③在两个时期内边际成本 MC 也是不变的，且单价为2元/吨（如图8-3）。

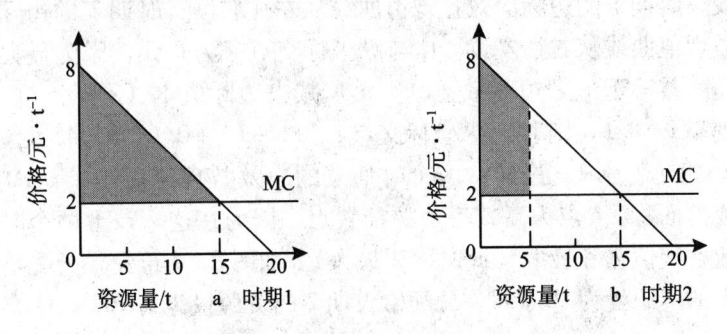

图8-3 资源充足条件下的两期配置

如果资源总供给量为30吨或30吨以上时，每个时期所需要的资源量是15吨，时期1对资源的需求量不会减少资源对时期2的供给量，分别实现本期的高效率。但是，如果资源供给不充足，假设总供给量为20吨，为了实现高效率的资源配置，就要使这20吨资源在两个时期内的净效益现值之和达到最大化。

净效益现值之和的求法：假设分配给时期1的资源为15吨，分配给时期2的资源为5吨。则时期1的净效益现值就等于图8-3a中阴影部分的面积（45元）；时期2的净效益现值就等于图8-3b中阴影部分的面积除以 $1 + r$（r 是贴现率）。如果贴现率 r =

0.10,那么时期2净效益现值就是 25÷(1+0.1)=22.73元。因此,两期的净效益现值之和就等于 45+22.73=67.73元。

为了找到使两个时期净效益现值最大的资源配置方案,可以通过计算机,找出时期1资源配置量(q_1)和时期2资源配置量(q_2)所有可能的组合($q_1+q_2=20$),然后挑选出其中净效益现值最大的配置组合。

实现资源高效率配置的必要条件是,时期1使用的最后1吨资源的边际净效益现值等于时期2使用的最初1吨资源的边际净效益现值。可用一种直观的图形来表示两个时期的资源配置问题(图8-4)。

图8-4中l_1和l_2分别表示时期1和时期2的边际净效益现值曲线,时期1的边际净效益现值曲线从左往右读,时期2的边际净效益现值曲线从右往左读。l_1与纵坐标交点a为6元,因为最大边际净效益等于最大边际效益(8元)减去边际成本(2元);假设贴现率r=0.1,则l_2与纵坐标交点b为 6÷(1+0.1)=5.45元。l_1和l_2相交于点e。这样,两个时期总的净效益现值就等于$aeb0_2 0_1$围成的面积。e点为高效率资源配置点,因为在这一点上两个时期净效益现值之和最大(此时面积最大)。如图8-4可见,分配给时期1的资源量为10.238,分配给时期2的资源量为9.762。

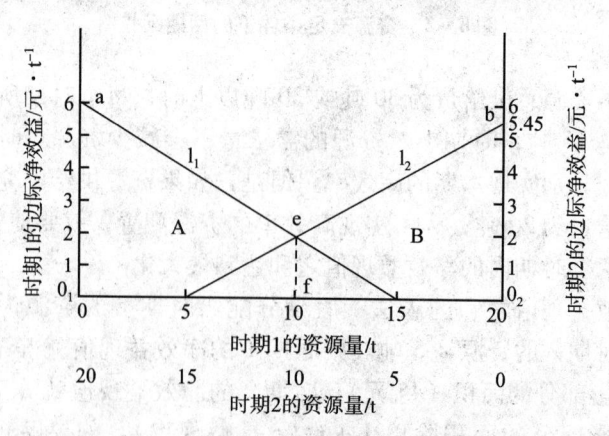

图8-4 资源稀缺条件下的两期配置

第八章　可持续发展的人口、资源、生态环境管理

2. n个时期的资源配置。由于可耗竭资源的供给是固定、有限的，今天多使用一个单位的资源，就意味着明天少使用一个单位的资源。因此，今天决定使用一定数量的资源，就意味着放弃将来使用该资源的净效益，即形成边际使用成本。

在一个有效的市场中，不但要考虑边际开采成本，而且要考虑边际使用成本。如果资源是不稀缺的，资源价格就等于边际开采成本；如果资源是稀缺的，资源价格就等于边际开采成本加上边际使用成本。边际使用成本主要是受贴现率的影响。贴现率的大小反映了人们对边际使用成本的评价。在上面的模型中，由于正贴现率的存在，使得时期1比时期2获得更多的资源。贴现率越大，边际使用成本就越小，时期2获得的资源也就越少。所以贴现率的大小，表明了当代人对边际使用成本的评价和代际之间的资源配置。

假设前面的需求曲线和边际成本曲线仍然保持不变，时间由两个时期延长到n个时期，资源的供给量也相应增加（图8-5）。

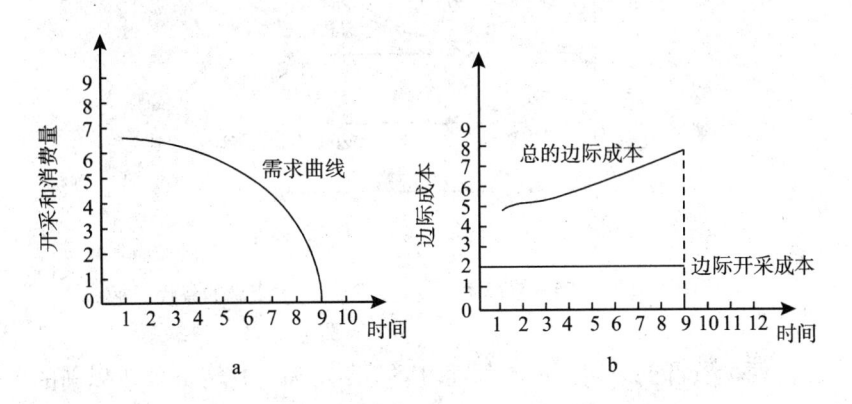

图8-5　资源开采量和资源的总边际成本、边际开采成本随时间的变化

图8-5a表示资源开采量在时间上的变化，与随着时间而增加的总边际成本相对应的是，资源开采量随时间而逐渐降低至零。图8-5b表示资源的总边际成本和边际开采成本随时间的变化，总边

际成本和边际开采成本之差就是边际使用成本。尽管边际开采成本保持不变,但由于资源的稀缺性、资源消费机会成本的提高,边际使用成本是不断增加的。

在图8-5中,当时间为9,总边际成本为8元时,开采量为零。在这一点上,总边际成本等于人们愿意支付的最高价格,因此,由于边际使用成本的增加,而导致总边际成本的增加,实现资源的供给和需求同时为零。从这个例子中可以看出,即使边际开采成本没有增加,有效配置也能够使资源逐步耗竭,而避免了突然耗竭。

3. 不可再生资源之间的替代。假设有两种可替代的不可再生资源,它们有各自的不变边际开采成本,在一定条件下,边际开采成本低的不可再生资源可以被边际开采成本高的不可再生资源替代。这时,不可再生资源之间的有效配置如图8-6所示。

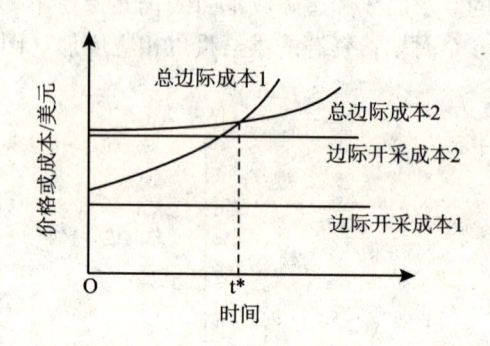

图8-6 边际开采成本不变时,不可再生资源的替代

两种资源的总边际成本都随时间不断增加,在转折点t^*以前的时期,只有总边际成本低的资源1才会被利用。到转折点t^*时,两种资源的总边际成本相等。在经过t^*以后,只有总边际成本低的资源2才会被利用。分析总边际成本曲线可以发现两个值得注意的特征。首先,两种资源的替代是平滑过渡的;其次,总边际成本的增长率在替代以后慢了下来。

第八章 可持续发展的人口、资源、生态环境管理

4. 实现可再生资源替代。假设不可再生资源存在可再生资源替代品，且当单位价格为 6 元时，可以无限供应该替代资源。这样，从不可再生资源到可再生资源的替代就会发生，因为可再生资源的边际成本（6 元）小于不可再生资源的最大支付意愿（8 元）。而且，由于替代品价格为 6 元，所以不可再生资源总边际成本永远不会超过 6 元，因为只要作为替代品的可再生资源更便宜，人们就会用它来代替不可再生资源。当没有有效的替代品时，人们的最大支付意愿使得总边际成本保持在较高水平上；当有效的替代品出现时，便抑制住了它的总边际成本，但是却使边际开采成本固定在更高水平上，因为可再生资源的边际开采成本高于不可再生资源（图 8-7）。

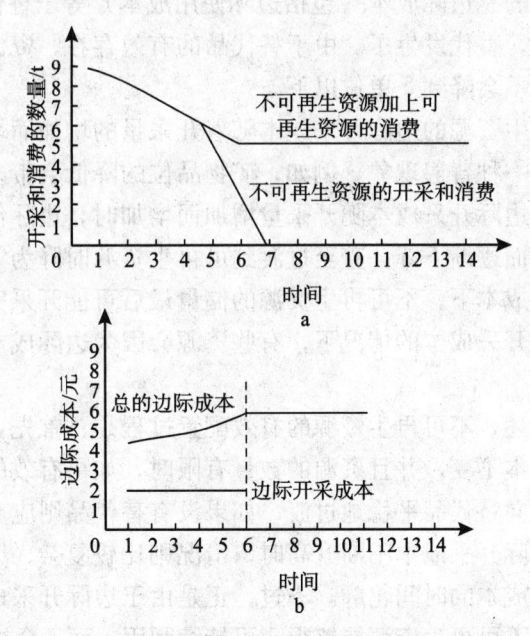

图 8-7 可再生资源对于不可再生资源的替代

从图 8-7 中可以看出，在有效的资源配置中，实现了不可再

生资源向可再生资源替代品的平滑过渡。不可再生资源的开采量随着边际使用成本的增加而逐渐减少,直到替代品的出现并最终替代它。但是,由于可再生资源的出现,会加速不可再生资源的开采,结果是不可再生资源比没有替代品的情况下耗竭要快。在这个例子中,不可再生资源是在时间6停用的,而在前面的例子中,不可再生资源是在时间9停用的。

在图8-7中,可再生资源的使用开始于过渡点(或转折点,对应于时间6)。在转折点之前,只使用不可再生资源;而在转折点之后,只使用可再生资源。这个资源使用模式的变化导致了成本的变化。在转折点之前,不可再生资源比较便宜;在转折点上,不可再生资源的总边际成本(包括边际使用成本)等于替代品的边际成本。这时,替代发生了。由于替代品的有效存在,资源使用量在任何时候也不会降到5单位以下。

不可再生资源的边际开采成本随着开采量的增加而增加的情况在现实中是一种普遍现象,例如,矿物品位的降低会带来开采成本的上升。当边际开采成本随开采量增加而增加时,边际使用成本随时间的增加而逐渐下降,直至过渡到可再生资源时降为零。在不变的边际开采成本下,不可再生资源的储量最后可能开采完,而在不断增加边际开采成本的情况下,有些资源会因为边际成本太高而不被开采。

综上所述,不可再生资源的有效配置过程是:首先,当资源的边际开采成本不变,并且资源的数量有限时,如果有效的替代品出现了,就应向替代品平稳地过渡,如果没有替代品则应节约使用资源。而当边际开采成本不断升高时,情况则比较复杂,因为它改变了边际使用成本的时间轮廓。不过,正是由于边际开采成本的不断增加才使得不可再生资源能够得到可持续利用,而不会被耗竭。

(二)可再生资源的优化配置

1. 林木的最佳收获期和最大可持续收获量。以一个林场的经

第八章 可持续发展的人口、资源、生态环境管理

营决策问题为例。首先分析一片林地一次采伐的最优采伐时间。林木的采伐价值随着树木的生长而增大。但不可能无限增加，树木最终会衰老和死亡，这时的商业价值将降低。因此林场希望选择一个最优采伐时间（t_1），使得林木采伐的净效益现值（B_1）最大化，则：

$$B_{max1} = (P_t - C_t)/(1+r)^t - k_0 = V_t - k_0$$

其中，P_t——时刻 t 的木材销售价值；C_t——时刻 t 的采伐成本；k_0——林场的初始投资；V_t——$P_t - C_t/(1+r)^t$，时刻 t 采伐林木的净现值；r——贴现率。

这一决策问题的解可用图 8-8 表示：

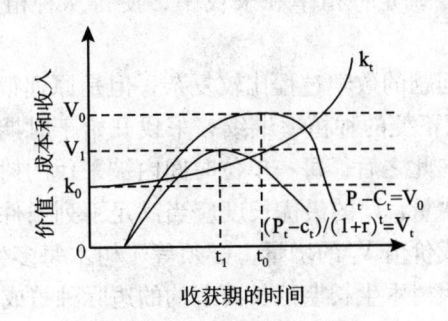

图 8-8 林木最优采伐时间

图 8-8 中，V_0 曲线表示未贴现（$r=0$）的林木采伐价值；V_t 曲线表示贴现率为 r 的林木采伐价值；K_t 曲线与纵轴交于 K_0 点，表示以利率 r 计算复利并以 r 贴现的初始投资。

从图中可以看出，贴现率为零时，林场选择在 V_{0max} 采伐树木，最优采伐期为 t_0，贴现率为 r 时，林场选择在 V_{tmax} 采伐树木，最优采伐期是 t_1。t_1 小于 t_0。

其次，分析林场土地的可持续总产出净效益现值最大化。因为土地既可用于现有树木的生长，又可用于种植新树，因此林场所面临的经营决策问题就是如何确定土地上的轮作和择伐。此时：

$$B_{max2} = B_{max1} + K_0 = (P_t - C_t)/(1+r)^t - k_0 + K_0$$

其中，K_0——林场资本在时期0的现值。

首先，假定 K_0 等于零，这意味着最佳轮作期正好等于 t_1，正是前面所说的一次皆伐的最优采伐时间。

但是，从图8-8可以看出，有一个时期 V_0 的增长率大于利率 r，这时 V_0 曲线比 V_t 曲线陡峭。这时，k_0 为正值。于是，最佳轮作期 t_1 比最佳采伐期 t_0 短。增长率大于利息率的时期刺激林场不断实施轮作，因此，最佳轮作期总是小于最佳采伐期。

假设林场希望确定每一时期的采伐率。于是必须在每一时期种植同样数量的树。已知土地面积有限，每棵树占用的土地面积不变，问题就是要确定种植率和采伐率，使得从种植到采伐的时间最优。

解决这一问题的数学过程比较复杂，但是原理很简单。种植开始于时期0，以不变的种植率继续；采伐开始于时期 t_1，也以不变的速率继续。在此之后，每一单位时间内被采伐的树木量将等于种植和生长的树木量，t_1 的最优长度应当满足下列条件：树木每多生长一年的净采伐价值 V_t 的增量，必须等于树木每多生长一年 V_t 的利息增量减去因树木生长期延长而节约的边际种植成本。

2. 渔业的最大可持续收获量。假定有一海洋渔场，鱼群增长量和种群数量的关系模型如图8-9所示。在图中，S_1 至 S^* 表现为种群数量增加造成增长率增加，S^* 至 S_2 表现为种群数量增加导致增长率下降。S_1 被称为最小可变种群量，种群数量低于这一点，种群增长率将为负数，种群数量将会减少直到灭绝，此时，任何力量也不能帮助种群数量恢复到可变水平。种群处于失衡状态。种群数量大于 S_1 时，种群数量可以实现正增长。S_2 被称为自然均衡点，在这一点上，由于死亡和迁出造成的种群数量减少将由于出生和迁入得到补偿。自然均衡是一种稳定状态，如果种群数量暂时超过 S_2，即超出了承载能力，死亡率和迁出率就会增加，使种群数量又回到承载力范围之内。反之亦然。在任何条件下，如果捕获量（产量)等于增长量,就可称该捕获量是可持续的,因为这种捕获量可以永远保持。只要增长量不变,捕获量也保持不变,那么种群数量就不会发生变化。在生物学中,S^*被称为最大可持续捕获量种群,此时最大可持续捕获量等于最大增长量,如果捕获量等于增长量也代表可永久保持的最大捕获量。

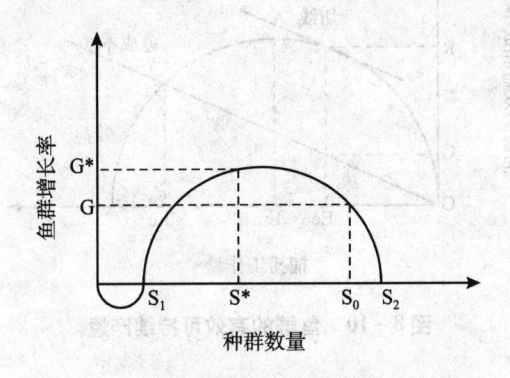

图8-9 鱼群增长量和种群数量的关系模型

(1)静态有效可持续捕获量。静态有效可持续捕获量是指不考虑贴现时,能够产生最大年净效益且能连续保持的收获水平。为了简化分析,假设3个条件:①鱼价不变,且不取决于销售量;②单位边际捕鱼成本不变;③单位工作量的捕获量与鱼的种群数量成正比。

在图8-10中,效益(收益)和成本是捕鱼工作量的函数,横轴上的任一点对应于图8-9中的种群水平。收益曲线决定于产量(因为假定价格不变),但因任何捕捞工作量的增加都会引起种群减少,所以种群数量从右到左是增加的。当捕捞工作量不断增加,直至E_m点,如果工作量继续增加,效益就会降低,因此E_m是最大可持续产量。净效益表现为效益与成本之差。从图8-10中可以看出,有效率的工作量水平是E_e,因为该点上效益与成本之差最大。在这一点上,边际效益等于边际成本。高于E_e的工作量水平是低效率的，因为成本增加超过了效益增加。由此产生的推论是：与最大可持续产量的工作量水平相比，静态有效率工作量水平会产生较大的种群数量。

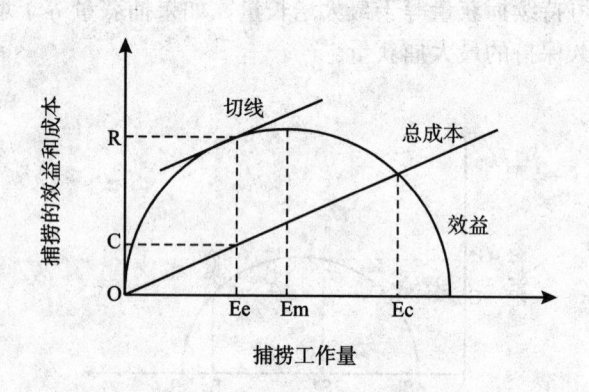

图 8-10 鱼群的有效可持续产量

（2）动态有效可持续产量。静态有效可持续产量是动态有效可持续产量贴现率为零时的一个特例。如果贴现率为正值，对渔业资源管理的影响类似对不可再生资源配置的影响。贴现率越高，资源所有者保存现有资源的成本就越高。所以，引入正贴现率后，相应于均衡种群水平的减少，所需的有效工作量水平将会超过静态有效可持续产量。

这样，开始会由于捕捞量的增加使得净效益增加。然而，当捕捞量超过鱼群可持续产量时，鱼群数量就会减少，并使得将来的鱼群数量和种群捕捞量减少。最后，当工作量水平保持不变时，就会得到一个新的较低的均衡水平，这时捕捞量又等于鱼群数量的增加量。用数学方法可以表明，当贴现率增加时，动态有效工作量水平就会增加，如果贴现率为无穷大时，它等于 E_c，在这一点上净效益为零。

使用无穷大的贴现率将会导致 E_c 配置。因为时间上互相作用的资源配置将会提高边际使用成本,这个机会成本反映了目前开发资源所放弃的将来的净效益。当贴现率为无穷大时,边际使用成本为零,因为没有价值可从将来的资源配置中获得。这就意味着:①边际开采成本等于边际支付意愿,等于不变价格;②总效益等于总成本。所以一旦采用贴现率,动态有效可持续产量所对应的种群数量就会小于静态有效可持续产量;可持续捕捞量也将较小。

鱼群数量减少并且低于最大可持续产量水平主要是受贴现率的影响。一般来说,捕捞成本越低,贴现率越高,有效工作量水平超过与最大可持续产量相联系的工作量水平的可能性越大。如果边际捕捞成本为零,静态有效可持续产量和最大可持续产量就会相等。当边际捕捞成本为零和贴现率为正时,动态有效工作量水平就必然会超过静态有效工作量水平和与最大可持续产量相关的工作量水平。较高的捕捞成本只会减少静态有效可持续产量,却不会减少最大可持续产量。贴现率使得鱼群数量低于最大可持续产量水平,但较高的开采成本会降低这种可能性。

如图 8-10 所示,在动态管理的情况下种群是不会灭绝的,因为 E_0 是这个模型中最高的动态有效工作水平,而该水平低于使种群灭绝所必需的水平。种群灭绝的条件是,捕捞最后一单位资源的效益必然超过捕捞该单位资源的成本(包括后代人的成本)。只要种群增长率超过贴现率,种群灭绝就不会发生。然而,如果增长率低于贴现率,捕捞最后一单位的成本足够低,实施有效管理,就会导致种群灭绝。

三、中国自然资源的现状及其对可持续发展的制约

(一) 中国自然资源的现状

中国地域辽阔,自然资源种类繁多,蕴藏量丰富,但分布不均匀。人口众多,造成人均资源贫乏,由此成为制约中国经济可持续

发展的瓶颈。中国自然资源的现状有以下特点：

1. 自然资源总量大，但人均占有量少。中国土地面积为9.6亿公顷，居世界第三，但人均耕地面积不足2亩，远远低于世界平均4.57亩的水平；中国水资源总量为28124.4亿立方米，居世界第六位，但人均占有量却只有2400立方米，不足世界人均占有量的1/4，居世界第86位；中国森林面积和森林蓄积总量均居世界第5位，但人均森林面积不足2亩，远远低于世界人均森林面积12亩的水平；中国草地资源总面积居世界第2位，其中牧区草原29300公顷，居世界第3位，但人均草地只是世界人均水平的1/2，人均草原面积仅为世界人均水平的2/5；中国海洋资源在世界沿海国家中居第9位，海洋资源总量也较大，但人均海洋资源占有量则不到世界水平的25%；中国的矿产资源总量丰富，品种齐全，按国际矿产价格和国际水平总回收率计算，其中45种主要矿产的潜在价值居世界第3位，主要矿产资源的开发利用规模已进入世界大国水平，如煤、水泥、钢铁、有色金属、化肥的产量都居世界前列，但矿产资源的人均占有量却不到世界平均水平的一半，排在世界第80位；中国能源总量丰富，但人均占有水平同样很低，如煤炭探明储量居世界第3位，但人均占有量仅为世界水平的70%，石油探明储量居世界第16位，但人均拥有量只有世界拥有量的1/10，水能源理论蕴藏量居世界之首，但人均占有量只及世界平均量的63%。

2. 自然资源区域分布不均衡。如水资源是南多北少，长江流域及其以南地区，水资源总量占全国的81%，而耕地只占全国的36%，黄河、淮河、海河流域径流量仅为全国的7.5%，而耕地却占全国的36.5%，而且中国水资源的时间分布也严重不均，如年内季节不均，年际变化很大等；中国的森林资源大多集中在东北地区和开发难度极大的西南地区；海洋资源则仅分布在中国的东南部地区，由此只有几个省市拥有海洋资源；矿藏和能源资源主要集中在东北和西北地区，而经济较发达，对能源消耗大的东南部地区却严重缺少这些资源。

第八章 可持续发展的人口、资源、生态环境管理

3. 存在着严重的资源结构性短缺。其中，既包括资源的结构性短缺，也包括开发资源条件的结构性短缺。在中国的矿产资源中，铁矿品位较低，富矿少，贫矿多，平均品位小于34%，贫矿占95%以上，可直接入炉的平炉富矿和高炉富矿，总计只占全国铁矿储量的2.4%；铜矿是世界"低品位"铜矿所占比重最大的国家之一，品位在1%以上的富矿，只占全国铜矿总量的36.8%，其中品位大于2%的只占6.4%，品位大于3%的不足1%，开采后加工利用较困难。另外，在化石能源中，石油、天然气等优质能源所占比例偏低。

（二）自然资源对中国可持续发展的制约

由于我国自然资源人均量少且结构、分布不平衡，这必将给中国经济可持续发展带来严峻的挑战。作为世界上最大的发展中国家，中国目前正处于经济的快速发展阶段，对资源的需求量庞大而增长迅速。因此，自然资源的短缺将成为制约中国经济可持续发展的主要因素之一。

1. 土地资源稀缺是制约中国农业可持续发展的重要因素。我们常常为自己能以占世界7%的耕地养育占世界23%的人口而自豪。但我们也应看到，中国人民的生活并不富裕，人均粮食产量尚未达到世界的平均水平，并随人口的增加而有所下降，与发达国家的差距还很大。根据初步调查，可供开发的后备土地资源仅有114亿亩，其中可开垦成耕地的只占18.2%左右，这可能成为制约中国农业发展的重要因素。虽然由于国际贸易的存在，可以使不同国家之间进行自然资源的相互贸易，从而可在一定程度上相对缓和资源对一国经济的制约程度，但在民族国家存在的现代，一国自有资源对经济发展的可保证程度，不仅是经济可持续发展的物质基础，而且是国家安全的基础，而国家安全又是经济发展的重要保证条件。正如美国学者摩根索所说："粮食的自给自足永远是巨大力量的源泉"，"相反，粮食的长期匮乏定是在国际政治中永远软弱的根

源"。民以食为天，农以地为本，没有富饶的耕地，我国13亿人口的生存就将成问题，发展更无从谈起。

2. 水资源相对贫乏将严重制约着中国经济发展目标的实现。如前所述，中国水资源是相对贫乏的。目前，中国可供利用的水量约为1.1万亿立方米/年，而实际用水总量已占可利用水资源的43%，据有关专家分析，2000年全国总用水比1990年增加了13.9%，约为6300亿立方米，按此速度发展下去，可以预见，水资源的相对贫乏将严重制约着中国经济发展目标的实现。

3. 矿产资源形势严峻，制约着中国中长期经济目标以及子孙后代长远利益的实现。近几年来，有关部门进行了矿产资源对国民经济与社会发展保证程度的研究论证，结果不容乐观。在45种主要矿产中，有10多种矿产探明储量明显不足，特别是石油、天然气、黄金、铜和铁矿石等，如果没有新的突破，矿产资源的综合开发和利用率没有进一步提高，将难以满足2000年以后工业发展对能源和原材料的需要；2020年的矿产资源形势将更加严峻，这不仅关系到中国中长期经济目标的实现，而且还将关系到子子孙孙的长远利益。

另外，森林、草地等资源的减少也将制约中国经济可持续发展，我们必须做出正确的可持续发展的资源战略选择。

四、可持续发展的自然资源管理对策

当前，世界上很多经济学、社会学、未来学领域的专家都认为，在现代经济发展中，作为先决条件的资源供给一旦脱节，并且在勘查、开发资源技术方面又不能有重大突破的情况下，可能产生资源与经济发展间的断裂带，形成对整个社会经济的巨大冲击。因此，大多数专家在对过去传统发展模式的反思中，提出了可持续发展的自然资源管理的新策略。

1. 走集约型经济增长之路。就经济增长方式而言，主要有粗放型和集约型两种。前者主要靠增加投入的数量，以高投入、高消耗、高污染、低质量、低效益为特征，忽视资源利用效率的提高与优化配置，是实现可持续发展的重大障碍。而后者则主要是依靠科技进步和提高劳动者素质来取得经济规模的扩大，选择有利于节约资源的生产技术类型，形成结构型、质量型的扩大再生产。很明显，只有走集约型经济增长之路，才是实现可持续发展的正确选择。长期以来，中国的经济增长还停留在粗放方式上。据有关方面测算，我国经济增长中依靠资本和劳动投入数量增加的贡献率占72%，依靠科技进步等促使要素效率提高的贡献率仅占28%。而发达国家后者的贡献率一般占50%~70%，有的发展中国家也已超过了30%。我国并不是一个资源丰富的国家，因此，我们必须进行经济增长方式的转变，由粗放型经济增长方式转变为集约型经济增长方式。

2. 建立自然资源有偿使用管理制度。自然资源是资产，有价值，必须建立明确的产权关系，实现自然资源的有偿使用，这是保证自然资源可持续利用的前提条件。因为资源利用的制度安排往往决定着人们在资源利用和保护之间所做的选择，一项合理的制度安排，有利于资源在较长时间里持续利用，因此，对资源利用管理制度的研究是合理利用和保护资源的关键。自然资源的有限性及其在经济活动中的必不可少性决定了人们对自然资源使用行为不能是随意的，必须有所约束，这种约束在社会关系中的体现，就是通过建立明确的资源产权关系来实现。资源经济学明确指出，绝大多数资源的利用、管理和保护都应重视资源配置的一般特点。在任何社会中，与资源有关的政策，不管是个人、团体，还是公共决策组织提出的，都是在一个复杂的制度安排中制定的，这个制度决定了法律权利和义务，因而建立起一种物质利益的结构。

我国的宪法已明确规定，所有的资源都归国家、全民所有（部分土地集体所有）。这种所有制可避免由于资源私有造成的收入不均，以及个人为了自身眼前利益而滥用的情况，可以使资源充分地被用来满足整个国民经济建设的安排及需求。但是我国却缺乏与其配套的明确的资源管理制度和相应的机制,而失去了这种所有制有效的资源配置优势。至今,在资源的产权问题、产权和使用权的关系等有关管理制度的具体细节上仍有许多不确切之处。如国有资源的合法代表是谁?作为国有资源开发使用者的国有企业,是不是有权无限期、无偿地占用资源?这些关系不明晰,使有关部门对自然资源的管理遇到了极大阻力。因此,对我国来说,目前迫切需要建立和完善自然资源产权制度,明确政府、企业和个人在自然资源的所有权及开发经营权方面的权利与义务,实行资源所有权与使用权分离,以及资源的有偿使用和转让,在自然资源使用权分配中引入市场机制,实行使用者付费的经济原则,以促使其采取有利于环境保护的方式开发自然资源。

  3. 推进自然资源价格合理化。在资源产权明确的前提下,要有效地发挥产权的作用,真正实现自然资源在经济发展过程中的优化配置,还必须有比较完善的市场制度和价格体系,这样,才可能发挥资源产权的作用。只有合理的价格,才能够灵活地反映不同资源的稀缺程度和供求变化,从而能有效地调节供求矛盾,引导人们逐渐减少对稀缺程度大、价格相对高的资源的使用,转向逐渐增加对稀缺程度小、价格相对低的资源或替代资源的使用,进而起到保护稀缺资源,持续利用资源的作用。

  要给自然资源定价,使价格能反映资源本身应有的价值及资源开发对环境的损害,可以运用边际机会成本理论,即具体估算不同资源的边际生产成本、边际使用者成本和边际外部成本。

  长期以来,我国实行的是"商品高价、原料低价、资源无价"的价格体系,造成了价格严重扭曲现象,因而很难推动资源节约利用。生产中对节约资源的设施和技术投资往往要大于对原材料或能源的成本投入,企业在此方面的投资动力不足。在资源价格的改革中,解决"资源无价"被摆在了首位。我国1986年10月颁布实施的《矿产资源法》明确规定:"矿产资源属国家所有。国家对矿产

第八章 可持续发展的人口、资源、生态环境管理

资源实行有偿开采，开采矿产资源，必须按国家有关规定缴纳资源税和资源补偿费。"但是，由于改革措施不配套，资源补偿费的计算偏低，另外，依据矿产开发量征收资源补偿费也存在着很严重的弊病。1996年，针对实践中暴露出的种种问题。我国对《矿产资源法》已作了重大的修订。当然，价格的调整改革并不能彻底改变资源稀缺的局面，但合理的价格体系能缓解资源的稀缺性。

4. 完善包括自然资源核算在内的国民经济核算体系。现行的国民经济核算体系，由于只反映在市场上以货币交易的那部分经济活动，其成本只反映物质资本的折旧，而没有反映经济增长付出的生态破坏、环境污染的代价，也没有反映自然资源存量减少及其缺乏程度，以及前两个方面对社会福利和经济持续发展的影响，因而是很不全面的。它实际上是建立在传统的自然资源没有价值并且是用之不竭的观念上的。这种国民经济核算体系的缺陷是显而易见的，因此，在国际上，要求建立反映自然资源存量与消耗的新的国民经济核算体系的呼声越来越高。为了适应这种要求，必须建立生态与经济一体化的核算体系，用来核算自然资源的价值，及其由环境提供的其他贡献的价值。国民收入和产值核算应予扩充，以适应生态与经济一体化的核算体系。作为国民经济核算内容的一部分，自然资源账户包括两方面的基本内容：资源的实物账户，由相应的实物单位计量各类资源的存量和流量；资源的价值账户，在对资源进行评估的基础上核算各类资源价值及其增减，确定自然资源财富价值，并在此基础上确定国民总财富。

5. 发展资源产业。自然资源再生产包括自然再生产和社会再生产两个方面。前者指在自然状态下，自然资源自发地增殖、更新的再生产过程；后者是指在人类劳动投入的条件下，自然资源增殖、更新的再生产过程。资源产业就是指通过人类专门劳动投入而进行的自然资源社会再生产活动，或者说，是指专门从事自然资源保护、治理、恢复、再生、更新、增殖和积累的产业部门。发展资源产业，是提高资源供给能力的一个根本途径。资源产业开发活动

是多方面的，包括矿产资源的普查与勘探、土壤改良、耕地的恢复、采种育林、飞播牧草、濒危野生动物的保护与饲养、水产育苗、水利事业、废水废气净化、海洋资源调查与勘探、各种资源的保护等。

第五节 可持续发展的生态环境管理战略

一、生态管理的基本原则

生态环境管理是应用生态学和环境科学的理论和方法，以生态和环境科学为指导，遵循生态环境规律，通过研究并解决人与生态环境相互影响的问题，协调人类与生态环境之间的相互关系，实现人与生态环境系统的和谐。生态环境管理的基本原则是：

1. 全过程控制原则。全过程控制就是对人类社会活动的全过程进行管理控制。因此，无论是人类社会的组织行为、生产行为，或是人群的生活行为，其全过程均应受到生态环境管理的监督控制。这里所说的全过程，包括逻辑上的全过程和时序上的全过程。目前的生态环境管理针对的主要是人类的开发建设行为和生产加工行为对环境的污染和破坏。显然，这是不能从根本上解决问题的。同时，产品是联系人类生产和生活行为的纽带，也是人与环境系统物质循环的载体，因此，产品生命周期管理是生态环境管理的一个极为重要的方面。

2. 双赢原则。双赢原则是指在制定处理利益冲突的双方（也可以是多方）关系的方案时，必须注意使双方都得利，而不是牺牲一方的利益去保障另一方获利。双赢既是一种策略，也是一种结果。一般情况下，在环境管理的实际工作中，往往处理的是多方面的关系，因此，不仅要双赢，而且要"多赢"。实际生活中，生态环境问题的发生往往涉及到多个部门，而跨行政区域的环境问题则更是非某一个行政区所能单独解决的。因此在处理与多个部门、多个地区有关的环境管理问题时，就必须遵循双赢原则。

3. 界面活动重点控制原则。界面是相互作用、相互联系的事物或系统之间的共同部分或联系渠道。就是说，界面存在于一切相互联系的事物之间，是它们之间相互作用的通道和交会处。因此，界面广泛地存在于自然界和人类社会。比如，河岸线是河流和陆地之间的界面，边界线是国家或地区之间的界面；演进过程中的荒草地是草地生态系统和荒漠生态系统的界面；生态环境质量就是人口系统和环境生态系统的界面，物质生产和环境生产之间的界面是自然资源的状况。界面是不同系统的物质能量或信息的交汇处，是系统中最活跃、最易变化的部分，由于来自不同系统的物质、能量或信息往往具有不同的运动方向或者变化趋势，极易出现不均衡或者矛盾，因此也是系统中稳定性最差的比较脆弱的部分。人类社会环境问题产生的根源，在于三种生产关系的不和谐，或者说，在于三种生产发生联系的部分，即界面上物质流的运动方式、数量和速度出现间断或者异常，这种异常多源于界面上的人类活动方式的不当。从人类社会来看，界面既是不同国家、地区、集团、个人的共同利益所在，又不属于任何一方，所以权利和义务难以统一。因此，跨国界、区界的自然要素往往容易遭到破坏，环境问题最为严重。由此可见，界面应该成为环境生态管理的重点，即在环境生态管理中，一定要加强区域之间的合作与协调。

二、生态环境管理的任务

1. 保护生态环境系统结构的整体性和运行的连续性。生态环境系统物质的循环和能量的流动两个主要运行过程必须持续进行，削弱这一过程或切断运行中的某一环节，都会使生态环境系统恶化甚至完全崩溃。保持生态系统物质循环的根本措施是，任一种元素

（物质）从某个环节被溢出系统之外，都必须以一定的方式予以补充。能量流动是指来自太阳的光能经植物光合作用变为有机物（化学能）被储存起来，然后沿植物、动物和微生物的方向被传递。构成能量流动的核心是绿色植物，因此，能量流动的持续性也是以绿色植物的保护为核心的。生态系统的功能是以系统完整的结构和良好的运行为基础的，功能寓于结构之中，体现于运行过程中；功能是系统结构特点和质量的外在体现，高效的功能取决于稳定的结构和连续不断的运行过程。因此，生态管理也是从功能保护着眼，从系统结构保护入手。生态系统结构的完整性包括：

（1）地域连续性。分布地域的连续性是生态系统存在和长久维持的重要条件。现代研究表明，岛屿生态系统是不稳定或脆弱的。由于岛屿受到阻隔作用，与外界缺乏物质和遗传信息的交流，因而对干扰的抗性低，受影响后恢复能力差。

（2）物种多样性。物种的多样性是构成生态系统多样性的基础，也是使生态系统趋于稳定的重要因素。在生态系统中，虽然一个物种的损失可能微不足道，但却增加了其余物种灭绝的危险；当物种损失到一定程度时，生态系统就会彻底被破坏。自然形成的物种多样性是生物与其环境长期作用和适应的结果。环境条件越是严酷，物种的多样性就越低，生态系统也就越脆弱，越不稳定。在这种条件下，破坏了一两种物种，就可能使生态系统全部瓦解。

（3）生物组成的协调性。植物之间、动物之间以及植物和动物之间长期形成的组成协调性，是生态系统结构整体性和维持系统稳定性的重要条件，破坏了这种协调关系，就可能使生态平衡受到严重破坏。

（4）环境条件匹配性。生态系统机构的完整性也包括无生命的环境因子在内。土壤、水和植被三者是构成生态系统的支柱，它们之间的匹配性对生态系统的盛衰具有决定性意义。

2. 保持生态环境系统的再生能力。生态环境系统都有一定的再生和恢复功能。一般来说，组成生态系统的层次越多，结构越复杂，系统越趋于稳定，受到外力干扰后，恢复其功能的自我调节能力也越强。相反，越是简单的系统越是显得脆弱，受到外力作用后，其恢复能力也越弱。为保持生态系统的再生与恢复能力，一般应遵循如下基本原理：①保持一定的生境范围或寻找类似的替代生境，使生态环境得以就地恢复或异地重建；②保持生态系统恢复或重建所必需的环境条件；③保护尽可能多的物种和生境类型，使重建或恢复后的生态系统趋于稳定；④保护生物群落和生态系统的关键种，即保护能决定生态系统结构和动态的生物种或建群种；⑤保护居于食物链顶端的生物及其生境；⑥对于退化中的生态系统，应保证主要生态条件的改善；⑦以可持续的方式开发利用生物资源。

3. 以保护生物多样性为核心。生物多样性包含遗传多样性、物种多样性和生态系统多样性三个层次。建立自然保护区是人类保护生物多样性的主要措施。一般而言，为有效进行生物多样性保护，应遵循如下基本原则：①避免物种濒危和灭绝；②保护生态系统的完整性；③防止生境损失和干扰；④保护生态系统的自然性；⑤可持续地开发利用生态资源；⑥恢复被破坏的生态系统和生境。

4. 保护特殊重要的生境。在地球上，有一些生态系统孕育的生物物种特别丰富。这类生态系统的损失会导致较多的生物灭绝或受威胁；还有一些生境，生息着需要特别保护的珍稀濒危物种。这些生境都是必须重点保护的对象。当前，特殊重要的生境主要有热带森林、原始森林、湿地生态系统、荒野地、珊瑚礁和红树林等。

三、生态环境管理的主要措施

（一）城市生态环境管理

城市是人们生产生活集中的场所，利用和消耗着大量自然资源，同时产生许多污染物质。当污染物超过城市生态环境承受能力时，城市生态系统就会遭到破坏。随着社会的发展，人们希望生活在一个舒适、有益于健康的生态环境里,加强城市生态环境管理,建设生态城市就成为必然选择。

1. 生态城市是根据生态学原理,综合研究城市生态系统中人与自然的关系,应用社会工程、生态工程、环境工程等现代科学技术,协调现代城市经济系统与自然生态系统的关系,合理保护和利用自然资源,对城市生态环境系统进行调节、修复、维护和发展,使系统内以及系统与周围环境之间物质和能量的交换形成良性循环,各种废弃物被严格控制在生态环境承载力以内,使系统中人与自然融为一体、互惠共生。

2. 生态城市与传统城市比较,主要有以下几大特点:

和谐性。生态城市的和谐性,不仅反映在人与自然的关系、自然与人共生、人回归自然、自然融于城市等方面,更重要的是反映在人与人的关系上。

高效性。生态城市能提高一切资源的利用效率,物尽其用、地尽其利、人尽其才、各施其能、各得其所,使物质、能量得到多层次分级利用,废弃物循环再生,使各行业、各部门之间共生关系得以协调。

可持续性。生态城市是以可持续发展思想为指导的,同时兼顾不同时间、空间,合理配置资源,既满足当代人的需要,又不对后代人满足其需要的能力构成危害,保证其健康、持续、协调的发展。

整体性。生态城市不是单纯追求环境的优美或自身的繁荣,而是兼顾社会、经济和环境三者的整体效益,不仅重视经济发展与生态环境的协调,更注重对人类生活质量的提高,是在整体协调的秩序下寻求发展。

区域性。生态城市作为城乡统一体,其本身即为一区域概念,是建立于区域平衡基础之上的。而城市之间是相互联系、相互制约的,只有平衡协调的区域才有平衡协调的生态城市。

3. 生态城市发展阶段。生态城市建设是一种渐进、有序的系统发育和功能完善过程。一般要经过五个阶段:即生态卫生、生态

第八章 可持续发展的人口、资源、生态环境管理

安全、生态整合、生态文明和生态文化发展阶段。

生态卫生。通过鼓励采用生态导向、经济可行和与人友好的生态工程方法处理和回收生活废物、污水和垃圾，减少空气和噪声污染，以便为城镇居民提供一个整洁健康的环境。生态卫生系统是由技术和社会行为所控制，自然生命支持系统所维持的人与自然间一种生态代谢系统，它由相互影响、相互制约的人居环境系统、废物管理系统、卫生保健系统、农田生产系统共同组成。

生态安全为居民提供安全的基本生活条件，包括清洁安全的饮水、食物、服务、住房及减灾防灾等。生态城市建设中的生态安全包括水安全、食物安全、居住区安全、减灾、生命安全。

生态产业强调产业通过生产、消费、运输、还原、调控之间的系统耦合，从产品导向的生产转向功能导向的生产；企业及部门间形成食物网式的横向耦合；产品生命周期全过程的纵向耦合；工厂生产与周边农业生产及社会系统的区域耦合；具有多样性、灵活性和适应性的工艺和产品结构，硬件与软件的协调开发，进化式的管理，增加研发和售后服务业的就业比例，实现增员增效而非减员增效，人格和人性得到最大程度的尊重等。

生态景观强调通过景观生态规划与建设来优化景观格局及过程，减轻热岛效应、水资源耗竭及水环境恶化、温室效应等环境影响。生态景观是包括地理格局、水文过程、生物活力、人类影响和美学上的和谐程度在内的复合生态多维景观。生态景观规划是一种整体论的学习、设计过程，旨在达到物理形态、生态功能和美学效果上的创新，遵循整合性、和谐性、流通性、活力、自净能力、安全性、多样性和可持续性等科学原理。

生态文化是物质文明与精神文明在自然与社会生态关系上的具体表现，是生态建设的原动力。它具体表现在管理体制、政策法规、价值观念、道德规范、生产方式及消费行为等方面的和谐性，将个体的动物人、经济人改造为群体的生态人、智能人。其核心是如何影响人的价值取向，行为模式，启迪一种融合东方天人合一思

想的生态境界，诱导一种健康、文明的生产消费方式。生态文化的范畴包括认知文化、体制文化、物态文化和心态文化。

对于以上五个层面，在生态城市建设中，各个城市应根据自己的具体情况制定发展目标。在基础比较差的发展中城市，一般从前三项建设抓起，而发达地区城市则重点抓好后三项建设。

4. 生态城市建设的对策。

第一，加快理论研究，制定生态城市指标体系。长期以来，城市建设的理论和政策都是重资源开发，以发展国民经济为主线兼顾市民的基本生活要求。因此，必须针对我国国情建立一套适用于生态城市建设的指标体系。生态城市建设的目标是多元化的，可以分解为人口、经济、社会、环境、生态目标、结构优化目标以及效率公平目标。这些目标又应按生态城市建设的阶段（初级、过渡、高级阶段）分解为阶段性的目标，形成评价指标体系。用它在建设的各个阶段来衡量城市生态化速度与变化态势、能力和协调度。设计的指标应灵敏度高、综合性强，既有持续性指标、协调性指标，又有监测预警指标。选择指标的原则应注意因子的综合性、代表性、层次性、合理性、现实性。在生态城市评价指标体系的指导下来编制城市规划条例、城市建设条例和城市管理条例。

第二，建立生态城市环境保护新机制。环境质量是生态城市建设的基础和条件。环境保护是城市生态建设、生态恢复和生态平衡维持的重要而直接的手段。建立政府主导、市场推进、执法监督、公众参与的环境保护新机制是生态城市建设的保障。

城市政府的主要职责是规划好、建设好、管理好城市。政府应成为生态城市建设的主导力量，应加大力度、有效的引导、规定、维护、激励整个社会保护和建设生态环境的行为。如提升国家环保主管部门的职能和地位，实质性的参与国民经济决策活动；重大项目从初步方案拟订就应征求国家环保总局的意见；加强生态环境保护监督队伍的建设，完善体系、加强力量、提高人员素质和敬业精神；在国家、省、市各级政府中设置生态城市建设和管理的协调机构，负责政府各部门间管理职能的协调和监控，以推动生态城市建设计划的实施；强调城市政府在生态环境保护的社会行为中的地位和责任，制订和实施生态城市建设的相关政策。

市场推进就是环境保护引入价值观念，建立和推广市场机制。通过税、费和环境产权的手段明确人与自然的关系、企业与自然的关系，配合宣传教育提高公众和企业的环保意识和契约意识，以达到遏止环境滥用，促进公众和企业认识环境的使用价值、自然的生态价值和生命支持功能，降低资源消耗和减少污染的目的。但政府应通过政策调控市场价格，既要达到环境保护的目的，又要照顾到公众的承受力。

在公众环境意识普遍不高的情况下，政府应该强化执法监督。有效执法监督的前提是有一套完整、严密、可操作的适应城市生态化发展的法律综合体系，使城市生态化发展法律化、制度化，还要有一支素质高、责任心强、公正廉洁的执法队伍。

公众参与环境保护和生态化建设是法律赋予公民的权利，公民环境权的内容随着社会的发展不断充实，现已包括环境知情权、环境议政权和环境索赔权。公众参与，应体现在环境决策参与、环境监督参与、环境投资参与和个人环境行为等方面。要真正做到公众参与，必须进一步完善法律，明确公民的环境权，使公民明白自己的法律权利和法律义务；完善决策程序，使公众在决策过程中有参与环节；培育与生态城市建设相适应的社会机制。

第三，把握关键环节——生态城市建设规划。生态城市总体规划应全面的从城市的经济、社会、生态环境各方面进行综合研究，以人为本制定战略性的、能指导和控制生态城市建设与发展的蓝图与计划。它必须具备科学性、综合性、预见性和可操作性。生态城市总体规划应把生态建设、生态恢复、生态平衡作为强制性内容。生态城市建设规划一旦批准，必须具有法律的权威性，任何改变都必须严格地按照程序进行。

生态城市规划应重点考虑以下问题：

（1）建设生态城市首先应确定城市人口承载力。人口承载力不是指城市最大容量，而是指在满足人们健康发育及生态良性循环的前提下人口的最大限量。既要考虑人口未来增长的可能性，又要考虑满足一定生活质量的人口规模合理性；既要考虑固定静态人口的分布规律，又要考虑周期性往返于城市——乡村——城市之间和城市商业区和居住区之间动态人口分布和涨落规律。

（2）景观格局是景观元素空间布局，是城市生态系统的一个重要组成部分，在规则中应遵循以下原则：①整体优化原则；②功能分区原则；③景观稳定性原则；④可持续发展原则；⑤活化边缘原则。

（3）城市的产业结构决定了城市的职能和性质以及城市的基本活动方向、内容、形式及空间分布。因地制宜地按照生态学中的"共生"原理，通过企业之间以及工业、居民与生态亚系统之间的物质、能源的输入和输出进行产业结构优化，实现物质、能量的综合平衡。

（4）提高资源合理利用效率，加快资源开发及再生利用的研究和推广，在城市区域内建立高效和谐的物流、能源供应网，实现物流的"闭路再循环"，重新确定"废物"的价值，减少污染产生。

第四，突出城市个性特点，树立城市生态风尚。每个城市都有自己特有的地理环境、历史文化和建设条件，要尊重、研究、发扬自身的特点，根据自己的特点因地制宜、扬长避短，从一个或几个侧面，抓住优势，体现个性。制定实际的、具有自己特色的生态城市建设方案，融"山水城市"、"园林城市"、"花园城市"、"田园城市"、"森林城市"、"卫生城市"、"健康城市"、"绿色城市"等于一体，既体现生态城市建设的优势，又给人们一个醒目的形象。

为有利于生态城市的建设及其成果的保护，管理者应建立制度，提倡良好的公众环境行为，形成生态城市的规矩和风尚。如限制汽车数量增长，提倡公交车，使用环保车；拒绝"白色污染"；禁止一次性用品；提倡绿色生活、绿色消费、绿色家庭；限制建筑高度，提倡使用洁净能源。

（二）农村生态环境管理

长期以来，我国农业实行的是粗放型和非可持续发展型的经济发展模式，农村生态破坏的问题日益突出。因此，加强农村生态管理是改善农村生态环境的必由之路。

1. 转变思想观念，提高生态保护意识。传统观念历来认为"多子多福"，"不孝有三、无后为大"等，使得农村人口持续膨胀，素质低下；饮食文化中崇尚鲜活珍稀，使得人们对野生动植物趋之若鹜，捕杀滥采野生动植物的现象愈演愈烈；还有所谓"靠山吃山，靠水吃水"的观念使得乱砍滥伐屡禁不止，造成严重的水土流失；乱捕乱捞，"网箱养殖"等争相效仿，造成水生动植物资源锐减，水体污染严重等。必须转变传统的思想观念，加强法制教育，使广大农民知法、懂法、守法；同时要将环保意识纳入素质教育中，从小培养环境保护意识。

2. 加大生态农业的建设力度，发挥生态县、村、户的示范带动作用。我国的生态农业是结合我国国情建立起来的，它具有以下特点：（1）综合性。生态农业强调发挥农业生态分流的整体功能，以发展大农业为出发点，按"整体、协调、循环、再生"的原则，全面规划、调整和优化农业结构，使农林牧副渔各业和农村第一、第二、第三产业综合发展，并使各业之间相互支持，相得益彰，提高综合生产能力。（2）多样性。生态农业针对我国地域辽阔、各地自然条件、资源基础、经济与社会发展水平差异较大的情况，充分吸收我国传统农业精华，结合现代科学技术，以多种生态模式和丰富多彩的技术类型装备农业生产，使各区域都能扬长避短，较好地发挥地区优势，各产业都根据社会需要与当地实际协调发展。（3）高效性。生态农业通过物质循环和能量多层次综合利用及系列化深加工实现经济增值，实行废物资源化利用，提高农业效益，降低成本，为农村大量剩余劳动力创造农业内部就业机会，维护农民积极性。(4)可持续性。发展生态农业能够保护和改善生态环境，防治污染，维护生态平衡，提高农产品的安全性，变农业生产和农村经济的常规发展为可持续发展，把环境建设同经济建设紧密地结合起来，环境与经济协调发展。因而，它在最大限度地满足人们对农产品日益增长的需求的同时，又提高了生态系统的稳定性和持续性，增强农业发展后劲。概括起来说，中国生态农业是一种生态经济优化的农业体系，是具有中国特色的生态农业模式。

生态农业强调在农业生产中因地制宜，尽可能将传统农业技术与现代实用技术及新兴科学技术组装配套，把经济发展目标与资源合理利用及环境保护目标有机结合，以最大限度提高农业综合生产能力，最有效地保护生态环境。生态农业优化了区域农业和农村经济结构，促进了农业和农村经济的健康发展，带动了无公害农产品生产，改善了农业生产条件和生态环境。生态农业建设将成为促进农业增效、农民增收、农村进步和环境改善的有效手段。

在实践中，生态农业主要类型如下：(1)充分利用空间资源和土地资源的农林立体结构生态经济系统，包括各种农作物的轮作、间作与套种，农林间作、林药间作等。(2)物质能量多层分级利用的生态经济系统，包括农作物秸秆的多级利用，畜禽粪便的多级利用，沼气、沼渣、沼液的分别利用等。(3)水陆交换的物质循环经济系统，包括桑基鱼塘、农——牧——渔循环互利等。(4)相互促进的生物物种共生生态系统，包括稻田养鱼，鱼——蚌共生，水禽——鱼——蚌共生，稻——鱼——萍共生，稻——鸭共生等。(5)农、渔、禽水生生态经济系统，包括水面立体养殖，湿地多目标、多功能、多效益开发利用等。(6)农作物病、虫害综合防治生态经济系统，包括生物相克避害及天敌除害，轮作倒茬利用，化学信息防治和合理使用农药等。(7)山地综合开发的复合生态经济系统，包括荒山绿化、水土保持、发展畜牧业、林果业、土特产品加工业等。(8)多功能的污水自净生态经济系统，包括巧接食物链、设计无污染、少污染工艺流程等。(9)以庭院为主的院落生态经济系统，包括家庭沼气，利用闲散土地种养经济动植物等。(10)多功能的农、副、工联合生态经济系统，包括生态农场、生态林场、生态工厂等。

3. 采取严格措施，遏制生态恶化趋势。(1)搞好水土保持。采取生物措施，在生态环境较脆弱地区，以小流域为单元，抓好荒山、荒坡、荒地、沙地的治理绿化，植树种草、封山育林，对25度以上陡坡地实行有计划、有步骤地退耕还林还草。修筑"排、蓄、拦、固"等沟道综合治理工程，防止水土流失。(2)实施天然林保护工程。实施全国统一的保护政策措施，严禁乱砍滥伐，逐步恢复林地植被。(3)利用生物多样性控制病虫害，建立生物相克避害的生态农业系统，减少农药施用和农作物的经济损失。(4)根据各生物类群的生物学、生态学特性和生物之间的互利共生关系进行合理组合，建立生物立体共生的农业生态系统，使处于不同生态位的各生物类群在系统中各得其所。

4. 整体规划，合理布局，加快小城镇建设。小城镇是农村人口和经济密集中心，是最容易被破坏的人工生态系统。将布局不合理的，污染城镇生态环境的企业搬迁或关停；因地制宜，合理规划，宜农则农、宜牧则牧，保护好农业持续、稳定发展的生态条件。

5. 加快基础设施建设步伐，增强农村经济发展的后劲。国家正在加大基础设施项目、生态建设与环境保护、高新技术产业化以及科技教育基础设施项目的投资力度，各地区要对接国家投资取向，按照国家的投资方向，选准选好各自的建设项目，进行基础设施建设。

6. 乡镇企业要走生态建设的发展路子。要积极引进新技术，结合本地区优势，合理打造乡镇企业的"产业链"，发展循环经济，加快生态工业的建设步伐。

(三) 区域生态环境保护的合作

环境问题区域性特征比起经济的区域性可能还要来得明显、直观。因为区域的生态链是相连的，水是流动的，空气也是互相影响的，上下游以及周边地区之间生态环境的依存度相当高。在同一个区域内，各地搞环保很难"独善其身"，这就决定了需要且必须要加强区域环保合作，才能有效地整治污染，改善生态环境。

区域环保合作必须从规划入手，以科学的数据为基础，采用先进的手段，在生态环境保护、能源开发和利用、产业布局和城镇发展、污染源治理、培育环保产业、加强环境科研及人才培养、建立全社会环境保护意识等领域全方位开展合作，促进区域环境与资源的有效利用和资源共享，提高区域整体环境质量和可持续发展的能力，推动社会与生态环境协调发展。为此，应采取的有效措施包括：

1. 建立区域政府间协作、联动机制，加强可持续发展的保障。建立区域政府负责人联席会议制度，定期举行会议。建立区域环境保护部门参与的专题工作小组。各方根据合作需要确立若干专责小组，开展具体的专项合作工作。同时成立区域规划、环境与资源利用的专家委员会，针对涉及区域环境和资源的城市规划、产业项目布局和其他需要环境评估、协商、决策等重大事项提供决策咨询。

制定统一的区域环境保护标准和要求。通过统一的标准和要求，明确区域内经济发展的环保要求，确定环境保护对产业的准入门槛，引导区域整体产业结构的合理布局，促进区域环境保护规划的协调与合作，推动区域发展循环经济。

建立区域联合专项基金和地方配套资助计划，对有重大区域影响的环境问题研究或具有开创意义的环保技术给予资助。同时建立区域内部各城市之间的环境保护补偿制度，共同为治理环境保护出资出力。

建立重大灾害预警应急联动系统，对于区域性重大灾害进行及时有效的协调、联动。

2. 加强基础设施建设和科学研究的合作。建立区域环境监测网络，成立公共环境信息平台，加强区域内各市（区）环境监测工作的合作，及时、准确、完整地掌握区域水环境、空气环境质量及其动态变化趋势，实现区域的环境信息共享与交换，为区域水污染

第八章 可持续发展的人口、资源、生态环境管理

及空气污染防治提供科学的决策依据。

建立联合研究机制，充分利用区域内各学术机构、政府的力量，搭建有理论、有经验、有技术的联合研究团队，针对环保问题进行深层次的机理研究和问题辨识，同时提高区域内环保手段的科学性。首先可以从目前已有水环境和大气环境质量状况入手，进行演变规律、区域作用情况的研究和存在的重点问题辨识，提出监测网络和信息交换平台的规划方案、实施要求、能力建设和运行机制，切实落到实处。

建立区域联防联治的环境管理机制，包括跨行政区交界断面水质达标交接管理、跨行政区污染事故的应急协调处理机制等，协调解决跨地区、跨流域重大环境问题，共同编制区域环境保护规划。

3. 加强环境对于区域发展规划的关联度，建立区域产业合作机制。加强环境影响研究对于区域的整体产业规划、布局，能源结构调整等的指导作用，区域的环保合作将使整个区域的经济发展挪出更大的空间，对推动区域产业结构的调整和经济增长方式的转变将产生巨大的影响，加强环境影响评估在区域产业布局规划中的作用。随着经济的发展，产业转移区域扩大，由于各种自然条件的影响，区域内产业布局和分工规划应加强环评工作，建立规划环评的合理机制。比如产生大气污染物的产业和企业严禁布局在区域的上风向，产生水体污染物的产业和企业严禁布局在水源地或流域的上游。

建立区域环保合作为经济合作服务的理念，推动区域产业结构的调整和经济增长方式的转变。环境保护与经济发展的目标是一致的，而经济合作更不能偏废环保。

加大能源结构调整中对环境影响的评估。建立区域范围内的能源与环境评估的综合指标体系；建立环境与能源研究基金，加大对节能技术、清洁能源、可再生能源等的研发工作和产业化布局。从可持续发展的角度看，通过清洁生产来降低能耗，减少污染排放，节约资源，腾出更大的环境容量上更多新的项目。

推进循环经济发展合作。探讨和研究开展区域循环经济合作的领域、途径、方式和方法，在推进循环经济发展立法、规划、信息、技术和咨询服务方面加强合作与交流。借鉴已有成功经验，积极扩大企业清洁生产试点，开展重污染行业的清洁生产试点示范，依法做好产生和使用有毒有害物质企业和污染严重企业的强制清洁生产审核。

建立环保产业网，开展区域环保产业合作、交流、展示和项目洽谈活动，推动环保产业领域内的投融资、市场拓展、技术配合、资格互认、环保技术应用等多层面的广泛合作。

四、生态环境管理的技术支持

（一）环境标准

环境标准是环境管理目标和效果的表示，也是环境管理的工具之一，它是环境管理工作由定性转入定量，更加科学化的显示。亚洲开发银行环境办公室对环境标准下的定义是：为维护环境资源的价值，对某种物质或参数设置的最低（或最高）含量。ISO14000系列环境管理标准的目标是通过实施标准，规范企业和社会团体等所属组织的环境行为，减少人类的各项活动所造成的环境污染，最大限度地节省资源、改善环境质量，保持环境与经济发展协调，促进经济的持续发展，保障环境安全。污染预防和持续改进是ISO14000的基本思想，它要求企业建立环境管理体系，使其活动、产品和服务的每一个环节的环境影响最小化，并在自身的基础上不断改进。

（二）环境会计

环境会计又名绿色会计，它是以货币为主要计量单位，以有关环境法律、法规为依据，研究经济发展与环境资源之间的关系，计量、记录环境污染、环境防治、利用的成本费用,并对企业经营过程中对社会环境的维护和开发形成的效益进行合理计量和报告,综合评估环境绩效及环境活动对企业财务成果影响的工具。环境会计主要核算和计量自然环境的开发、维护及使用成本,以及环境资源的收益(效益)和价值补偿。根据联合国统计署的统计方案,要求以下有关环境费用纳入会计费用核算范围,并从国民生产总值中予以扣除:在联合国国民会计体系中作为最终费用的政府和住户支出的环境保护费用;环境对于健康和人力资本的影响;居民消费活动引起的环境费用支出;废弃的商品造成环境的破坏;由于其他国家的生产活动造成对本国环境的影响。

创建环境会计应遵循的原则:一是在进行环境会计核算时体现国家的方针、政策、法律和法规的要求。二是揭示企业对资源环境的责任,必须要求企业站在社会的角度,考虑企业的业绩。对企业的评价,应以能在企业内部使社会收益与社会费用相配比的社会利润为标准。其提供的会计信息,不仅要为企业内部服务。而且要有助于宏观管理和调控。三是政府会计管理部门、环境保护部门必须对企业最低限度的披露做出明确的和强制性的规定。四是考虑公平和未来两个因素。环境会计所计量的资本除了人造资本和人力资本以外,还有自然资本。一般来说,自然资本随着人造资本的产生而减少。环境会计要考虑公平和未来,就是要披露这两种资本之间的转换,并计算出最佳的转换比率,以利于保持社会资产的总平衡。

(三) 环境预测

环境预测是根据已掌握的情报资料和监测数据,运用现代科学方法和手段对未来的环境发展趋势进行的估计和推测。为提出防止环境进一步恶化和改善环境的对策提供依据。它是环境管理的重要依据之一,它的科学性对环境管理的科学性有重大影响。

由于组成环境的各种要素以不同的方式构成一个系统,系统各要素之间存在着千丝万缕的然而又十分明确的物理的、化学的、生物的关系。从更高的层次来看，自然环境系统与人类社会系统又结成了一个更大的复杂巨系统。巨系统中的这两大子系统之间也同样存在着极其复杂而又十分明确的联系和相互作用关系。由于环境状态是在自身的和在人类社会系统作用下发生变化的，因而是有规律可循的，我们可以通过调查和了解它的过去和现在，抽象出它们的变化规律，从而对其未来的发展变化做出比较准确的预测。

根据预测方法的特性，环境预测的方法分为：定性预测方法，指充分利用新获取的信息，将集体的意见按照一定的程序集中起来，主要是依靠预测人员的经验和逻辑推理而不是靠历史数据进行数值计算。定量预测方法，指主要依靠历史统计数据，在定性分析的基础上构造数学模型进行预测的方法。综合预测方法，是定性方法与定量方法的综合，在定性方法中，辅之以必要的数值计算；而在定量方法中模型的选择、因素的取舍以及预测结果的鉴别等都必须以人的主观判断为前提。

（四）环境监测

环境监测是环境管理工作的一个重要组成部分，它通过技术手段测定环境质量因素的代表值以把握环境质量的状况。通过长时期积累的大量的环境监测数据，可以据此判断该地区的环境质量状况是否符合国家的规定，可以预测环境质量的变化趋势，进而可以找出该地的主要环境问题。在此基础上提出相应的治理方案、控制方案、预防方案以及法规和标准等一整套的环境管理办法，做出正确的环境决策。通过环境监测还可以不断发现新的和潜在的环境问题，掌握污染物的迁移、转化规律，为环境科学研究提供启示和可靠的数据。

环境监测就其对象、手段、时间和空间的多变性、污染组分的复杂性等，其特点可归纳为：

1. 环境监测的系统性。环境监测必须系统地把握住环境监测一系列关键的基本环节。环境监测类似于生产过程，必须解决工艺定型化、分析方法标准化、监测技术规范化等各个环节的问题。

2. 环境监测综合性。环境监测的综合性表现在监测对象的综合、监测手段的综合及对检测数据进行综合分析。监测手段的综合是把化学的、物理的、生物的监测手段综合于统一的监测系统之中；由于监测对象包括大气、水体、土壤、固体废物、生物等环境要素，这些要素之间有着十分密切的联系，因此监测对象的综合性只有把这些要素进行监测的数据进行综合分析才能说明环境质量的状况，才能揭示数据内涵；对监测数据进行统计处理、综合分析时，需涉及该地区的自然和社会各个方面情况。因此，必须综合考虑才能正确阐明数据的内涵。

3. 环境监测追踪性。环境监测包括监测目的的确定、监测计划的制定、采样、样品运送和保存、实验室测定到数据整理等过程，是一个复杂而又有联系的系统，任何一步的差错都将影响最终数据的质量。特别是区域性的大型监测，由于参加人员众多、实验室和仪器的不同，必然会发生技术和管理水平的不同。为使监测结果具有一定的准确性，并使数据具有可比性、代表性和完整性，需有一个量值追踪体系予以监督。为此，需要建立环境监测的质量保证体系。

（五）环境审计

环境审计是环境管理法制化的产物，是环境管理的工具。环境审计是审计机构或人员依法对与环境有关的组织、管理及其有关经济活动的真实、合法和效益进行审查，进行系统的有说服力的、定期的、客观的估价，揭示违法行为，促进加强环境管理、实现可持续发展战略的具有独立性的系统监督活动。根据美国环保机构（EPA）的定义：环境审计是一种系统的、文件记载的、周期的和客观的审查，也就是将企业的生产经营活动与既定的设备操作规范及那些满足环境需求的实践标准进行对照，以发现问题、寻找差距。

　　环境审计对象是指被审计部门或单位的环境管理及其有关经济活动，既包括企业环境管理活动，也包括涉及环境管理的经营活动和生产活动。环境审计主要可分为以下几种类型：合法合理性审计、环境管理系统审计、交易审计、处理、贮存和处置机构审计、污染预防审计、应计环境负债审计以及产品审计等。上述各种类型审计，主要是反映了内部审计师进行环境审计的要求。国家审计机关根据政府管理相关的要求，审计法律的规定，也可对重点环境保护工程（如三峡库区水利工程环保审计）、污水处理工程项目进行专项审计。

第九章

可持续发展与微观主体行为调整

第一节 微观主体行为与可持续发展的关系

一、生产者行为与可持续发展的关系

1. 企业是社会绝大部分物质产品和劳务的直接生产者和提供者，是社会物质财富的积累者。因此，在以下诸多方面，对经济—社会—自然复合系统的可持续发展发挥不可缺少的积极作用：

第一，创造就业，促进个人充分发展。第二，促进资源开发、增值和再投入。第三，促进技术创新、产品与服务创新。第四，促进新技术产业化和工业化进程。第五，扩大供给与需求、提高地方市场活力。第六，促进经济结构调整，推动区域经济发展。第七，扩大税收和对外贸易，促进对外开放和交流。第八，推动城镇建设和城市化进程。第九，提高居民收入和生活水平，提高国家的经济实力。第十，促进社会结构调整、社会稳定和发展。

企业的上述贡献，为整个经济社会的可持续发展提供了不可缺

少的物质基础，会大大推动国家可持续发展战略的实施。

2. 企业在创造和积累社会财富的过程中，要消耗大量的资源。企业的生产行为就是将自然资源转化为人类生产和生活所需要的产品的过程。企业生产经营活动的规模越大，消耗的资源越多。另外，囿于技术水平的限制，粗放的增长方式导致企业资源利用率不高，带来资源使用上的巨大浪费，甚至由于经济利润的驱使，采取"竭泽而渔"的方式，对资源进行掠夺式开发，使多种资源，尤其是不可再生性资源加速走向枯竭；不仅如此，企业在生产过程的末端，输出的不仅是产品和服务，还有大量的废弃物和污染物，造成严重的环境污染和生态破坏。在传统的工业化模式下，企业的生产规模越大，增长速度越快，生态与环境的破坏就越严重，导致社会和企业自身发展的不可持续性。

二、消费者行为与可持续发展的关系

消费作为人类最基本的日常活动，包括寻找、购买、使用、评价和处置用以满足需要的产品和劳务所有活动，这些消费活动意味着资源消耗和废物排放过程，因此，消费者在各个阶段所采取的消费行为都对自然生态环境直接和间接地产生着巨大影响。

传统消费模式是一种"线性消费过程"，即经济系统致力于把自然资源转化成为产品来满足人们提高生活质量的需求，产品用过之后便被当作废物而抛弃。随着人们生活水平的提高，消费需求越是提高，生产的产品量越大，消耗的资源就越多，排放的废物也就越多，因而形成了一种消费需求——资源消耗——环境污染的"线性模式"。现行的消费模式是随着工业技术飞速发展而逐步形成的，技术的累积发展使得人们对产品和服务的需求加速地提高，从而以加速度的方式促使资源消耗和环境污染，且技术的发展使人们产生这样的错觉：物质稀缺的时代一去不复返，人们可以在自己的收入范围内尽可能多地消费各种产品，且技术可以解决任何资源的稀缺。也就是说，在"技术万能"的错觉下，传统消费模式形成了一种"加速消费"。随着人口数量的不断增长，使得在收入不变的情况下，对资源的需求量也同比增加；而生活水平的不断提高，又进一步提高了个人消费资源的平均水平。所以，人口增长和消费水平的提高的叠加，使得人类消耗资源的速度大大超过了人口增长速度；在满足人类快速增长的需求的过程中，生产和生活废弃物也随之大量增加，对环境的压力日趋沉重。因此，消费者消费行为的加总性和累积性是巨大资源环境问题的主因，严重影响到经济社会的可持续发展。

三、生产者和消费者行为的生态环境约束

生态环境系统具有为生产过程和消费过程提供所需要的资源投入和吸纳生产和消费过程输出的废弃物的服务功能。然而，生态环境系统的这种服务能力是有限的，客观存在一定的阈值。这个阈值是微观主体从事生产和消费规模的极限。当微观主体对资源的开发使用及对环境排放污染物与生态环境所提供的服务的能力具有互适性，生态环境就可以为生产者和消费者提供良好空间场所、资源和其他条件，形成对生产者和消费者有利的、积极的输出，促进其生产、消费活动的顺利展开。如果微观主体开发资源和排放废物的数量超出生态环境所能承担的阈值，使开发和使用可再生资源的速度，超过可再生资源的更新速度；开发和使用不可再生资源的速度超过作为其替代品的、可持续利用的可再生资源的开发速度；排放污染物的速度超过环境对污染物的吸收能力，就会产生环境资源的危机。这时生态环境就会给微观主体的经济活动带来扰动、压力，甚至危害其生存发展，形成消极的、不利的输出。在人类总体经济活动规模和范围较小，自然界尚处于"空的世界"的状态时，环境约束并不明显，因而使人们看不到环境约束的存在。随着人类总体经济活动的规模和范围以几何级数扩大，自然界逐渐由"空的世

界"变成"满的世界",环境的约束就愈来愈突出地显现出来。

经济学对微观主体行为的分析,是从"理性经济人"的假设出发的。假定在市场经济条件下,每个人对市场机制及其价格机制的运动都能予以自觉的认识并不得不接受其约束,进而人的经济行为准则在于,通过市场机制来实现个人利益最大化,或者是收益最大化(厂商),或者是满足最大化(消费者)。然而在存在环境约束条件下,微观主体,或者说生产者和消费者作为理性的不断追求收益最大化的经济人,应该既具有经济理性,也具有生态理性。企业在生产经营活动中,除了经济理性还包括环境生态理性和对社会责任的认知。他们所追求的目标不仅是经济利益,还包括环境生态效益和社会效益。消费者对商品的需求也演变为功能导向而不是数量导向,消费者的消费行为连带环境责任和生态伦理,消费者的经济决策约束条件不仅是收入的预算约束,还包括环境成本约束。

第二节 生产者行为调整

一、企业环境管理的含义

企业环境管理,是指企业对其生产经营过程中所存在的对环境不利影响因素进行限制和控制的过程。一方面,现代企业制度的建立,使企业成为自主经营、自负盈亏、自我发展、自我约束的法人。企业行为的首要目标是利润最大化。另一方面,经济发展引起的环境问题日益严重,70年代兴起的全球环境运动已经达到高潮,这又要求企业承担起保护环境的社会责任。在这种背景下,环境管理被纳入现代企业管理过程。在企业运营中,将环境管理与经营管理统一起来的意义在于:

1. 微观层面:(1)企业进行环境管理,有利于依靠科技进步,积极采用无害或低害新工艺，大力降低原材料和能源消耗，实现少投入、高产出、低污染，尽量把污染物排放消除在生产过程之中。（2）企业开展环境管理与实施可持续发展战略，既可使企业获得环境利益，亦可获得经济效益。企业通过改变旧的生产模式，并代之以循环经济生产模式，使资源多级循环利用，降低成本，增大赢利空间，有更多资金进行新产品的研究、开发，实现企业经济效益的大幅度增长。（3）有助于改善企业与消费者、政府的关系，为企业的发展壮大创造良好条件。事实上，一个注意环境管理，坚持清洁生产，为社会奉献绿色产品的企业，才能够获得政府的支持、消费者的厚爱，树立起良好的社会形象，从而在市场竞争中取得主动。从某种程度上说，坚持环境管理是企业生存和发展的先决条件。（4）一个企业要谋求快速发展，并希望走向世界市场，拥有完善的环境管理体系是一个必要前提。

2. 宏观层面：（1）在环境问题上，使政府减少来自社会公众的压力，分担政府环境治理的事务，便于政府政策和法规的顺利实施。（2）将大大促进生态社会的建立，有利于社会全面稳定和长远的持续和谐发展。（3）将会促进社会资源的合理配置，提高其使用效率，有效地缓释资源稀缺对发展带来的压力，改善发展的资源条件。（4）大大推动绿色文化在全社会范围内的形成和发展，使人们更直接、更明确地实践"企业——环境——社会"三者协调发展模式。

二、企业环境管理的途径

到目前为止，企业常见的环境管理途径有两种：一是对污染源进行末端治理，这种管理方式的最高体现是对新建工程实行"三同时"。存在的问题是，综合效益和规模效益差，造成资源的浪费和有二次污染的风险。对企业而言，投资大，运行费用高。二是推行清洁生产，实行全过程的系统环境管理。清洁生产将整体预防的环境战略持续应用于生产过程、产品和服务中，以增加生态效率和减少人类及环境的风险。清洁生产包含了两个全过程控制：生产全过程和产品整个生命周期全过程。对生产过程，要求节约原材料和能源，淘汰有毒原材料，削减所有废物的数量和毒性。对产品，要求减少从原材料提炼到产品最终处置的全生命周期的不利影响。对服务，要求将环境因素纳入设计和所提供的服务中。清洁生产从源头抓起，对企业生产经营活动的全过程进行系统的环境管理。其优点在于，通过环境管理不断的优化管理、产品制造工艺和操作水平等，最大限度地降低产品在采购、生产、使用、废弃和再利用过程中各个环节的资源消耗和环境污染，并可以减少污染治理的投资和治理设施运转的费用及资源消耗，这是可持续发展时代所需要的一种思路。

（一）以清洁生产为主线的全过程的环境管理

企业的环境影响是伴随企业生产活动而产生的，决策过程和设计过程是确定企业环境影响的重要环节，制造过程、使用过程和废弃再利用过程是产生环境影响的重要环节。企业的环境管理必须贯穿于企业决策、设计、采购、制造的全过程中，对企业的生产经营活动进行全过程的环境管理。全过程环境管理实质上要求把环境管理有机的融入企业的日常经营管理中，把环境保护纳入经营目标中，对企业活动的环境影响进行有效的控制，使企业的环境行为得到不断的改善。

1. 全过程环境管理职能分工。要实现对企业进行全过程系统的环境管理的职能，第一，要得到企业最高管理者的支持，由其任命的环境管理代表来负责企业的环境事务，提供必备的资源保障。环境管理代表直接向最高管理者负责，指挥和协调各职能部门。第二，由环境管理的职能部门具体处理环境事务，负责制定或组织制定程序、制度和标准，确定相关职能和层次的环境职责。第三，由相关的部门和层次承担相应的环境职责。强调全员参与，形成金字塔式管理结构。环境管理职能部门负有监督、纠正执行情况的责任。

2. 决策过程和环境管理关系的处理。决策是对企业的重要经济活动的抉择。环境管理参与决策过程，可以确保在经营决策中，把环境保护作为重要参考变量之一，使企业从根本上不断改善环境行为，使企业的生产经营活动及其发展方向符合可持续发展的原则。

3. 设计过程的环境管理。设计过程决定了产品的性能和生产方式，产品在其制造过程、使用过程及废弃再利用过程中的环境影响的性质往往是由设计阶段决定的。对设计过程进行环境管理，就是要把产品在其制造过程、使用过程及废弃再利用过程中的环境影响控制在设计过程中，在产品标准和制造工艺的技术标准的相关条款中纳入环境标准的内容。在对设计方案进行评价时，环境评价应作为选择方案的重要依据之一。

4. 原材料、零部件及物资采购过程中的环境管理。对原材料、零部件及物资的采购进行环境管理，可以规范供应商的环境行为，对供应商的环境行为进行调查和评价，为采购提供参考。

5. 生产过程及辅助过程的环境管理。对生产过程与辅助过程中与环境因素相关的活动、运行进行控制，对环境因素可以施加影响的关键部位设立控制点，采取积极主动的控制措施和管理办法，保证达到产品和工艺设计中的环境标准，并为进一步改善管理和工艺提供资料。

6. 售后服务中的环境管理。售后服务可以控制产品使用过程中的环境影响，产品在使用过程中的状态是环境影响的因素之一。售后服务中的信息收集为产品设计提供资料。

7. 建立环境管理的信息系统。对与环境因素相关的运行与活动的关键部位设立记录，进行统计，认真分析，对不符合环境标准的现象查找原因，把结果提供给相关的部门，以便进一步的改善。

8. 建立全员参与的机制。企业的环境问题是由企业的生产经营活动而派生出来的，涉及到企业全体员工，要建立一种机制使全体员工积极的参与环境管理，使企业内的环境工作做到人有其责，事有人管。

（二）环境管理体系

1. 环境管理体系与 ISO14000 系列标准。这里所说的环境管理体系特指根据 1996 年国际标准化组织颁布的 ISO14000 系列环境标准建立的企业环境管理机构及其制度安排。联合国《世界环境与发展委员会》于 1987 年出版了《我们共同未来》的报告，这篇报告首次引进了"可持续发展"的观念，敦促企业界建立有效的环境管理体系。国际标准化组织于 1993 年 6 月成立了 ISO/TC207 环境管理技术委员会，正式开展环境管理系列标准的制定工作，希望以此规范企业和社会团体等所有组织的活动、产品和服务的环境行为，支持全球的环境保护工作。ISO14000 是国际标准化组织推出的第二个系列管理标准——系列的环境管理标准，旨在规范各类组织的环境行为，促进各类组织节约资源、能源、减少和预防污染，提高环境管理水平，改善环境质量，促进经济持续健康发展。它包括了环境管理体系、环境审核、环境标志、生命周期评价等国际环境领域内的许多焦点问题。其中，ISO14001 标准是 ISO14000 系列标准的主体标准。它规定了组织建立、实施并保持的环境管理体系的基本模式和 17 项基本要求。该体系适用于任何类型和规模的组织，并适用于各种地理、文化和社会条件。该体系可供各类组织建立一套机制，通过环境管理体系的持续改进，实现组织环境绩效的持续改进。该标准的总目的是支持环境保护和污染预防，协调它们与社会需求和经济需求的关系。

根据 ISO14001 的定义，环境管理体系是一个组织内全面管理体系的组成部分，它包括为制定、实施、实现、评审和保持环境方针所需的组织机构、规划活动、机构职责、惯例、程序、过程和资源。还包括组织的环境方针、目标和指标等管理方面的内容。可以这样描述环境管理体系：这是一个组织有计划而且协调的管理活动,其中有规范的运作程序,文件化的控制机制。它通过有明确职责、义务的组织结构来贯彻落实,目的在于防止对环境的不利影响。环境管理体系是一项内部管理工具,旨在帮助各类组织实现自身设定的环境目标,并不断地改进环境行为,不断达到更新的高度。

ISO14000 的基本思想是,企业应认识自己在环境管理方面存在的问题,建立符合标准的环境管理体系,并由独立第三方进行审核。这一环境管理体系模式遵循了 PDCA 管理模式,即规划(PLAN)、实施(DO)、检查(CHECK)和改进(ACTION)。具体是:企业对与环境行为相关的环境法规进行分析评价,明确应负的环境责任,由企业最高层制定环境方针;根据方针制定环境目标和实现目标的管理方案;对环境活动进行监测以及时采取纠正和预防措施;定期对整个环境管理体系评审,不断改进最终促进环保行为的措施。ISO14000 环境管理体系要求企业进行系统的全面的程序化的环境管理,引导传统的环境污染防治发生根本性的转变,从末端治理向全过程控制污染、实施清洁生产转变;从浓度控制向总量控制转变;从分散治理向集中治理转变。以 ISO14000 为核心的可持续发展管理体系,针对企业生产、销售、服务等环节,强调以预防为主,在产品生命周期的每个阶段,从原材料的选择到最终废弃物的处理,减少废物,及不良产品对环境危害及资源的浪费,降低企业治理污染的费用,指导企业由高投入、高消费、重污染、低产出、低效益向节约资源、降低能耗、清洁生产、改善环境,增加科技含量的方向转变。这样不仅有利于环境问题的解决,而且还可以降低产品成本,增强产品的市场竞争力,建立有利于可持续发展的产品结构。可持续发展不仅重视产品质量的提高,而且还强调解决企业经营中的环境问题,以争取更大的市场份额,体现经济效益、环境效益和社会效益的统一。

ISO14001 标准具有如下特点:

(1) 以市场驱动为前提,是自愿性标准。以往的环境保护工作主要由政府推动，根据有关法律法规和环境标准来强制企业执行。ISO14001标准强调的是非行政手段，企业建立环境管理体系和申请环境认证完全是自愿的，是出于商业竞争、企业形象和提高企业自身管理水平等的需要。

（2）强调对有关法律法规的持续符合性，没有绝对环境绩效的要求。ISO14001的一个基本要求是关于遵守国家有关法律法规和其他要求的承诺。由于发达国家和发展中国家、大型企业和中小型企业的经济技术水平相差很大，不可能用统一的环境绩效标准来衡量，因此在承诺遵守所在国家法律法规和其他要求的基础上，ISO14001标准不提出绝对的环境绩效要求，两个从事类似活动但环境绩效不同的组织都可能通过环境认证。

（3）强调污染预防和持续改进。污染预防和持续改进工作是ISO14001的两个最基本的思想。污染预防是通过对组织活动、产品和服务的全过程进行控制，力图使每一个环节的环境影响最小化，从而达到组织整体环境影响最小化的目的。持续改进是指标准没有规定具体的环境绩效的极限值要求，组织应自己与自己进行比较，不管现在做得怎么样，都必须不断改进，一天比一天做得好，但改进不必在所有方面同时进行。

（4）标准强调的是环境管理体系的完整性。标准要求采用结构化、程序化、文件化的管理手段，建立环境管理体系，并注意环境管理体系的整体优化，同时强调环境管理体系是各类组织全面管理体系的一个组成部分，不必独立于其他的管理体系。

（5）标准的广泛适用性。ISO14001标准适用于一切组织建立自身的环境管理体系。

2. 企业环境管理体系的建构。企业按照ISO14001标准建构环境管理体系，可以分为以下八大步骤：

（1）最高管理者的承诺。环境保护需要企业不断地投入大量的资源，特别是企业环境管理体系建构和实施的初期更是如此，因此必须首先得到企业最高管理者（层）的明确承诺和支持。

（2）任命环境管理代表。企业环境管理体系的建构和实施是一个系统工程，涉及企业各个方面的工作。按照标准要求，最高管理者应任命环境管理代表（可以是一个人或一个小组）负责环境管理体系的管理工作。环境管理代表应至少被授予如下职权：按标准要求建构、实施和维护环境管理体系；向最高管理层汇报体系的运行情况以供管理层评审并为体系改进提供依据；负责协调体系建构和运行过程中各个部门间的关系，向最高管理者提出建议。

（3）提供资源保证。最高管理者应授予环境管理代表组建一个精干的工作班子进行初始环境评审以及建构环境管理体系。由于环境管理体系几乎涉及企业的各个部门、全体职工及生产经营活动的各个方面。工作班子成员应具备一定的环境科学、管理科学和生产技术方面的知识和能力。工作班子最好由对企业有较深了解并来自不同部门的人员组成，在全面开展工作之前应接受ISO14001标准和相关知识的培训，最高管理者还应为体系的建构承诺提供其他诸如时间、资金、办公条件、人员、信息等资源。

（4）初始环境评审。初始环境评审是环境管理的基础，是对企业现状的调查，包括对企业过去和现在的环境管理信息和状态进行收集、了解和分析，获取和识别现有的适用于企业的环境法律、法规和其他要求，识别环境因素，评价环境影响。这些结果将作为建构和评审企业的环境方针、制定环境目标和指标以及环境方案、确定环境管理体系的优先项和编制环境管理体系文件的基础。

（5）环境管理体系策划和设计。企业环境管理体系的策划和设计主要是根据初始环境评审的结论，确定环境方针、环境目标、环境指标、管理方案、落实组织机构和职责。

（6）环境管理体系文件的编制。环境管理体系实际是一套文件化的管理制度和方法，编制体系文件是企业实施ISO14001标准，建构与维持环境管理体系并保证其有效运行的重要基础工作，也是企业达到预定环境目标、评价与改进体系、实现持续改进和污染预防必不可少的依据和见证。当然，体系文件需要在体系运行过程中定期、不定期地进行评审和修改，以保证它的完整性和持续有效性。环境管理体系文件包括环境管理手册、程序文件、作业指导书和环境记录等。

（7）环境管理体系的试运行。环境管理体系的试运行与正式运行并无本质的区别，都是按所建立的体系文件的要求整体协调地运行。试运行的目的是要在实践中检验体系的充分性、适用性，以便发现问题，加以完善。试运行时间一般为3个月到6个月。

（8）内部审核和管理评审。内部审核是由企业内审人员依据一定的程序对企业的整个环境管理体系进行审核，判定环境管理体系是否得到了正确的实施和保持。管理评审是由企业的最高管理者对环境管理体系进行评审，对试运行阶段的体系整体状态做出全面的评判，确保体系的充分性、适用性和有效性。至此企业的环境管理体系完成了一轮 PDCA 循环，完成了环境管理体系的建构。

环境管理和其他的管理完全一样，只是所要解决的问题不同而已。ISO14001 提供给企业一种环境管理的模式和标准，使企业能不断地改善自身的环境行为。企业实施 ISO14001，不仅会取得社会效益，同时会取得经济效益。

3. 环境管理体系认证。

（1）环境管理体系认证的含义。所谓环境管理体系认证是指由获得认可资格的环境管理体系认证机构依据审核准则，对受审核方的环境管理体系通过实施审核及认证评定，确认受审核方的环境管理体系的符合性及有效性，并颁发证书与标志的过程。认证的标准是由国际标准化组织 1996 年组织制定并颁布的 ISO14000 系列环境管理标准。认证的要点是：①认证的对象是产品、过程或服务。②认证以客观的标准作为认证依据。③有一套科学、公正的认证手段（程序）。④认证活动由第三方实施。⑤认证有明确的书面保证，如认证证书或认证标志。我国环境管理体系认证制度的建立与运行均以国际惯例为依据。目前，国际、国内所进行的 ISO14000 认证是指对组织的环境管理体系的认证，取得的是 ISO14001 认证证书。

1995年5月我国成立了与ISO/TC207相对应的"全国环境管理标准化技术委员会",1997年4月1日等同采用ISO14000系列标准,1997年4月成立了"中国环境管理体系认证指导委员会",并将发布的五个标准等同转化为国家标准,确立了国家权威性环境管理体系认证、认可制度,形成了既适合中国国情,又满足国际通行做法的认证、认可和审核员培训的程序和规则。2001年8月成立了国家认证认可监督管理委员会,标志着我国的环境管理体系认证工作步入了一个新阶段。根据国家环保总局公布的数据,至2005年5月,我国通过环境管理体系认证的企业和组织已有8849家。

随着我国对环境管理的日益重视,我国企业的环境管理正向科学化、规范化发展,并开始同国际接轨,不少有远见的企业为了参与国际贸易竞争,提高竞争力,积极主动地建立环境管理体系,开发、生产有益于环境的绿色产品。但总体说来,我国企业的环境管理不容乐观,绝大多数企业防治环境污染的水平很低,仍处于排污点源控制阶段,根本没有树立全过程防治污染的绿色管理观念,大部分企业没有取得在绿色消费时代的市场通行证——环境管理认证。兼顾企业、社会、环境三位一体利益的企业运作模式在我国现阶段还处在起步阶段,这种局面如不尽快改变,中国企业则会因为环保问题而在市场竞争中举步维艰。为此,中国企业需要采取有效措施,建立健全企业环境管理体系,并创造条件参加环境管理体系认证,以应对WTO的挑战。

企业应根据自身的具体情况和规模大小,按照ISO14000标准的要求,或单独建立环境管理体系,或把环境管理内容纳入质量管理体系中,从产品的设计、材料选购、工艺制造、成品出厂、安装使用和产品用后处理的所有活动的过程都严格按照标准要求,加强环境保护,防止污染,从而在企业内部建立起一套立足于生态文明的现代科学技术管理体系和生产环境。具体实施时,企业可首先到国家的专门咨询机构咨询,对将参与并进行体系管理的主要人员进行培训,熟悉环境管理体系各要素,然后在咨询机构的协助下,依据标准体系中"ISO14004"——《环境管理体系原理、体系和支持技术通用指南》所提出的具体方式，建立自己的环境管理体系。环境管理体系建立后，还要通过有计划的评审和持续改进的循环，以保持体系的完善和提高。

（2）环境管理体系认证的意义。环境管理体系（ISO14000）改变了过去那种由政府强制推行、企业被动实施的环保管理模式，把环境保护同企业的发展有机结合起来，是企业根据自身的需要而主动参与、主动实施的管理模式，建立与实施企业环境管理体系并实施认证，对企业来说具有重要作用和意义。

第一，提高企业形象进而提高市场份额。企业实施 ISO14001 认证的主要动力是来自市场尤其是国际市场竞争的压力。ISO14000 系列标准提供了预防为主，减少和消除环境污染的管理方法，它表明的不仅是企业产品质量好，而且更重要的是企业的生产经营符合环保要求。在国内市场上，ISO14000 是一个含金量很高的绿色保证书。对于任何不符合该标准的产品，任何国家都可以拒绝进口。正是由于这个原因，1995 年我国外贸损失曾高达 2000 亿元人民币。目前国际贸易中对包括 ISO14001 证书的环保标准要求越来越多，因而，企业一旦获取了 ISO14001 认证证书就等于取得一张国际贸易的绿色通行证。因为该认证证书标志着企业的环境管理水平达到了一定的高度，标志着企业已经实施了一整套符合国际标准的管理机制，对有关环境、资源等问题进行有效的管理，特别是表明企业已经严格遵守了有关的环境保护法律、法规、国际公约和其他相关要求。拥有 ISO14001 环境管理体系认证已成为企业良好形象的标志和进入国际、国内市场的条件，很多获得认证的企业在广告宣传中以此来表明本企业对环境的贡献，从而扩大自己的市场份额。

第二，提高市场的准入程度。ISO14001 标准中规定，实施认证的组织要对自己的相关方施加影响。即获得认证的企业要求相关方实施环境管理体系认证。因此，现在已经获得认证的企业已开始对自己的供货方提出了认证的要求。例如：美国通用汽车公司要求所有供应商必须在2002年12月31日前获得该认证。我国认证的企业中也开始提出了类似要求。1997年11月上海大众认证时，对其供货厂中的三家提出了ISO14001认证的要求。1998年又对另外8家供货商提出了认证要求。这样ISO14001认证便形成了一个链式效应，使各级的供货方、相关方加入到认证行列中来，迅速扩展认证企业的数量，否则便不能满足客户的要求。由此可见，ISO14001环境管理体系的认证已经或正在成为市场准入的条件之一。

第三，改进产品的环境性能，推动企业的技术进步。环境管理体系从体系高度强调了污染预防，明确规定在企业的环境方针中必须对污染预防做出承诺。在实施ISO14001环境管理体系标准认证时，要审核企业在产品设计、生产工艺、材料选用、设备运行、废物处置等以及经营活动的各个阶段是否实现了方针的要求。通过认证的各企业在上述不同的方面均取得了一定的环境绩效。

第四，节能降耗，降低成本，提高企业的市场竞争力。

①节约能源和原材料。在ISO14001标准中，不仅要求识别有关环境污染方面的环境因素，而且还要识别能源和原材料使用方面的环境因素。因此企业在建立环境管理体系中，应对本企业的能源消耗和主要材料的消耗进行分析，并针对存在的问题制定措施，提高能源或资源的利用水平。环境管理体系认证的实践表明，实施环境管理体系在节能降耗方面可以取得很明显的效果。1998年我国15家通过ISO14001认证的企业在体系运行大约一年期间内，其节能降耗效益总计高达4.9亿元。

②认真对废弃物实行分类处理和回收利用。首要措施是降低工艺过程中的废物产生量，包括降低废品率，减少边角余料等工艺废料的产生量。另外对产生的废物，要实现减量化、无害化和资源化。很多企业通过环境管理体系的建立，废弃物排放量大幅度降低，取得了显著的经济效益。例如厦门松下音响公司每月重复使用的包装纸箱就达到160吨。北京松下彩管采用多种措施，使每百万

元产值的废弃物量降低 37%。

第五，提高企业管理水平，推动企业由粗放型经营向集约型经营转变。实施环境管理体系认证过程是对企业的环境影响状况、资源、能源利用状况等方面的环境因素的一次全面地、系统地调查和分析的过程。通过这一过程，使企业的各个部门对其活动、产品或服务中的因素进行识别并加以评价，找出重要的环境因素加以控制或管理。例如单位产品主要原材料及辅助材料的消耗量、原材料利用率、各工序的废品损失、由于计划、采购、运输、储存以及生产调度等不当造成的损失、由于工艺或设备落后造成的利用率不高等问题。通过这些调查和分析，找出存在的问题，并制定环境管理的目标、指标和管理方案，通过体系加以管理。企业实施环境管理体系认证，可以通过对各种资源的消耗的控制，全面优化本身的成本管理，减少不合理的消耗，实现最低成本的控制，因而可以推动企业由粗放型经营向集约型经营转变。

第三节　消费者行为调整

一、建立可持续消费模式的意义

传统的习惯认为，消费完全是一种由个人或家庭分散决策的个体行为，社会没有必要对此进行某种价值判断，并刻意改变人们的消费决策。实际上，这种认识存在偏颇。在现代社会，消费是社会性的行为，消费的主体是社会大众。不同社会主体有不同的消费方式、习惯和理念，往往导致不同的消费效应，能正面地影响社会，也能反面地影响社会。消费的社会性决定了消费者的社会责任。

人们的消费行为是由一定消费观念支配的。在一定消费观念支配下形成的人们的消费行为的集合，构成社会的消费模式。消费模

第九章　可持续发展与微观主体行为调整

式是一定时期消费的主要特征，包括消费内容、消费水平、消费结构、消费方式、消费趋势等。人是自然的产物，是生态系统的一个种群，人的消费参与了生态系统的物质能量和信息的流动，并与之保持动态平衡，只有这样人类才能生存与发展。人的消费是生态系统的组成部分。人类从蒙昧时代到野蛮时代，从农业社会到工业社会，一直没有停止过消费，各个时代都存在与之相适应的消费性质、消费方式、消费水平、消费结构，从而形成的消费模式。人类文明经历了原始文明、农业文明和工业文明，以及即将到来的生态文明，消费模式作为人类文明的表现也经历了原始生态消费、线性消费、循环消费等模式的更替。从历史的长河看，消费模式总是随着时代而变迁，消费模式的选择不仅仅取决于人们的偏好，也取决于环境保护社会责任，取决协调人与环境关系的需要。

消费主义是工业文明消费模式的基本特征。它具体的表现是：①以鲜明的重视物质消费的物质主义为代表，通过物质的占有来达到心理的满足。②大规模的消费需求中有很多是服务于资本的盈利和扩张而创造出来的，它要求人们永无止境地追求高消费。③对商品象征意义的消费，并将其看做是自我表达和社会认同的主要形式，看做是高生活质量的标志和幸福生活的象征。④消费主义在全世界蔓延，渗透到社会生活各个领域，日益在全球获得其正当性和合法性，得益于三项社会发明：装配线流水作业的批量生产，使产品廉价出售；市场营销的发展可利用科学手段鉴别购买群体和刺激消费欲望；分期付款购物的发展，打破了人们害怕负债的顾虑。从根本上说，汽车、电影、电视是技术上的发明，而广告、一次性商品和信用购买则是社会学上的创新，强有利地促进消费主义在全世界的蔓延。消费主义是不可持续的消费模式。

工业文明下消费模式的重大缺陷在于：①在消费方式上，属于挥霍性消费。追求"一次性"的消费方式，用完就扔，迫使仍然具有使用价值的消费对象退出消费过程，成为"废物"，既浪费了资源，又造成了污染；消费背离了需要，成为厂商追求利润最大化的工具，导致大量无意义的消费或"有害消费"。②在消费性质上，属于不公平消费。主要表现为当代人过度消费，导致资源濒于枯竭，生态破坏，损害了后代人的利益，形成代际之间消费的不公平，以及穷人与富人、穷国与富国之间代内消费的不公平。③在消费结构上，片面追求物质享受，导致社会的畸形发展——高度的物质文明和相对低下的精神状态，如进取心减弱、精神颓废和道德沦丧，出现各种社会危机。

消费主义形成的原因可概括为以下几个方面：①指导思想上的人类中心主义。②科学知识欠缺，不了解人类发展要受到生态环境的制约。③统计指标的失误，把资源环境要素排斥在财富范畴之外。④理论和政策的片面性，以 GDP 的增长为中心。⑤科学技术使用不当，利用技术手段破坏资源环境。⑥经济利益驱动，资源环境的外部性和"搭便车"心理。

联合国环境与发展大会通过的《21 世纪议程》指出："全球环境不断恶化的主要原因是不可持续的消费和生产模式，尤其是工业化国家的这种模式。"由此可见，传统的消费模式是造成环境恶化的重要原因，改变传统消费模式也就成为实现可持续发展的重要内容。

二、可持续消费的含义

1994 年联合国环境署在内罗毕发表的报告《可持续消费的政策因素》中将可持续消费定义为："提供服务以及相关产品以满足人类的基本需求，提高生活质量，同时使自然和有毒材料的使用量最少，从而不危及后代的需求。"可持续消费是与可持续发展相对应的范畴，它随着可持续发展命题的提出而产生，也是可持续发展的重要内容之一。可持续消费是消费发展的必然趋势，没有可持续消费的实现，可持续发展的实现是不可能的。可持续消费模式具有四个方面的特征：

第九章　可持续发展与微观主体行为调整

消费的可持续性。从人与自然之间关系上说，消费的"可持续性"主要是指当代人满足消费发展需要时不能超过生态环境承载力的限制，消费要有利于环境保护，有利于生态平衡。从人与人之间的关系上说，消费的"可持续性"主要是指公平和公正消费。即追求生活质量的权利对于当代与后代的每一个人应该同等地享有。任何人都不应由于自身的消费而危及他人的生存和消费（即代内公平），当代人不应该由于本代人的消费而危及后代人的生存与消费（即代际公平）。

消费的清洁性。既要求实现资源的最优和永续利用，也要求实现废弃物的最小排放和对环境的最小污染，消费活动产生的废弃物数量减少且利于回收再利用。

消费的安全性。人们的消费以安全、健康为前提，相应地减少消费者因消费的安全性、健康性不足而带来的福利损失。

消费的社会责任。所有消费者都应树立兼顾他人、兼顾整体、兼顾生态环境的理念，从而每一个消费者都可以避免因他人的行为而给自己或整体带来的"负效用"。

在现实生活中，可持续消费，并不意味着对人类正常需求的抑制，只是改变不利于可持续发展的消费理念、消费方式和消费结构。树立文明的消费理念，主要包括以下方面：

适度消费理念。即把消费需求水平控制在地球承载能力范围之内。无论对一个国家来说，还是对个人来说，既要反对过度消费，也要反对过分节约。坚持以人的需要作为出发点，以人的健康生存作为目标，逐步减少无意义消费和对人类健康无益甚至有害的愚昧消费。

公正消费理念。在消费选择和消费过程中，不仅考虑消费主体自身的利益，而且还考虑不给他人、不给社会整体、不给生态环境带来负效用，在一定的条件下，还应考虑能给他人、社会、生态环境带来正的影响。

合理消费理念。消费由注重数量型转向注重质量型，追求消费需求的多样化，不断提高精神价值和精神享受的消费的比重，以此作为生活质量提高的目标。

在改变消费方式与结构方面则应着重处理以下关系：

（1）必需品与非必需品的关系。现实生活中往往会出现一些非生活必需的产品被迅速地推广普及，成为家家拥有、人人拥有的"必需品"，使得"必需品"的范围在不断地扩大，物质资源的消耗不断地随之增加。因此，应限制非必需品普及规模和提前消费，限制以贷款、分期付款等方式消费。

（2）物质财富与非物质财富的关系。对于以物质产品（如豪华别墅、高档汽车、高档服饰）为财富占有形式的行为应当予以抑制、而应当鼓励以非物质产品，如艺术品、文物收藏品、生态功能区的非开发性所有权、自然风景区的非开发性所有权、人文标志等为财富占有形式的行为。

（3）排他性消费与公益性消费的关系。个人的可支配收入用于满足自身的效用是天经地义的，但在基本需求得到满足之后，部分地用于公益性活动同样能够增加自身效用的满足程度，甚至满足程度更高。所以，应当引导较富裕群体更多地投入于公益性消费。通过帮助弱势群体、社会公益投入、进行生态环境保护等方式以实现自身精神需求和生态需求的满足。

（4）"环境不友好"消费与"环境友好"消费的关系。应当倡导"环境友好"消费，如使用对大气、土壤、水资源等自然资源及生态环境保护有益的无氟利昂制冷设备、无磷洗涤剂、无铅汽油等产品，抵制和排斥"环境不友好"消费品，如过度包装的产品、一次性使用的产品、以珍稀动植物资源制造的产品、在制造和使用过程中对资源及环境造成较大影响的产品、在制造和使用过程中对他人造成较大负面影响的产品等，抵制和排斥与消费相关的"环境不友好"行为，如一次性资源产品的使用和处理、过度包装产品的使用与处理、产品消费后的任意处置等行为。

三、可持续消费制度的建立

可持续消费模式的建立需要有制度保障。可持续消费制度是以维护和促进社会公共利益为目标，实现社会公共利益最大化为价值取向，在消费最大化、满足最大化和效用最大化的前提下，保证消费可持续性的制度安排，它是保护环境、节约资源、循环利用资源、倡导可持续发展的制度。建立可持续消费的制度体系，是实现可持续消费的基础和保障。其核心是养成可持续消费的习惯和规范消费行为。

消费的自主性，导致消费者的消费行为产生严重的环境与资源问题，给社会带来巨大的发展压力。消费自由是消费者的一项基本权利，但这是在不侵犯社会公共利益范围内的消费自由。消费不可避免地要产生消费的负外部效应问题，当消费危及社会公共利益时，则消费自由就要受到严格的限制和制裁。消费者的消费，应当与一定的社会责任相联结。基于这个理论，可持续消费制度包括：

1. 要创设和培养人的可持续消费观念和意识。主要是开展社会公德教育，通过宣传和教育活动培养和提高消费者的可持续消费意识，以形成良好的可持续消费道德。政府通过建立可持续消费的舆论和政策导向系统，通过宣传以及社会活动的开展，逐步形成可持续消费意识的培养机制。通过提供可持续消费的基础设施，为民众进行可持续消费提供物质基础保障，通过营造可持续消费的文化氛围，树立社会的可持续消费意识。在这种意识作用下，消费主体会用自觉的可持续消费理性指引消费。

2. 建立可持续消费的激励制度。自然人作为理性的消费者，其追求的是效用最大化、成本最小化。消费的自主性，导致消费者的消费行为产生严重的环境与资源问题，消费不可避免地要产生消费的负外部效应问题，给社会带来巨大的发展压力。然而，要想消费者自觉的放弃已有的消费方式，实行可持续的消费方式，这是与消费理性相违背的。因此，必须建立激励性的可持续消费制度，使外部成本和外部收益内部化，促使消费者以环境友好方式实现消费效益最大化，进行绿色消费。所谓可持续消费激励制度包括：

对环境资源实行有偿使用，制定合理价格，纠正对环境资源浪费性地、甚至破坏性地使用行为；对居民向环境中任意排放垃圾的行为应该通过征收垃圾处理费来规范。对有利于物资循环利用的行为，如垃圾分类放置、有害废弃物（如废电池等）单独回收等，也应通过一定的奖励机制来鼓励。通过"押金制"防止消费者随意丢弃废旧耐用消费品。对有害于生态环境的产品课税，使环境外部损失成本内化于产品的生产者和消费者，产品生产者将会由于利润的减少而削减这类产品的生产，消费者也会由于价格提高而减少对这类产品的消费。目前我国浪费性的高消费，很多是源于政府官员的腐败行为。公款吃喝、公款旅游、公车消费等盛行，过度包装的礼品也因贿赂政府官员的需要而大行其道，既浪费了资源，又污染了自然环境和社会环境。要引导民众实现节约型的绿色消费，首先须从政府部门做起，通过健全的财政制度、严格的审查监督机制，约束官员的腐败行为，铲除"高消费"的温床。

3. 建立不可持续消费的责任承担制度。现代经济的社会性，在消费领域体现为消费行为的社会性。一个不可持续的消费行为，会给社会和他人造成危害。政府通过规定不可持续消费行为的责任承担，来限制和禁止不可持续消费行为。不可持续消费行为必须与一定的责任相联结，通过责任承担来减少不可持续消费给环境与资源带来的危害。有学者认为，现在我国工业污染物与生活污染物之比将由20世纪80年代的约70:30倒过来为30:70，即消费环节产生的污染甚至会远远超过生产过程中所产生的污染。创设不可持续消费的责任承担制度，是减轻不可持续消费的负面影响的一项有效措施，也有利于巩固推行可持续发展而取得的成效。不可持续消费的责任承担制度主要包含课以重税，承担人身、人格相关的不利益，吊销、扣留资格证书等。

第九章 可持续发展与微观主体行为调整

4. 完善可持续消费的立法。制度需要政府通过法律形式固定和强化。可持续消费制度的法制化，是发展可持续消费的客观要求在法律上的反映。法制化的可持续消费制度，能为经济和社会的可持续发展保驾护航。我国关于可持续消费的思想在可持续生产的法律法规中有所体现，但专门规范可持续消费的法律法规还是空白。完善可持续消费制度的立法，必须修订一些相关法律法规，明确可持续消费的权利、义务和责任。

《中华人民共和国消费者权益保护法》（以下称《消法》）是我国消费者权益保护的主要法律依据。建立和推行可持续消费制度，《消法》中必须作出相关规定。如总则应该作出"鼓励可持续消费"的表述。在"消费者权利"中增加"消费者有实行可持续消费的义务"的条款，强化消费的社会责任。在"经营者的义务"中强化经营者在提供消费品中必须履行的可持续消费义务。最后，在"消费者组织"中，增加"消费者组织有鼓励和促进可持续消费的责任和义务，有监督社会可持续消费的责任"的表述。在"法律责任"中增加消费社会责任的规定，规定不可持续消费的经济责任、行政责任和法律责任。

还应在《中华人民共和国产品质量法》第二十七条中，增加产品"可持续消费"标识的内容。强制产品生产者必须在可持续消费产品中标明"可持续消费产品"字样。同时，国家必须制定可持续消费的指标体系，确定和颁布具有约束力的可持续消费指标和标准。对是可持续消费产品而不标明标记的，追究相应责任。

在《中华人民共和国政府采购法》中增加可持续消费内容，特别是增加可持续消费产品的优先采购制度。

在《中华人民共和国税收征收管理法》中增加不可持续消费税的征收规定，规定可持续消费的税收减免制度。通过财政法律的修改，明确国家财政倾斜支持可持续消费的法律规定。

第十章

可持续发展的国际协调与合作

第一节 可持续发展的国际合作的诱因

在可以预见的未来，我国可持续发展将面临一系列的严峻挑战，既要处理好人口、资源、环境等领域长期积累的问题，又要解决在发展过程中出现的新问题。要想更好地推动我国经济社会的可持续发展，就必须要加强与其他国家的合作。事实上，可持续发展这一概念从被提出之日起就具有超国家的含义。许多资源、环境问题都是全人类共同面临的，也只有通过国际合作才能得到最优解决的。不仅如此，世界各国的社会经济和文化联系日益密切，世界经济正由国家经济走向全球经济，世界各国之间的依存关系明显增强，一个国家的可持续发展必然与世界性的环境、资源问题的解决有着密切的关系。

第十章 可持续发展的国际协调与合作

一、可持续发展的国际合作与环境生态安全

（一）生态环境问题是全人类面临的共同问题

生态环境是一个独特的复杂系统，它具有以下三种特性：

1. **整体性**。生态无国界。随着人类活动范围的不断扩大，整个地球的所有区域都紧密地联系了起来。区域的小生态受到整个地球大生态的影响逐渐加深，本身的独立性正在消失。由于这个特性，保护生态成为全人类的利益，并且只有通过全人类的共同行动才能实现保护生态的目标。

2. **连锁性**。生物圈是地球上所有生物系统的总称，是一个有机整体，其中的物质循环、能量流通、信息传递都是相互关联的。加上由于经济一体化、信息同步化的发展，越界污染、共同受害的例子已屡见不鲜。生态平衡已经相当脆弱，局部的生态破坏往往会带来整个生态系统的连锁反应。这种连锁性要求人们从整体利益出发，通力合作，共同实现人与自然的可持续发展。

3. **复杂性**。单从自然生态系统本身来看，其各个部分彼此之间是相互协调、互利互生的。当人类加入到生态系统中后，他的影响力越来越大，逐渐超过了自然自我调节的限度，这样人与自然的生态矛盾也越来越复杂。人类在与自然的关系中，无所顾忌地劫掠资源、肆无忌惮地抛弃废物；发达国家意欲保护自己的环境，却以牺牲发展中国家的利益来获取自己必需的生产资源，处理自己产出的各种垃圾；特别是贫困地区的人群由于没有可能得到自身环境以外的其他资源，只能更快地消耗周围的自然资源，贫困人口对自然资源的长期依赖导致环境退化，退化的环境又加速其贫困，形成环境恶化与贫困之间的恶性循环。然而，落后地区的生态破坏后果终究要由整个生物圈来共同承担。发达国家为了经济、科技垄断，不愿无偿转让他们已经拥有的清洁生产技术，而发展中国家既无力购

买昂贵的专利技术，又不能放弃发展希望而停止对非清洁生产技术的使用，等等。总之，整个人类生态系统，经济、政治、种族、文化、贫富各种对立两极之间矛盾重重，而又互相交叉、盘根错节，而这一切无不对生态环境保护产生重要影响。

（二）资源与环境安全已成为各国国家安全的重要内容

纵观历史，国家之间为争夺土地、原材料、能源、河流流域、海上航运以及其他重要环境资源的控制权而发生的武装冲突屡见不鲜。20世纪以来，争夺自然资源成为多次战争爆发的重要原因。1967年，第三次中东战争爆发的原因之一就是为争夺约旦河及其以西地区的河流水资源。1972~1973年，英国和爱尔兰因捕捞鳕鱼问题而导致"鳕鱼战争"。20世纪80年代两伊战争的一个重要起因是阿拉伯河的水资源。1991年海湾战争则是为争夺石油资源而引发。在非洲，由于生态环境恶化而背井离乡的"环境难民"也往往是国家之间矛盾冲突的导火线之一。

地球环境是人类赖以生存的自然支持系统，是人类最基本的生存条件，因而环境安全是人类最基本的安全问题。然而，日益突出的环境问题却构成了对地球环境安全的现实威胁。其中，不受疆界限制的环境威胁已成为危及各国生存和发展的基础性威胁。因为一国的生态恶化和环境污染可能会影响周边邻国，甚至会波及整个地球，例如温室气体排放和酸雨越境扩散等。环境问题已不再是单纯的自然问题，更不仅仅是一国的国内问题，它对国际社会的冲击和影响已经渗透到国际政治经济文化生活各个领域。因此，资源安全与环境安全已成为国家安全的重要内容。全球环境问题已与各国的政治经济利益、社会发展战略和文化价值观念紧密联系在了一起。

环境安全是世界和平与稳定的重要组成部分，是促进世界各国经济可持续发展的重要保障。在和平与发展已成为当今世界发展的主旋律的时代，国家之间单一的军事威胁实际上已被多元化的威胁所代替。比如，一些跨国环境问题的出现常常会引起国家间关系的紧张，甚至可能导致军事冲突。生态恶化和环境破坏加剧了全球的贫困问题，特别是发展中国家大量的环境难民的出现，引起社会动荡和政局不稳，对外则可能导致国际冲突。国际贸易领域中的绿色壁垒的出现，也对国家经济安全提出了新的挑战。

总之，一个国家的可持续发展进程除了取决于其本国资源环境系统的持续支持力和国家可持续发展的能力建设（包括人力资源、科学技术、法制建设、组织调控和公众参与等方面的发展和增强），还取决于国际环境合作与协调机制的建立。为了应对环境生态问题对人类生存的威胁，确保人类环境和生态安全，开展国际合作是必由之路。

二、可持续发展的国际合作与经济全球化

（一）经济全球化与可持续发展的关系

所谓的经济全球化，简单地说就是逐步消除各种壁垒和阻碍，国家间的经济关联度和依存度不断增强，生产要素在全球范围内的自由流动，从而达到资源合理配置。经济全球化的重要标志是全球经济系统的形成，体现在：第一，贸易自由化的程度不断提高，范围不断扩大；第二，跨国公司在国际经济中作用的增强，推动了国际生产和国际投资全球化进程的加快；第三，金融活动全球化趋势加速，一体化的全球资本市场已经形成；第四，科技进步特别是信息技术的飞速发展，使快速、经济地在全球范围内传递大量信息数据成为可能，为贸易、生产、投资和金融的全球化创造了条件。20世纪90年代初，经济全球化的浪潮席卷世界各国。

经济全球化对全球可持续发展战略实施构成重大影响。这种影响是双重的，既有有利的一面，又有不利的一面。经济全球化对可持续发展的有利影响主要是：首先，经济全球化促使更有效地分配

和使用资源，提高资源使用效率，从而帮助增加生产和减轻环境负荷。其次，经济全球化有利于发展经济，从而为环境问题的解决提供了有利条件。再次，经济全球化使各国经济活动紧密联系，各国可以通过环境与发展政策的协调解决共同关心的环境问题。

经济全球化对可持续发展的不利影响主要是：首先，经济全球化主张生产要素及制成品的国际间自由流动，由于各国环境成本内部化不同，必然导致危害环境的生产和消费从环境成本内部化程度高的国家和地区流向环境成本内部化程度低的国家和地区，在国际上影响到一些国家环境政策的实施，从整体上降低环境内部化的水平，在客观上造成环境污染的扩散。其次，经济全球化带来的经济增长，在一定程度上构成对环境的压力。就目前的科技水平和经济增长模式而言，经济增长必然会消耗更多的资源，对环境的压力是不言而喻的。除此之外，生产要素的国际间流动性的增加，势必带来运输量的绝对增长，也会增加对环境的压力。再次，经济全球化加剧了南北双方在环境问题上的矛盾。在经济全球化进程中，发达国家一方面以低于资源市场价值的价格从发展中国家取得资源，同时还向发展中国家转移有害生产环节；另一方面建立绿色壁垒限制发展中国家对其出口产品，造成发展中国家发展受阻和环境破坏的双重压力。所以说，经济全球化加剧了发达国家和发展中国家在国际经济格局中的不平等，环境问题全球化则为发达国家遏制发展中国家提供了新借口。最后，经济全球化拉大了贫富差距，进一步加剧了不公平性增长，这显然不是可持续发展的目标。

可见，经济全球化与可持续发展之间既有相互的推动作用，又有矛盾冲突。如何通过国际社会的协调行动，趋利避害，是全球可持续发展面临的重要课题。

（二）国际贸易与可持续发展的关系

当今世界经济发展的重要前提是国际贸易的快速发展，而国际贸易与可持续发展之间的关系是复杂的。国际贸易把各国之间的需

求和供给联系起来,并在这一过程中对可持续发展产生深刻影响:

1. 虽然对环境敏感的国际贸易商品是小部分,但是大多数商品的生产过程可能对环境产生影响。如化工原料和化学品制造业、纺织业、造纸业排放的污水、黑色金属冶炼业和化工业排放的废气、采掘业及一些制造业生产的固体垃圾都成为危害环境的因素。

2. 一些国际贸易活动,如生态资源贸易、有害废弃物贸易、濒危动植物贸易本身对环境生态也造成不利影响,如木材贸易导致热带雨林被砍伐,目前,世界上的雨林已经消失一半,使二氧化碳浓度增加了30%,总温室效应增加了20%。近年来,发达国家的环保法规日趋严格,使废弃物处置费用上升,而发展中国家,如非洲、东欧国家的废弃物处置费用相对低廉,所以发达国家的一些企业就设法把废弃物转移到这些国家,严重地增加了这些国家的环境负担。国际上的濒危鸟类、兽类和爬行动物以及用它们制成的产品的贸易,使很多动物的栖息地遭到破坏而导致了物种灭绝,破坏了生物多样性。

3. 国际贸易的关税壁垒在一些情况下对环境会具有破坏作用。如发达国家在渔业领域对未加工产品和加工、半加工产品的关税差异导致出口国为尽可能多的获得外汇而采取"竭泽而渔"的政策,以增加活鱼和冻鱼的出口。这种关税差别也导致了世界森林资源的退化。此外,在发达国家,农产品的价格可以得到各种方式的补贴,而水、化肥和农药等投入品的价格却被加以限制。结果是造成了过量的农业生产,加剧了由于过度施肥、垦荒、用水带来的环境问题。

另一方面,随着可持续发展理念越来越深入人心,现行的环境保护措施在引导商品生产和保护环境方面起到了重要作用。然而,也存在一些国家借保护环境之名,行贸易保护之实的情况,而且有愈演愈烈之势。绿色壁垒演化成为新的贸易保护主义的手段。主要表现是:

1. 一些国家的环境标准隐含着对出口商的歧视性。由于生产水平的差异，特别是经济利益的驱动，大多数国家的环保标准的制定往往首先考虑的是本国的资源技术条件和国内生产者和消费者的偏好，出口商由于技术或文化背景的差异经常处于被动不利的境地，其产品在国际市场的竞争力被大大削弱。

2. 制定双重标准，实行内外有别的环境标准，保护本土企业，歧视外国企业，甚至专门为限制某些国家的某种产品进口制定特殊标准，一些环境标准非常苛刻，超出国家公认标准的要求，这些都加剧了环境标准作为新的贸易壁垒的发展。

3. 环境标志和认证过程复杂，费用昂贵，加大出口商的成本，令其望而却步。国际贸易作为促进发展的重要手段，在经济全球化进程中起着愈来愈重要的作用。但是国际贸易本身不是目的，只是实现目的的手段，其目的就是使环境得到保护，实现可持续发展。因此，人类社会没有必要在国际贸易和可持续发展之间进行非此即彼的选择，而是应该通过统一认识，协调行动，使二者得到一致性。

（三）国际资本流动与可持续发展

世界经济发展到今天，仅仅依靠贸易领域内的相互联系是远远不够的。特别是在可持续发展条件下，要求实现生产要素在全球范围内进行合理配置，必然要求加速生产国际化的进程。由于国际竞争的加剧，各生产企业为了取得比较廉价的劳动力和原材料，纷纷把自己的生产部门迁移到发展中国家去，直接在那里进行生产，然后将产品运回国内进行组装，或者在那里组装后直接在国外销售。这种资本流动的形式就是国际直接投资。作为国际直接投资的主体，跨国公司发挥着两方面的作用：一方面，跨国公司的国际投资活动给东道国带来了资金和技术、设备和管理经验，推动东道国经济发展，从而有助于克服贫困带来的对环境资源的破坏，跨国公司所遵循的环境标准一般高于东道国的环境标准，通过采用先进的工艺和环保技术，对东道国的可持续发展作出了贡献。另一方面，跨国公司也有一些投资行为破坏了东道国的环境资源，不利于发展中国家的可持续发展。

一是一些跨国公司将由于环境标准的严格而在发达国家无法使用和生产的、污染环境的技术和污染环境的产业，转移到环境标准较低的发展中国家继续使用和生产。在西方国家国内环境普遍好转的同时，西方国家被勒令禁止的工厂，躲过了本国政府的控制，转移到了发展中国家。据有关资料统计，日本企业为了避免承担环保成本，将60%以上的高污染产业转移到东南亚地区和拉丁美洲。美国也有39%的"肮脏产业"转移到发展中国家。

二是把在本国禁止销售的各种危险的农药、医药品及有害制品在发展中国家中大肆倾销。例如石棉这种较强的致癌物质，在欧美属于控制使用产品，然而在世界范围内消费量并未减少。生产制造商到印度分别合资、投资办了大工厂，并将产品出口到东南亚。前者的从业人员已有224人患石棉癌，后者使7000名印度工人中的6成受害。

三是将大量工业化国家产生的危险废物垃圾转移到发展中国家处理。"公害出口"，即有害废弃物的贸易源于西方发达国家和发展中国家在安全、卫生、环境等方面规定的指标上存在着实质性差别。如欧美诸国对废弃物处理的平均成本大概是1吨1000美元，加上处理后的最终废弃物还需要找到堆放场所。于是他们利用"差别"，用每吨支付40~100美元的价格把废弃物扔到了穷国。像几内亚、尼日利亚、吉布坦、刚果、赞比亚等国都曾充当过人家的废弃物堆放场。这些活动常常是隐蔽的。据联合国环境署统计，工业发达国家产生的有害废弃物占全球产生量的95%。1986~1988年，共有350万吨有害废物运往非洲、亚洲和拉丁美洲。

此外，由于发达国家加强对本国资源的保护和开发成本的上升，许多跨国公司纷纷转向国外，投资资源性产业，掠夺性开采发展中国家的资源，造成发展中国家的环境退化。

三、可持续发展的国际合作是建立国际经济新秩序

（一）经济全球化与可持续发展之间的矛盾冲突是现行国际经济秩序内在矛盾的体现

战后形成的国际经济秩序是建立在旧的国际分工基础之上的，它突出地表现在以不平等的贸易条件为基础的国际贸易体系和以金融资本为主要内容的国际金融体系中。在这一秩序下，发展中国家不仅处于极为不利的地位，而且在国际经济事务中也没有多少发言权，发展中国家的发展受到了严重的不利影响。经济全球化与可持续发展之间的矛盾冲突是现行国际经济秩序内在矛盾的体现。

1. 体现了发达国家与发展中国家不平等的发展关系。发达国家是靠工业文明起家的。发达国家工业化的历史也是世界的污染史。进入工业社会以后，提出环境保护优于发展的目标。但是处于较低发展阶段的发展中国家，他们发展的主题是摆脱贫困，求得生存。因此，由于发展阶段的不同，发达国家与发展中国家对环境保护与发展的关系上存在冲突。发达国家制定严格的进口产品环境标准，而发展中国家在出口贸易上常常受到发达国家环境壁垒的阻力，而对进口贸易也缺乏完整严格的环境标准。

2. 体现了旧的国际经济秩序对可持续发展的影响。首先是南北之间不合理的资源转移。南方国家流向北方国家的主要是初级产品。发达国家保护自身环境的一个重要手段就是低价从发展中国家进口原料。发达国家流向发展中国家的主要是工业制成品，其价格中包含发达国家保护环境的代价。在这样的转移中，发展中国家遭受环境和经济双重损失，而发达国家的收益也是双重的，既获得经济上的收益，又转移了污染。其次是对环境不利的产品、技术和产业向发展中国家转移。如发达国家以出口的形式转移危险废物，通过直接投资和贸易渠道转移污染密集产业和产品。除此之外，发达

国家往往以环境保护的名义，在国际贸易中加入"环境条款"，歧视甚至限制发展中国家产品的市场准入，使原本旨在保护环境和人类健康为目的"绿色壁垒"现已成为发达国家的另一种贸易保护手段，对广大发展中国家形成了不平等的贸易关系，造成了发展中国家巨大的经济损失。

（二）建立国际经济新秩序

早在"二战"后初期，随着大批发展中国家的独立，纷纷要求改革旧有的国际经济秩序，并在1964年10月的第二次不结盟国家政府首脑会议上，提出要求建立国际经济新秩序的口号。现在，建立新的国际经济秩序已为世界大多数国家所接受。建立国际经济新秩序和实现可持续发展之间有许多共同之处：首先，都要求尊重发展中国家的主权，尊重它们发展经济的权利；其次，都要求改革现行的国际经济秩序，提高广大发展中国家在世界经济中的地位，要求世界各国在国际经济领域内相互平等对待；第三，要求发达国家更多地向发展中国家提供资金和转让技术，发展经济技术合作，以帮助发展中国家发展经济，提高它们的经济效率。

实现可持续发展比建立国际经济新秩序更加强调节约资源和保护环境，而节约资源和保护环境的目的正是为了更好地促进上述目的的实现。可见，正是资源节约和环境保护使发达国家和发展中国家具有了较多的共同语言。人们有理由相信，在全球实现可持续发展的过程中，可以逐步实现建立国际经济新秩序的目的。

（三）南北合作是实现可持续发展的必由之路

人类面临的危机，是发达国家和发展中国家共同面对的难题。可持续发展要求地球上每一个国家都行动起来，承担共同的责任。同时，强调可持续发展，绝不意味着对国家主权的侵犯，尤其是对发展中国家发展权的剥夺。资源、环境问题的跨国性和整体关联性，使得局部环境的破坏会使全球整个生态环境系统受到损害。发展中国家的环境状况直接关系到发达国家的经济发展。发展中国家和发达国家只有通力合作，共同承担责任，才能共谋人类美好的明天。

随着世界相互依存性的加强，确保生态安全在很大程度上取决于国际合作的程度。因此建立一套有效的国际环境合作机制是十分必要的。世界环境与发展委员会在《我们共同的未来》报告中说："对环境安全的威胁只能由共同的管理及多边的方式和机制来对付。"

第二节 可持续发展国际合作的模式与机制

一、区域发展过程中的区际关系模式

（一）封闭式区际关系

即在相同空间尺度的地域之间彼此没有联系或者联系甚微，特别是相互之间缺乏人口、资源、物质、信息的流动，以致各区域仅仅依赖本区域的人口、资源、环境独立地发展着。典型例子是四大文明古国的诞生和发展。黄河流域的古中国文明、恒河流域的古印度文明、尼罗河流域的古埃及文明、两河流域的古巴比伦文明，它们都是依靠各自流域的人口、资源、环境独立地发展起来的。在较小空间尺度上，原始部落、绿洲王国和海洋孤岛的发展多属于此类，如黄河流域的仰韶文化和长江流域的河姆渡文化，彼此之间就是没有联系的。然而，一旦本区域的人口、资源、环境发生重大变化，就有可能造成该区域发展的中断和社会的灭亡。如复活节岛上文明的衰亡就是由于岛内人口持续增长导致生态环境恶化和食物来源断绝而造成的。公元 1500 年前后，格陵兰岛上挪威殖民地的消

亡在很大程度上也是由于长期气候压力所致的基本资源衰竭而造成的。

封闭式区际关系一般存在于社会发展的低级阶段,其区域边界也往往存在当时不可逾越的山川、海洋、沙漠与森林。而在现代社会里,由于人类活动的影响,各种空间尺度的区域的开放功能和耗散功能大为加强,连南极洲和北冰洋也不再是一块封闭的土地,因而封闭式区域发展已极为罕见。

(二)掠夺式区际关系

即指某一区域在其人口、资源、环境无法维持该区域继续发展时,采取强制手段向其他区域特别是相邻区域掠夺其发展所必需的人口、资源和空间,从而求得本区域的生存与发展。

这种模式的区际关系往往是以战争形式表现出来,其掠夺的对象也往往是限制其持续发展的关键因子。奴隶国家间对人口的掠夺、封建国家间对土地的掠夺、现代国家间对资源的掠夺,都属于此类。如中东地区由于气候干旱和农业资源贫乏,水和石油等基本资源成为其区域可持续发展的限制因子。以色列之所以不惜一切代价攻占戈兰高地,就是因为它能控制为以色列提供淡水需求量1/3的太巴列湖诸河流;之所以攻占黎巴嫩南部的850平方千米土地,也主要是为了掠夺瓦赞河、哈斯巴尼河和利塔尼河的水资源。

掠夺式区际关系又可以分为两种类型:一种是如果区域发展的限制因子在空间上可以迁移而且容易移动,那么掠夺者一般是将限制因子掠夺回本土,维持本区域的持续发展。奴隶制国家对劳动力资源的掠夺和现代发达国家对智力资源的掠夺多属于这种类型。另一种是如果区域发展的限制因子在空间上移动困难甚至不可移动,或者其限制因子不再是人口和资源等单个要素,而是生存与发展的空间,掠夺者则还要掠夺空间而在被掠夺的地域空间上持续其发展,中国历史上北方农牧交错地区的发展多属于这种类型。第二次世界大战前日本帝国主义对我国东北的侵略也是这种类型,其中日本帝国主义不仅要掠夺我国东北丰富的资源,而且还企图通过移民长期占领这块肥沃的土地以求得其持续发展的空间,《满洲农业移民入植图》的发现就是具体的见证。但无论何种形式的掠夺,都必将危及被掠夺区域的发展能力,甚至造成被掠夺区域社会经济发展的中断和国家民族的灭亡。而且到头来,由于被掠夺者的反抗,掠夺者的发展也会受到阻碍。

(三)转嫁式区际关系

即指某一区域在其人口、资源、环境、经济、社会等要素成为该区域发展的巨大障碍时,采取不正当手段向其他区域转嫁其障碍因子,采取"甩包袱"的手段来增强自己的发展能力,从而求得本区域的可持续发展。

在现代地缘环境的全球格局中,这种转嫁模式主要存在于以美国、加拿大为中心的北美地区。该地域空间辽阔、人口密度低、资源相对丰富、开发程度高,常常将区域内的环境问题转嫁到其他国家和地区。它们有时是向发展中国家转移环境污染严重的工业项目,有时则直接将有毒化学品或污染物转移到发展中国家,加重了发展中国家的污染负担,严重影响了发展中国家的可持续发展。值得特别警惕的是,这种转移往往是以投资和合作的形式出现,对其他区域可持续发展能力的危害也并不立刻显露出来,甚至在短期内还有明显的经济效益,因而具有很大的欺骗性。

(四)互补式区际关系

即两个以上区域在其人口、资源、环境、经济不能满足各自的可持续发展时,通过区域之间的互通有无和取长补短,获取可持续发展所必需的要素,从而在彼此互利互惠的情况下共同获得可持续发展。互补式区际关系体现了区际关系的和谐、协调与公平,关系的双方都获取了可持续发展的关键因子,增强了可持续发展的能力,而且不对任何一方构成危害。

第十章 可持续发展的国际协调与合作

地球表层的不均衡性和区域差异导致了强烈的空间相互作用，而空间相互作用是区域发展的推动力。在这种意义上来说，协调区际关系是人类实现可持续发展战略过程中的关键一环，无论是封闭式区际关系，还是掠夺式和转嫁式区际关系，都不可能永恒的持续发展下去，只有和谐的互补式区际关系才是永恒的和可持续的。因此，互补式区际关系是可持续发展区域性原则的核心内容。而要做到区际关系的和谐与协调，最根本的一条就是要形成可持续发展限制因子双边的或多边的互补机制，在努力实现本区域可持续发展的同时，不对其他区域的可持续发展能力构成危害。

二、可持续发展国际合作的进展

全球可持续发展的国际合作大致经过了三个阶段。

第一阶段：1972年斯德哥尔摩会议到1992年里约环发大会。1972年，联合国在瑞典斯德哥尔摩召开了人类环境会议，会上提出了保护和改善人类环境的目标，拉开了可持续发展国际合作的序幕。斯德哥尔摩会议后，发达国家政府在关注自身发展的基础上，开始帮助发展中国家确立"社会化"的发展方向，各国际组织也积极致力于在全球宣传普及可持续发展观。如这一时期，联合国下属的计划开发署（UNDP）、环境规划署（UNEP）、教科文组织（UNESC）等机构通过其资助项目和出版物，积极倡导经济和环境协调的发展模式；关税与贸易总协定成立了环境与贸易委员会，开始制定贸易品的环境标准，解决因环境问题造成的贸易纠纷。这一阶段的国际合作反映出了各国对发展问题已经有了更深刻的认识，新的可持续发展理念逐步形成，为建立更紧密的全球合作机制打下了基础。

第二阶段：里约大会到1997年《京都议定书》签订。1992年在里约召开的联合国环境与发展大会标志着可持续发展全球行动的正式启动。这一时期，不仅各国在可持续发展方面达成了广泛的共识。确立了国家协调机制和各自的可持续发展战略，而且根据其在《里约宣言》和《21世纪议程》中的承诺，发达国家对发展中国家的各种援助也进入了实质性阶段，并相继签署了《联合国气候变化框架公约》、《生物多样性公约》等一系列维护全球环境的国际条约，而此前有关可持续发展的国际议题和合作大都局限在地区层面，处于比较分散的状态。1997年12月，在日本京都召开的《联合国气候变化框架公约》第三次缔约方会议上，通过了《气候变化框架公约京都议定书》，要求发达国家在2000年后采取更有效的措施降低温室气体排放，并制定了"排放贸易机制（IET）"、联合履约（JI）和"清洁发展机制（CDM）"等国际合作机制，进一步强化了发达国家在全球可持续发展中的责任和义务，拓宽了发展中国家获得资金和技术支持的渠道。

第三阶段：《京都议定书》签订至今。自《京都议定书》签署以来，国际合作的重点主要集中在两个方面：一是气候变化公约的执行；二是《京都议定书》确立的合作机制的推广应用。总体而言，这一阶段可持续发展国际合作的进展可谓是忧喜参半。一方面，随着可持续发展观的普及，发展中国家参与国际合作的主动性和积极性大大提高，并根据各自的可持续发展战略，与有关国际组织共同促进合作项目的实施，而不再仅仅将环境援助作为获得外汇的渠道；另一方面，发达国家未能严格履行其各项承诺。除北欧的丹麦、挪威、芬兰等国家外，大多数发达国家对发展中国家的援助远未达到《21世纪议程》规定的占其GDP的0.7%的水平，甚至出现了逐年下降的趋势。同时，发达国家还以保护知识产权为借口，拒绝向发展中国家转移相应的先进技术。尤其是布什总统上台后，以"减排影响美国经济利益、发展中国家未承担义务以及全球气候变暖证据不足"为由，拒不执行议定书。尽管美国的这一立场遭到了欧盟和日本的强烈反对，但发达国家之间产生的这种分歧无疑给全球减排合作机制的前景蒙上了一层阴影。另外，这一时期发展中国家内部也出现了分化迹象。在里约大会上，发展中国家曾在发达国家的责任等问题上表现出高度的一致，但随着《京都议定书》国际合作机制的确立，发展中国家之间对国际合作中的利益分配越来越敏感，经济较为发达而环境相对脆弱的发展中国家开始自愿加入全球减排队伍。中国、印度、巴西等人口和能源消耗大国则坚持资源利用的平等性和发展的权利。另有一些经济落后的小国则为得到"环境外汇"而在许多问题上倾向于对发达国家妥协。发展中国家阵营发生分化使全球可持续发展的国际谈判和合作形势变得更加错综复杂，各种新利益集团的形成将增加未来国际协调的难度。

回顾"可持续发展"国际合作的历程可以看出，可持续发展的观念已在全球范围内深入人心，虽然各国认识上还存在一定差别，甚至国际协调中出现了一些不和谐的音符，但实现可持续发展、加强这一领域的国际合作在全世界已经形成了一股不可逆转的潮流。

三、可持续发展的国际利益冲突协调机制

（一）协调国际利益冲突时需要重点解决的问题

1. 环境规范的不统一。在可持续发展问题上出现的许多国际冲突都是和各国环境标准不统一有关。在环境标准问题上，发达国家认为发展中国家的低环境标准是"生态倾销"，发展中国家则认为发达国家的高环境标准是"环境壁垒"，双方为此争论不休。其中受害最深的是发展中国家。他们往往遭受经济与环境的双重损失，与发达国家的差距进一步扩大。

2. 滥用"绿色壁垒"。发达国家往往利用自己在经济发展水平的优势，频频利用"绿色壁垒"为发展中国家的发展设置障碍，抵消发展中国家资源与廉价劳动力方面的比较优势，限制发展中国家的经济发展，以保持自己在国际政治、经济领域的主导地位，所以说，"绿色壁垒"成为其实行新贸易保护主义、抑制竞争对手和达

成国际政治目的的工具。这完全违背了国际贸易的公正原则，已经引起发展中国家的强烈不满。

3. 发展中国家实施可持续发展战略方面的技术、资金短缺。经济的全球化并没有给发展中国家带来所期望的效益，目前许多发展中国家面临发展的困难，如出口障碍、债务危机、经济增长低迷、贫困与失业和社会动荡，导致这些国家更加依靠出售本国自然资源维持本国经济，进一步削弱了其可持续发展的能力，迟迟不能提出协调经济全球化与可持续发展的现实途径，处于非常被动的地位。

4. 一些发达国家缺乏实施可持续发展国际援助的积极性。这些国家没有意识到自己对世界可持续发展所应该承担的责任，不愿从资金、技术等方面向发展中国家提供援助，帮助它们发展低污染技术与工业，减免其债务，以帮助发展中国家发展经济，提高它们的经济效率和保护环境。

（二）国际利益冲突协调机制的基本内容

1. 促进各国环境标准统一的机制。环境问题的国际性有两个基本起因。首先是发生在一个国家的活动可能会影响另一个国家的环境；其次是对环境有损害作用的活动可能会因产品进出口转移到另一个地区或国家。一国对别国环境有三种不同的可能影响：①进口商品在消费时引起了进口国的环境破坏；②在当地的生产引起了环境破坏，而其生产国未把环境纳入到生产成本中；③由于消费或生产而引起的污染越境转移。由于环境影响的跨国尺度，通常一个国家不可能单方面采取措施，使生产者支付实际的控制费用。如果不对国家间的行动加以协调，将导致各方都不愿出现的后果发生，其中最重要的协调是环境标准的统一。环境技术标准就是一个国家对于进口的产品和技术可能产生的环境影响所应达到的最高限度，若这些产品不能达到标准，则不允许进口或征收高额的关税。这就要求出口国必须保证其产品和技术的"洁净性"。从其积极作用方

第十章 可持续发展的国际协调与合作

面说，这一政策把各国局部的保护环境与资源的利益（包含长期的利益）和全球的保护环境与资源的利益统一起来了。

但是，有一些因素要影响到环境标准的统一过程，这些因素在各个国家是不同的。它们包括：自然条件的差异，消除环境污染的费用因国家而异，不同国家间和一个国家内个人的收入水平和为净化环境出资的愿意程度并不相同，关注环境的程度以及其他因素，如资金、劳动力和技术价格等，共同影响了生产费用的大小。因此，国家之间可采取各种协调措施，统一环保标准、最低环保标准、最高环保标准、多层次环保要求、标准趋同等。事实上，任何致力于不因地理位置差异而实行同等程度减排的国际协议，必然会招致某些地区的强烈反对。尽管统一对环境的要求是无效的，但为了减少出现严重的、无法挽回的环境损害的风险性，协调出最低要求可能是合理的。这样的协调可适用于敏感性生态系统的管理，因为事先很难判断什么时候系统的恢复力受到了影响。这同样也适用于有毒物质的排放管理，因为这些物质扩散范围很广，并且要经过较长时期才会出现影响。但总地来说，统一各国环境要求的协调是不大可能的。因此，有必要寻找其他的解决途径。比较现实的途径是促进更多国家全面接受 ISO14000 标准，同时不断完善这一体系，但是在实际操作中，应该给发展中国家一定的宽限期。

2. 推动南北对话与交流机制。要充分发挥联合国、世界贸易组织等国际机构的作用，推动发达国家与发展中国家开展关于经济全球化与可持续发展的对话，增进彼此的了解，交流各自的看法。要通过对话，使发展中国家更加深刻认识在经济发展过程中保护环境的重要意义，使发达国家认清自己对环境问题的历史责任，意识到从资金、技术等方面向发展中国家提供援助，帮助它们发展低污染技术与工业。这样不仅符合发展中国家的利益，而且也符合发达国家自身的利益。

3. 建立解决争端的机制。目前解决经济全球化进程中的国际争端主要依靠 WTO 等国际组织制定的规则，统一各国环境政策的主要依据是有关可持续发展的一系列国际公约或协定。由于经济全球化与可持续发展是不可分割的，因此，在经济政策中考虑了环境因素，在环境政策中包含了针对经济政策的条款，但是在判断具体问题时，两者也经常发生冲突，如蒙特利尔条约的贸易法规与WTO法规的冲突。解决这种冲突的思路是，由于经济政策具有更强的操作性，因此争端的解决应该以经济政策为基础，同时经济政策的制定要充分尊重环境政策的约束力，即经济政策的制定以尊重环境政策为前提。

4. 限制跨国公司转移环境污染的机制。鉴于跨国公司对世界环境的重要影响，如跨国公司产生的温室气体占全球温室气体排放的一半以上，是臭氧层破坏物质 CFC_S 及其相关物质的生产和控制部门，是环境有害物质、有毒物质和产品向发展中国家传输的主要执行者，等等，有必要在全球采取统一行动限制跨国公司短视的、不利于可持续发展的行为。为此，应该制定一部严格约束跨国公司环境行为的公约，并促进跨国公司母国与投资接受国联手执行这个公约。

四、现有的国际合作机制

在过去 20 年里，国际社会对于贸易投资的全球化与可持续发展的协调，主要是通过区域贸易投资协定与 WTO 等多边贸易体制进行。但是，在这种框架下多种体制的矛盾也是存在的。

（一）区域贸易协定中的环境协调

1. 《北美自由贸易协定》。《北美自由贸易协定》是美国、加拿大和墨西哥三国间的自由贸易协定，于 1994 年 1 月 1 日生效。该协定在谈判期间充分讨论了环境问题，并第一次在多边贸易协定中规定了环境条款，以协调成员国之间的贸易与环境关系。如该协定在第 11 章 1114（2）条款中规定，成员国不得为吸引投资而放松健康、安全或环境方面的措施，不得为投资而削弱或放弃环境保护措施。如果一个成员国认为其他两个成员国提供了这方面的鼓励行为，可以提议磋商而中止这样的行为。

2. 欧盟。欧盟是一个典型的机制化的国际经济一体化组织，环境保护工作是和欧盟的一体化进程高度统一的，并且依赖于政策和法律的相互结合，是一个综合框架。在贸易与环境问题上，欧盟非常重视成员国的环境措施与贸易自由化的关系，在竞争力和市场准入方面，致力于最低标准的制定与产品标准的协调。

3. 亚太经合组织。亚太经合组织是亚太地区惟一的官方合作论坛。其目标是成为支持和便利本地区贸易与投资自由化的一种机制。它在成立之初就致力于区域内部的环境合作。其贸易与投资委员会将环境问题纳入其相关的贸易与投资自由化活动中，作为各协调部门工作组工作的一部分。但是，由于缺乏环境管理的具体行动和措施，因此效果并不十分明显。至今未能就环境标准、市场准入和竞争力等问题形成具有约束力的政策和法律条款。从总体看，亚太经合组织是比较松散的区域贸易集团，采取协商一致而非制度化的机制，这是导致其环境合作缺乏力度的原因。

此外，还有南方共同市场等其他区域贸易协定。总地来看，各区域贸易协定，在协调环境与贸易的关系方面的行动是有效的。但是涉及具体的规定和措施却存在较大分歧，而且执行能力也存在较大差异。

（二）WTO 对发展与环境关系的协调

WTO 是多边贸易体制的法律基础和组织基础，它通过规定各国政府所应承担的主要契约义务，来规范各国国内贸易立法与规章的制定与实施。它具有成员的广泛性、管辖范围的宽阔性和法律的权威性的特点，为协调经济全球化与可持续发展的关系提供了现实的舞台。在乌拉圭回合达成的《建立世界贸易组织的协议》中陈述了 WTO 的宗旨："旨在提高生活水平，保证充分就业与提高实际收入和有效需求，扩大货物与服务的生产与贸易，为实现可持续发展目标而合理利用资源，保护环境，确保发展中国家、尤其是最不发达国家在国际贸易增长中获得与其经济发展相应的份额。"WTO宗旨中引入了可持续发展理念，对协调环境与发展的关系，开展国际合作产生了深远的影响。

但是，WTO不是环境保护机构，WTO的协调能力仅限于对环境有明显影响的贸易政策以及与贸易有关的环境政策方面。WTO涉及与环境相关的条款包括：

1. GATT涉及的环境条款。GATT的基本条款内容大体归为两类，一类是国际贸易中的非歧视待遇；一类是削减国际贸易中的障碍。但是其第20条"一般例外"规定，（b）为了保障人民、动植物的生命或健康所必需的措施，（g）与国内限制生产与消费的措施相配合，有效保护可能耗竭的天然资源的有关措施是被允许的例外。反过来，一个国家要使用20条中的条款，必须满足（b）、（g）的理由，同时对情况相同的其他国家不构成武断、不合理的差别待遇或对国际贸易构成不合理的限制。

2. 技术型贸易壁垒协议（TBT）。该协议是由东京回合达成的协议，其核心强调在技术法规上的国民待遇。乌拉圭回合进一步扩展了其内容，目标是最大化地降低标准和法规对贸易的不利影响及成为变相贸易壁垒的可能性，同时允许成员采取对保护人民、动植物的生命和健康所必需的措施。

3. 卫生和动植物检疫措施协议（SPS）。SPS是乌拉圭回合谈判的结果，其目的是支持各成员实施保护人民、动植物的生命或健康所采取的必需措施，以规范动植物检疫的国际规则。

4. 补贴与反补贴措施协议与农业协议。该协议致力于消除不恰当补贴，但是允许存在有利环境、又不造成贸易扭曲的新补贴。该协议的例外条款中，允许对企业给予一定补贴以满足新的环境法规（最高可达一次性支出的20%），同时同意对促进环境友好技术传播给予补贴。农业对环境至关重要，某些领域的农业补贴会产生不良的环境影响，乌拉圭回合规定了农场出口补贴的上限，减少补贴数额和出口补贴的数量并减少国内对农民的支持。

5. 与贸易有关的知识产权协议（TRIPS）。TRIPS 中规定了对知识产权保护应采取的保护措施，要求 WTO 成员采用同样的最低保护标准。但是，TRIPS 规定了一个豁免条款，即 WTO 的成员可以拒绝对产品或工艺授予专利权，如果其在本国阻止商业利用是为了维护公共秩序或道德，包括保护人类、动植物的生命或健康，或避免对环境造成损害所必需的。

五、建立可持续发展的国际合作伙伴关系

在经济全球化日益加深的形势下，随着各国相互联系、相互依赖程度的不断提高，导致发达国家和发展中国家经济上由不平等往来转向对等合作。在这样的背景下，2002 年初的联合国发展筹备国际会议上发表的《蒙特雷共识》明确地提出，发达国家和发展中国家应该建立一种新的伙伴关系，全面落实联合国《千年宣言》所规定的和各界首脑会议上重申的"伙伴关系"的主张，"伙伴关系"与约翰内斯堡《政治宣言》和《执行计划》一起，成为这次会议的三大成果。所谓可持续发展"伙伴关系"，主要表现为政府之间，以及政府与非政府组织和企业等社会各界之间的合作。其真正的用意，是力图将私营部门的资金、技术等资源，更多地用于可持续发展领域，以推动全球的可持续发展进程。世界首脑会议倡导的"伙伴关系"，主要是由发达国家政府或国际组织倡议，吸引非政府组织和企业参与，在具体的可持续发展项目中支持发展中国家的计划。建立"伙伴关系"的直接目的是为了推动约翰内斯堡"地球峰会"《执行计划》的实施，将这些承诺变为实际行动。

"伙伴关系"主要以自愿达成项目协议的方式来建立和实施，由主要组织者发出倡议，如国家或地方政府、国际组织、私人机构、非政府组织、科研机构等，只要得到自愿直接参与的政府、非政府组织或者企业的同意，承诺他们将致力于该"伙伴关系"的目标的实现，

就可以建立"伙伴关系"。已经建立的"伙伴关系"主要包括两类：一类是由国际组织提出，一类是由某个国家政府提出。由于目前的"伙伴关系"主要是在自愿的基础上建立，实施也是靠协议各方的自觉性，还没有形成有效的监督机制，因此现在的"伙伴关系"还处于比较松散的状态。今后建立必要的监督和管理制度，对"伙伴关系"参加各方进行有效的约束，将有助于项目的顺利执行。

"伙伴关系"有它自身的优势，可以成为推动可持续发展的新途径。在"伙伴关系"提出以前，实施可持续发展项目的责任主要是由各国家政府，特别是发达国家的政府来承担。没有发动社会的力量，项目推进的力量是比较有限的。通过建立"伙伴关系"，可以吸收非政府组织和企业加入到项目中来，共同为实现可持续发展的目标努力，有利于充分利用各方面的资源，包括技术和资金等投入到可持续发展领域中来。建立政府、工商企业、非官方组织等利益关系者间的"伙伴关系"及对话，是促进可持续发展的关键。对话可使各方彼此互相学习，并将知识传播开来。这种学习方式可以减少误解、降低风险及责任，可以增加公众对政府及公司行为的认同感，并可提高管理者的能力。不同参与者建立的伙伴关系综合了各方技能，并能获得社会各界的大力支持，而单凭政府一方的力量难以达到这样的效果。

第三节　中国在可持续发展国际合作中的地位及对策选择

一、中国在可持续发展国际合作中的地位

经济全球化进程给世界各国的可持续发展带来多方面深远的影响。从全球范围看，全球化提高了经济效率，使世界生产产量的提

第十章 可持续发展的国际协调与合作

高成为可能，这是全球化的规模效应；全球化还使生产和消费活动的结构和分布发生变化，这是它的结构效应；而且在这一过程中，科学技术得以发展，这是全球化的技术效应；同时会产生不同的产品组合并得以消费，从而产生产品效应。全球化减弱民族国家的政府采取单方面行动的能力，这表现为，不仅政府采取的决定对世界经济产生较小的影响，而且有更多的压力使政府不能提高采取单边行动的方式影响本国的公司、企业竞争力。与全球化产生的对更完善的管理框架的要求相适应，体制的改变也将是全球化进程中另一个重要结果。经济全球化与环境问题全球化，都是人类社会发展历史进程中现阶段的现象。经济与环境问题的全球化，使得管理规则也日益由国内而趋向全球化，产生了全球性的管理规则和处理全球关系的机构和体制，环境及其规则也出现了全球化的趋势。这一切对我国经济社会的可持续发展的深远影响值得研究与重视。

目前，中国已经成为 WTO 的正式成员，中国加入 WTO，一方面是新世纪改革开放的必然要求；另一方面又是适应世界经济一体化和全球化，推动中国经济社会可持续发展的有力举措。从总体上看，加入 WTO 使中国产业的发展空间扩大，有利于国内企业开拓新的市场，国际竞争会激励企业进行技术创新和管理创新，以降低成本，改进质量。贸易的增加，促使技术特别是绿色技术的扩散速度加快，有利于降低环境成本对国内企业的不利影响。这一切对于中国产业国际竞争力的提高具有促进作用，使中国经济发展在不同程度上获得了经济全球化带来的正的规模效应、结构效应、技术效应和产品效应。与此同时，中国是以发展中国家身份加入 WTO 的，还具有一些保护国内产业的条件、手段和时间。WTO 为中国产品走向世界市场取消了包括关税在内的一些非绿色"正式壁垒"。但是，随着时间的推移，中国拥有的保护国内产业的这些特殊待遇会愈来愈少。而且，WTO 拆除的只是正式壁垒，包括绿色壁垒在内的非正式壁垒将成为中国在经济全球化进程中获得所期望的收益的阻碍。因此，中国的环境标准和环境管理措施将不断向国际先进国家靠拢是大势所趋。

但是，中国加入WTO，不仅有机遇，也面临挑战。

1. 第一，环境成本内化的程度将不断提高，对污染密集型产业的出口构成威胁。随着经济发展和人们收入水平的提高，人们对较高环境质量的需求也在不断增加，公众环境意识的提高将迫使政府不断采取更加严厉的环境保护措施。环境保护的实质是纠正生产和消费的外部性影响。对产业和企业来说，它意味生产成本和价格的提高。第二，加入WTO后，中国经济的开放程度加深，对外贸易水平不断提高，贸易产生的技术效应将进一步扩大人们对环境质量的需求，从而间接加大产业的环境保护强度。第三，随着中国国际地位的提高，中国签署的国际环保公约数量以及公约所覆盖的范围也不断增加和扩大，中国将承担更多的国际环境保护义务。同时，随着中国经济逐步与国际接轨，中国与发达国家之间的环境标准差距也将缩小，中国环境保护手段会更趋合理化和多样化。这些因素也会导致环境保护强度提高。第四，随着WTO对环境问题的关注。在解决贸易与环境问题引起的争端过程中，环境保护因素会发挥重要作用。

与发达国家相比，中国目前环境保护强度不高，中国产业目前所承担的环境成本也不高。今后的趋势是中国产业和企业所承担的环境成本将不断提高，并且在政府转变职能，对经济活动的干预空间缩小以后，这些成本只能由产业和企业承担或内部消化。

2. 发达国家利用绿色壁垒进行贸易限制的机会增多。绿色壁垒是发达国家对发展中国家进行的单方面贸易限制，是国际贸易中的一种非关税壁垒。绿色壁垒具有以下特点：一是往往以保护人类身体健康为基础，具有名义上的合理性，容易得到国际社会的支持；二是它可以从一系列的国际环境保护公约、协定和标准中找到依据，甚至高于上述标准，具有形式上的合法性。三是绿色壁垒保护的范围甚广，凡是涉及环境、生态、人类健康的产品的市场准入都是它限制的对象，并对这些产品的原料、生产、包装、运输和销售的全过程进行限制。中国加入 WTO 以后，中国产品进入国际市场的名义壁垒降低了。但是，由于中国环境保护技术还不发达，企业的环境意识不高，因此在产品的设计、生产、包装，甚至在品质方面，与发达国家的标准，尤其是与环境有关的标准有较大的差距。这样，在名义壁垒无法阻止中国产品进入的情况下，发达国家就利用绿色壁垒限制中国产品的进入，使中国许多传统的出口产品，如农副产品、食品、纺织品严重受阻。在进口方面，由于中国的环境标准较低，能够直接用来作为绿色壁垒的环境法规和标准数量有限，造成整个的环境门槛低，使低标准的外国产品大量涌入，既危害人们的身体健康，又冲击国内市场。

3. 污染产业转移的机会增大。加入 WTO 以后，发达国家可利用的贸易机会明显增多，加之中国的环境标准低，环境保护法律体系不健全，技术规范不健全，执法机制存在一定缺陷，通过投资形式和技术转让形式转移污染产业的可能性加大。中国全国性的统一市场并未真正形成，在地区经济发展水平仍然存在落差的情况下，一些地区尤其是一些落后地区为了吸引外资，也会为国外污染产业的乘机流入提供机会。

二、中国可持续发展的国际战略与对策

1. 根据环境保护和可持续发展的要求，大力推进产业结构调整，提高国民经济的环境友好水平。在经济全球化进程中，发达国家和新型工业化国家都在开展围绕知识经济的产业结构调整，以信息技术、生物技术、新能源和新材料、环境技术等对传统经济结构进行调整。中国已经开始参与经济全球化进程，逐步融入国际分工体系，并已经参加新一轮的产业结构调整。目前，中国的产业结构缺乏竞争力，因为过去在工业化过程中主要依靠自然资源和廉价劳动力，今后应该主要依靠技术水平、企业素质、管理水平和对市场的渗透力。因此，中国要在经济全球化中占有一席之地，必须加大

产业结构的调整力度。

国际贸易和投资所引起的国外需求是最终需求的重要组成部分，因此国际贸易与投资中的环境规则对中国产业结构调整起着重要的引导作用。中国应该按照这些环境规则的要求进行产业结构调整。包括一、二、三次产业结构的调整和要素结构比例的调整。环境因素成为促进产业结构调整新的因素之一，原因是环保产业发展的影响广泛渗透到一、二、三次产业，推动产业结构调整和重组，同时，环境因素还促进产业升级，因为资源转换过程的改进依靠科技进步。根据环境保护和可持续发展的要求，重点是开展清洁生产和发展循环经济，提高资源利用效率，使产业结构的调整向着有利于人类生存环境改善的方向发展。

2. 继续强化环境保护管理，改进和完善环境保护政策体系，提高环境管理水平和污染治理效率。强化环境管理是实现中国经济社会可持续发展的关键。中国目前的环境保护法规几乎涵盖经济和社会的各个领域，这些法规如果得到认真地贯彻执行，其环境效果将十分显著。但是，如果管理不严，执法松懈，这些法规将形同虚设，环境保护的目标就无法实现。提高环境管理水平和污染治理效率，需要不断改进和完善环境保护政策体系。从经验来看，单纯的"命令与控制"型的管理措施已经不能适应对环保手段多样化的需要，也不利于有效地克服和消化环境成本的影响以及激励企业进行绿色技术创新的目的，而环境管理的经济手段则具备这方面的优点，应该成为中国环境管理改进与完善的方向。

要逐步提高环境保护成本的内化程度，逐步把由社会和其他产业承担的环境成本转移到产生环境污染的产业之中，迫使相关产业通过转变产业组织形式来优化产业组织结构，实施制度创新、技术创新和管理创新，开展清洁生产，发展循环经济，提高资源利用效率和技术水平，逐步降低生产成本，改进产品质量，提高产业在国际市场的竞争力。

3. 逐步实现环境保护的国际化，为开创发展与开放的新局面

第十章　可持续发展的国际协调与合作

创造外部环境。所谓环境保护的国际化是指开展广泛的环境外交和国际环境合作；环境政策与管理手段逐步与国际接轨；环境标准与环境质量管理体系与国际接轨，并实现相互认证；熟悉和利用"绿色壁垒"。为此，一要加强研究和信息收集工作。收集、跟踪国外环境壁垒动态，建立有关信息中心和数据库及咨询机构。二要加快中国相关产品标准和检验标准的研究制定工作，并与国际先进标准接轨或逐步接轨。三要为保护国家安全、人民健康和环境，合理有效地保护国内主导产业和幼稚产业，应该参考国际规范，建立中国的环境壁垒体系。四是联合发展中国家，坚决反对和抵制发达国家制定的不符合国际规范的、以保护环境之名行贸易保护之实的、苛刻的环境壁垒，维护包括中国在内的发展中国家的合法权益。

参 考 文 献

1. 戴星翼：《环境与发展经济学》，立信会计出版社 1995 年版。
2. 叶文虎：《环境管理学》，高等教育出版社 2002 年版。
3. 姚志勇：《环境经济学》，中国发展出版社 2002 年版。
4. 蓝虹：《环境产权经济学》，中国人民大学出版社 2005 年版。
5. 张象枢：《人口、资源与环境经济学》，化学工业出版社 2004 年版。
6. 马中：《环境与资源经济学概论》，高等教育出版社 2002 年版。
7. 孙英、刘呈庆：《可持续发展管理导论》，科学出版社 2003 年版。
8. 赵丽芬、江勇：《可持续发展战略学》，高等教育出版社 2001 年版。
9. 叶文虎：《可持续发展引论》，高等教育出版社 2001 年版。
10. 钱易、唐孝炎：《环境保护与可持续发展》，高等教育出版社 2000 年版。
11. 洪银兴：《可持续发展经济学》，商务印书馆 2000 年版。
12. 马传栋：《可持续发展经济学》，山东人民出版社 2002 年版。
13. 中关村国际环保产业促进中心：《循环经济——国际趋势与中国实践》，人民出版社 2005 年版。

参考文献

14. 毛如柏、冯之浚:《论循环经济》,经济科学出版社2003年版。
15. 廖卫东:《生态领域产权市场研究》,经济管理出版社2004年版。
16. 曹俊文:《环境与经济综合核算方法研究》,经济管理出版社2004年版。
17. 鲁明中、张象枢:《中国绿色经济研究》,河南人民出版社2005年版。
18. 罗勇:《区域经济可持续发展》,化学工业出版社2005年版。
19. 周海林:《可持续发展原理》,商务印书馆2004年版。
20. 原毅军:《环境经济学》,机械工业出版社2005年版。
21. 俞海山:《可持续消费模式论》,经济科学出版社2002年版。
22. [美]赫尔曼·E·戴利:《超越增长——可持续发展的经济学》,上海译文出版社2001年版。
23. 鲁传一:《资源与环境经济学》,清华大学出版社2004年版。
24. 刘燕华、周宏春:《中国资源环境形势与可持续发展》,经济科学出版社2001年版。
25. 张帆:《环境与资源经济学》,上海人民出版社1998年版。
26. 周光召、牛文元:《中国可持续发展战略》,西苑出版社2003年版。
27. 刘培哲等:《可持续发展理论与中国21世纪议程》,气象出版社2001年版。
28. 崔铁宁:《循环型社会及其规划理论与方法》,中国环境科学出版社2005年版。
29. 潘家华:《持续发展途径的经济学分析》,中国人民大学出版社1997年版。

30. 刘思华：《经济可持续发展论》，中国环境科学出版社 2002 年版。

31. 马传栋等：《可持续城市经济发展论》，中国环境科学出版社 2002 年版。

32. （瑞士）苏伦·埃尔克曼著、徐光元译《工业生态学》，经济日报出版社 1999 年版。

33. 龚胜生：《论中国区域可持续发展的区域关系协调》，载《地理学与国土研究》1997 年第 8 期。

34. 谢高地、周海林等：《我国自然资源承载力分析》，载《中国人口资源与环境》2005 年第 5 期。

35. 陈端吕等：《生态承载力研究综述》，载《湖南文理学院学报》（社会科学版）2005 年第 9 期。

36. 岳强等：《生态足迹指标在区域可持续发展评估中的作用》，载《环境保护》2004 年第 11 期。

37. 王如松：《城市生态转型与生态城市建设》，载《中国环境报》2003 年 6 月。

38. 马世骏、王如松：《复合生态系统理论》，载《生态学报》1984 年 4 月。

39. 杨丹辉：《可持续发展的国际合作与我国的对策》，载《世界经济研究》2002 年第 2 期。

40. 苍靖：《企业环境管理策略与其经营业绩的关系分析》，载《工业技术经济》2001 年第 1 期。

41. 国家环境保护总局：《创建 ISO14000 国家示范区实施办法》，1999 年 4 月 26 日。

42. 郭兴红：《清洁生产和 ISO14001 环境管理体系的一体化应用》，载《科技情报开发与经济》2005 年第 15 期。

后　记

　　本书的写作缘起教育部"九五"专项规划项目。当时正值《中国21世纪议程》刚刚问世，可持续发展已经成为我国的国家战略，并在全国上下引起了强烈反响。人们一方面在认真研究可持续发展的基本理论范畴，另一方面在实践中积极探索实现可持续发展途径。正是在这样的背景下，我开始主持研究教育部"九五"专项规划项目《中国城市可持续发展指标体系研究》这一课题。但是，在进行课题的研究准备工作中，我发现，中国城市可持续发展指标体系的合理性，取决于发展观的科学性。到目前为止，在理念上，传统的发展观还在禁锢着人们思想，表现在对可持续发展还存在种种误解。有的把可持续发展单纯地理解为环境保护，还有的从传统发展观的立场出发，将可持续发展理解为经济的持续、不断发展。在实践中，传统的发展模式还没有根本的转变，还在运转中为祸中国经济的健康，中国经济社会发展还没有根本脱离不可持续的阴影的笼罩。因此，要真正实现我国可持续发展的战略目标，就必须使全民族牢固树立科学发展观，走科学发展之路。其中，最关键的问题，是使各级管理者正确领会可持续发展的内涵和实质，并且扎扎实实地落实在各项管理工作中。

　　2000年，我开始为我院国民经济管理专业的学生开设《可持续发展管理理论与实践》课程。从那时起，就开始研究和思考如何将传统的宏观经济管理理论和管理实践转变为可持续发展管理理论和管理实践，并让我的学生——社会未来的管理者了解和掌握这些基本理论和方法。由于可持续发展管理是个新生事物，实践没有充分展开，理论也不成熟。国内外这方面现存的文献和研究成果往往是散见在各种专题研究之中，不成系统。于是，便萌生了编写一部《可持续发展管理理论与实践》教材的念头。终于，在几个志同道合的朋友帮助下，我完成了这本书。全书共由十章构成。其中一至五章侧重研究可持续发展的基本理论范畴，六至十章侧重研究可持续发展的管理实践。本书写作的根本目的，除了想为我的学生们提供一本好读好用的教材，也希望对宏观经济管理的转型略尽绵薄之力。

在这本书完成之际，我首先要感谢这些朋友们，他们是：副主编、第九章的作者果艺、第七章的作者刘畅、第八章的作者蒋虹娟、第十章的作者陈涛。

在本书的写作中，我还大量研究了前人的研究成果，因此书中借鉴和引用了一些国内外学者在这个领域的真知灼见，在此谨向这些学者表示崇高的敬意和感谢。

书中汇集了自己一直以来对于可持续发展管理理论与实践的思考。但是囿于自己的理论水平，在体系的设计、理论的阐释方面恐有不当之处，恳请各位读者不吝赐教。

张静

2006年6月8日